Reinhard Kreckel

Vielfalt als Stärke

Reinhard Kreckel

Vielfalt als Stärke

Anstöße zur Hochschulpolitik und Hochschulforschung

Lemmens

HoF Wittenberg – Institut für Hochschulforschung
an der Martin-Luther-Universität Halle Wittenberg
Collegienstr. 62
06886 Wittenberg
Tel.: +49 34 91/4 66-2 54
Fax: +49 34 91/4 66-2 55
E-Mail: institut@hof.uni-halle.de
Internet: www.hof.uni-halle.de

Bibliografische Information der Deutschen Bibliothek
Die Deutsche Bibliothek verzeichnet diese Publikation in der
Deutschen Nationalbiografie; detaillierte bibliografische Daten sind
im Internet über http://dnb.ddb.de abrufbar

Anschrift des Verlages

Matthias-Grünewald-Straße 1–3
53175 Bonn
Telefon: +49 2 28/4 21 37-0
Telefax: +49 2 28/4 21 37-29
E-Mail: info@lemmens.de
Internet: www.lemmens.de

Umschlaggestaltung
Böll & Fischer GbR

Gesamtherstellung
Druckerei Brandt

ISBN 3-932306-58-9

Inhaltsverzeichnis

IV. Hochschulpolitische Anstöße und Vorstöße

V. Im Spannungsfeld von Hochschulpolitik und Hochschulforschung

Vorwort

Die in diesem Band zusammengetragenen Texte sind in einem begrenzten Zeitraum entstanden, zwischen 1996 und 2004. In ihnen dokumentieren sich Übergänge in der intellektuellen Biographie des Verfassers als Soziologe, als Hochschulforscher und als Angehöriger der Welt der Universitäten. Deshalb liegt es nahe, den Texten einige autobiographische Hinweise voranzustellen. Denn in der Tat ist es ja so, dass WissenschaftlerInnen, zumal SozialwissenschaftlerInnen, in ihrem Bemühen um Objektivität bestrebt sein müssen, so weit wie möglich von ihren persönlichen Befindlichkeiten und Interessenlagen zu abstrahieren. Das ist aber nur möglich, wenn gleichzeitig die Seinsverbundenheit und die Aspektstrukturen ihres Denkens bewusst gemacht und reflektiert werden.[1]

In meinem bisherigen Werdegang vermischen sich Merkmale alteuropäischer und postmoderner akademischer Mobilität, die mich bisher an insgesamt zehn Universitäten im In- und Ausland geführt hat.[2] Als ich mich 1992 entschied, als Gründungsprofessor für Soziologie von Erlangen nach Halle zu wechseln und damit aktiv am Prozess der deutschen Vereinigung teilzuhaben, konnte man das als einen weiteren Schritt in einem von Ortswechseln gekennzeichneten akademischen Lebenslauf verstehen, vielleicht auch als ein Stück wieder gewonnener deutscher Normalität. So kam ich nach Halle als ein vor allem auf dem Gebiet der soziologischen Theorie, der Makrosoziologie und Sozialstrukturanalyse forschender und lehrender Sozialwissenschaftler, in gewissem Sinne also: als ein „ganz normaler"

---

[1] vgl. dazu etwa den klassischen Text aus dem Jahr 1928 von Karl Mannheim: Die Bedeutung der Konkurrenz im Gebiet des Geistigen, in: Ders.: Wissenssoziologie. Auswahl aus dem Werk, Berlin – Neuwied: Luchterhand 1964, S. 566-613. Gerade in der heutigen Zeit, in der der Begriff des „Wettbewerbs" häufig nur noch als gedankenloses Schlagwort verwendet wird, ist dieser Aufsatz wieder sehr lesenswert geworden

[2] Studium der Soziologie, Geschichte und Philosophie in Berlin (FU), Paris, Aix-en-Provence und München, Lehrtätigkeit als Soziologe in München, Aberdeen, Erlangen, Halle, längere Gastprofessuren in New York (New School for Social Research), Halifax (Dalhousie University) und Paris (Institut d'Études Politiques)

Soziologieprofessor, der sich einmal wieder an eine neue Universität begab und sich für sein neues Umfeld zu interessieren begann.[3]

Die mit dem Schritt von West- nach Ostdeutschland verbundene (und als solche empfundene) Verpflichtung, an der Neugründung des Faches Soziologie in Halle prägend mitzuwirken, führte schnell über diese Aufgabe hinaus: Es galt nicht nur, die akademische Soziologie an der Martin-Luther-Universität Halle-Wittenberg neu zu verankern[4], sondern sich aktiv in den Um- und Neuaufbau der gesamten Universität und ihres wissenschaftlichen Umfeldes im Land Sachsen-Anhalt zu beteiligen. Das führte mich schrittweise in hochschulpolitische Gestaltungsfunktionen hinein, zunächst (1993-1994) als Fachbereichsdekan, dann (1994-1996) als Prorektor für Strukturentwicklung und schließlich (1996-2000) für zwei Amtsperioden als gewählter Rektor der Martin-Luther-Universität Halle-Wittenberg und Präsident der Landesrektorenkonferenz von Sachsen-Anhalt.

Nachdem die Universität also jahrzehntelang für mich vor allem ein vertrautes, selbstverständlich hingenommenes Umfeld gewesen war, das mir meine Forschungs- und Lehrtätigkeit ermöglichte, wurde sie mir nun zum ersten Mal selbst zum Gegenstand der Sorge – und auch zum wissenschaftlichen Thema. So hat sich in den vergangenen Jahren etwas vollzogen, mit dem im Grund zu rechnen war: Meine hochschulpolitischen Aktivitäten und Interventionen wurden immer wieder von sozialwissenschaftlicher Reflexion begleitet und durchwirkt. Umgekehrt ist meine sozialwissenschaftliche Tätigkeit seit dem Ende meines Rektorates, seit Herbst 2000, immer politischer und sogar hochschulpolitischer geworden.

In der Tat hatte es der Zufall gewollt, dass ich schon 1996 als Universitätsrektor daran mitwirken konnte, mit Unterstützung des Bundes und des Landes Sachsen-Anhalt das Institut für Hochschulforschung (HoF) als An-Institut der Martin-Luther-Universität in Wittenberg neu zu etablieren. Als Jan-Hendrik Olbertz, der heutige Kultusminister von Sachsen-Anhalt, Ende 2000 sein Amt als Gründungsdirektor des HoF aufgab, lag es nahe, dass ich als hochschulpolitisch erfahrener Sozialwissenschaftler seine Nachfolge antrat. So bin ich seit Anfang 2001 vom bloßen akademischen Soziologen zum sozialwissenschaftlichen Hochschulforscher „mutiert", und die Wittenberger Universitätsstiftung Leucorea ist nun der elfte

---

[3] Ein Zeugnis meiner Wahrnehmung dieses Vorganges als eines relativ „normalen" Universitätswechsels ist mein damals verfasstes Buch, Politische Soziologie der sozialen Ungleichheit (Frankfurt/M. – New York: Campus 1992). Das Buch war weitgehend ein „westdeutsches Buch"; lediglich in dem Schlusskapitel mit dem Titel „Geteilte Ungleichheit im vereinten Deutschland" versuchte ich, auf wenigen Seiten der mit der deutschen Vereinigung notwendig werdenden Horizonterweiterung Rechnung zu tragen. Vgl. dazu jetzt auch: Kreckel, R.: Geteilte Ungleichheit im vereinten Deutschland – zwölf Jahre danach, in: M. Bayer / S. Petermann (Hg.), Soziale Struktur und wissenschaftliche Praxis im Wandel. Festschrift zum 65. Geburtstag von Heinz Sahner, Wiesbaden: Verlag für Sozialwissenschaften 2004, S. 21-55

[4] vgl. dazu Reinhard Kreckel, Soziologie and den ostdeutschen Universitäten. Abbau und Neubeginn, in: B. Schäfers (Hg.), Soziologie in Deutschland, Opladen: Leske 1995, S. 219-236

universitäre Standort, an dem ich tätig bin. Einiges zu dieser Statuspassage habe ich in dem unten abgedruckten Vortrag anlässlich meines Amtsantritts als Direktor des Instituts für Hochschulforschung gesagt.[5] Im übrigen sollen die hier versammelten Beiträge von dieser Entwicklung Zeugnis ablegen.

Die Texte, die in den hier vorgelegten Band aufgenommen wurden, sind in fünf Abschnitte geordnet: Im Teil I, „Die Universität im Zeitalter ihrer ökonomischen Rationalisierung", wird der gedankliche Gesamtzusammenhang vorgestellt, der auch die folgenden Beiträge prägt. Es geht dabei um die Widersprüchlichkeiten, Handlungszwänge und -möglichkeiten, die sich aus dem Umstand ergeben, dass eine der Rationalität verpflichtete Einrichtung wie die Universität genau in der Zeit, wo inhaltliche Reformen unvermeidlich werden, unter ökonomisch motivierte Rationalisierungszwänge gerät. Die Universitäten stehen dabei vor der schwierigen Aufgabe, auf marktwirtschaftliche Imperative reagieren zu müssen, ohne gegen ihre eigene Handlungslogik zu verstoßen.

Die Aufsätze von Teil II befassen sich mit den Besonderheiten der ostdeutschen Hochschulen, die in den letzten Jahren einem doppelten Reformdruck ausgesetzt waren: Zuerst wurde mit der deutschen Vereinigung ihre Eingliederung in die (in vieler Hinsicht schon damals reformbedürftige) westdeutsche Variante der deutschen Hochschultradition vollzogen. Aber noch während sie mit den Begleiterscheinungen dieses radikalen Umbaus zu tun hatten, ist bereits eine neue gesamtdeutsche Hochschulreformbewegung in Gang gekommen, die stark von internationalen Themen (Stichwort „Bologna-Prozess") geprägt ist. Dieses Spannungsverhältnis ist in den hier abgedruckten Texten zu erkennen. Die ersten drei Beiträge tragen dabei deutlich die Handschrift des Universitätsrektors, der vierte versucht den distanzierteren Blick des Hochschulforschers.

Im Teil III wird das besondere Engagement des Verfassers in und für Sachsen-Anhalt sichtbar. Die beiden letzten dort abgedruckten Beiträge – der eine als Utopie verfremdet, der andere als Rückblick – sollten dabei im Zusammenhang gelesen werden. Sie vermitteln dann einen Einblick in ein umkämpftes hochschulpolitisches Feld, in dem der Verfasser gleichzeitig Akteur, wissenschaftlicher Beobachter und Berater ist.

Im Teil IV sind Texte versammelt, die sich zwar auf ostdeutsche Erfahrungen stützen, aber von da aus den gesamtdeutschen Hochschulreformprozess in den Blick nehmen. Mit dem Titel des ersten Aufsatzes, „Vielfalt als Stärke", wird gleichzeitig der Leitgedanke benannt, der allen in diesem Band versammelten Beiträgen zu Grunde liegt: Es ist die – durch eigenen Lebenserfahrung und Befunde der Hochschulforschung gestützte – These, dass die deutschen Hochschulen, zu-

---

[5] siehe unten, S. 143-155, „Zur Standortbestimmung der Hochschulforschung in Wittenberg"

mal die klassischen Universitäten, die Krisen und Umbrüche der letzten sieben Jahrzehnte trotz allem auch deshalb in so erstaunlicher Leistungsfähigkeit überstanden haben, weil es ihnen gelungen ist, ihre interne Fächervielfalt ebenso wie ihre föderale Pluralität zu erhalten. Es scheint mir ein Gebot praktischer Klugheit zu sein, diesen in der deutschen Geschichte und Hochschulgeschichte begründeten strukturellen Vorteil zur Basis aller künftigen Hochschulreformen zu machen und selbstbewusst als eigene Stärke in den europäischen Hochschulraum von Morgen einzubringen.

In den Texten von Teil V kommt der Sozialwissenschaftler und Hochschulforscher wieder stärker zu seinem Recht. Vor allem in den letzten beiden Beiträgen wird das für Deutschland typische Spannungsverhältnis zwischen Staat und Hochschulen ausgeleuchtet und dabei auch der Faden des ersten Teiles wieder aufgenommen. In den abschließenden Überlegungen des Schlusstextes wird nochmals eine These entwickelt, die – gemeinsam mit der Maxime „Vielfalt als Stärke" – geeignet sein könnte, der künftigen Hochschulreform in Deutschland ihre besonderen Konturen zu geben: Es wird dort betont, dass es schon immer ein besonderes Markenzeichen der deutschen Universitäten und Fachhochschulen gewesen ist, eine große Breite von AbsolventInnen auf eine hohe Qualitätsplattform zu heben, als Grundlage für darauf aufbauende Spitzenforschung, Nachwuchsförderung und Profilbildung. Eine Hochschulreform, die diese besondere Qualität und Eigenheit des deutschen Hochschulsystems berücksichtigt, hätte immerhin den Vorteil auf ihrer Seite, historisch gewachsene Strukturen und institutionelle Selbstverständlichkeiten für sich mobilisieren zu können, anstatt gegen sie ankämpfen zu müssen.

Die Beiträge in diesem Band sind in unterschiedlichen Kontexten entstanden, teilweise lag ihnen das gesprochene Wort zu Grunde. Für diese Veröffentlichung sind sie deshalb nur behutsam redigiert worden, um ihnen nicht das ursprüngliche Flair zu nehmen. In der Vielfalt der Themen, Tonlagen und Anlässe dieser Beiträge liegt, so hoffe ich, eine besondere Würze, die dem oft etwas eintönigen Hochschulreformdiskurs in Deutschland vielleicht gut tun könnte. Die Beiträge, die seit 2001 verfasst worden sind, tragen die Spuren vieler Anregungen und fruchtbarer Gespräche mit den Wissenschaftlerinnen und Wissenschaftlern des HoF Wittenberg. Ich bin dankbar, dass es dieses lebendige Hochschulforschungsinstitut gibt, das Einzige seiner Art in den Neuen Bundesländern. Ein besonderer Dank gebührt darüber hinaus Uta Schlegel und Lydia Ponier, die sich um das Manuskript verdient gemacht haben.

I. Die Universität im Zeitalter ihrer ökonomischen Rationalisierung[1]

„Die Universität im Zeitalter ihrer ökonomischen Rationalisierung" spielt an auf Walter Benjamins großen Aufsatz aus dem Jahre 1936, „Das Kunstwerk im Zeitalter seiner technischen Reproduzierbarkeit". Kaum ein Text hat schon mit seinem Titel so viele Augen geöffnet wie dieser: Ein epochaler Umbruch wird darin spürbar; die ihm innewohnenden Widersprüche und Möglichkeiten werden angerührt.

Mit der Universität heute ist es wie mit dem Kunstwerk damals. Die Aura des Einmaligen ist ihr verloren gegangen. Immer mehr hat sie sich für breite Bevölkerungskreise und für die Erfordernisse des Marktes geöffnet. Der prototypische Repräsentant der deutschen Universität des 19. und frühen 20. Jahrhunderts war der abgehobene Ordinarius, der berühmte Forscher oder Gelehrte, der sein Fach in der ganzen Breite vertrat und sich im Gestus des Geheimrates zelebrieren lassen konnte. An seine Stelle sind heute eine Vielzahl von einander gleichgestellten „HochschullehrerInnen" getreten, eingestuft nach C2, C3 oder C4. Erwartet wird von ihnen nicht, dass sie Koryphäen seien. Zufrieden ist man, wenn sie Drittmittel einwerben, ihr Lehrdeputat ordnungsgemäß erfüllen, in regelmäßigen Abständen evaluiert werden. Welch ein Kontrast!

Ob Fortschritt oder Verfall, die Koordinaten haben sich verschoben. Die Universitäten sind heute eingereiht in das tertiäre Bildungssystem, das rund ein Drittel eines Altersjahrgangs erfasst. Etwas Besonderes sind sie nicht mehr. Oft müssen sie sich fragen lassen, warum sie keine Fachhochschulen oder die Fachhochschulen keine Universitäten sind.

Wenn ich nun von der „Universität im Zeitalter ihrer ökonomischen Rationalisierung" spreche, weise ich auf ein Paradox hin: Seit Jahrhunderten war die Universität immer *der* Ort methodisch kontrollierter Vernunftanwendung und Wahrheitssuche. Sie verstand sich als die Stelle, von der aus Rationalität an die Gesellschaft abgegeben wurde. Es bestand auch Einverständnis darüber, dass Forschung

[1] Dieser Text wurde am 18. Oktober 2000 anläßlich der Amtseinführung des neuen Rektors der Martin-Luther-Universität Halle-Wittenberg, Wilfried Grecksch, vom Verfasser in seiner Eigenschaft als scheidender Rektor vorgetragen. Zuerst veröffentlicht in: hochschule ost 3 / 4, 2000, S. 262-270

und Lehre frei von fremden Einflüssen und Interessen sein müssen, um ihre volle Rationalität entfalten zu können. Wie kann es nun sein, dass die Universität, die sich immer als Ausgangspunkt gesellschaftlicher Rationalität verstanden hat, auf einmal Gegenstand von Rationalisierungszwängen wird, die von außen an sie herantreten? Wie kann „Rationalisierung" für die Universität zum Problem werden? Gewiss wäre es ein Irrtum zu glauben, die Universität, zumal die deutsche, wäre jemals völlig „autonom" von externer, zumal politischer Einflussnahme gewesen. Gerade das Humboldt'sche Modell, das die Freiheit von Forschung und Lehre forderte und die korporationsrechtlichen Besonderheiten der Institution Universität akzeptierte, hat die Universitäten gleichzeitig der staatlichen Rechtsaufsicht und – durch die Einführung von Staatsexamina, durch das staatliche Berufungsrecht oder durch gezielte Finanzzuweisungen – auch einer indirekten Fachaufsicht unterworfen; Staatsdiener waren auszubilden. Emanzipiert hatte sich die Universität damals, zu Beginn des 19. Jahrhunderts, zunächst vor allem von theologischen Vorgaben und religiösen Denkverboten. Gegen politische und bürokratische Gängelung, ideologische Kontrolle und Zensur musste sie sich dagegen immer wieder wehren. Aber das Prinzip der Wissenschaftsfreiheit hatte dennoch seit Humboldts Tagen tiefe Wurzeln geschlagen. Heute ist es, verbürgt durch den Grundgesetzartikel 5 Abs. 3, ein Grundrecht mit höchstem Verfassungsrang.

Weitgehend unbeeinflusst waren die deutschen Universitäten aber bisher von direkten Eingriffsmöglichkeiten aus dem Bereich der Wirtschaft. Der Markt spielte für sie praktisch keine Rolle, weil die Finanzierung von Forschung und Lehre aus Steuermitteln erfolgte, die ihnen von staatlicher Seite zugewiesen wurden. Da die Universitäten keine selbstständig wirtschaftenden Unternehmen waren, war ihre notorische Mittelknappheit bisher nie ein primär wirtschaftliches Problem. Die finanzielle Ausstattung der Universitäten konnte nur auf politischer Ebene, mit Überzeugungsarbeit und mit politischem Druck, nicht durch wirtschaftliche Eigeninitiative beeinflusst werden. Die Drittmittel spielten dabei, quantitativ gesehen, immer nur eine geringe Rolle.

Mit anderen Worten, die (recht und schlecht auf Universitätszwecke zugeschnittene) Kameralistik der öffentlichen Hand sorgte dafür, dass die Universitäten nie direkt mit der Logik des Marktes in Berührung kamen. Über den wirtschaftlichen Nutzen ihres Tuns mussten sie niemandem Rechenschaft ablegen: Sie waren primär der Wahrheit verpflichtet. Im Rahmen der ihnen zur Verfügung stehenden Haushaltsmittel erhielten sie einen Freiraum für zweckfreie Forschung und für eine Lehre, die nicht primär die Nutzanwendung des vermittelten Wissens im Auge hatte, sondern das Humboldt'sche Leitbild der „Bildung durch Wissenschaft".

Gewiss ist diese Idealvorstellung niemals völlig verwirklicht worden. Aber darum geht es mir jetzt nicht, sondern darum, dass wir zur Zeit Zeugen einer allmählichen Koordinatenverschiebung werden: Während bisher der Staat als Puffer und als Filter zwischen Wirtschaft und Universität fungierte und diese vor dem direkten Einfluss der Logik des Marktes bewahrte, beginnt sich jetzt das Wirtschaftsgebaren des Staates selbst zu verändern. In diesen Sog geraten die Universitäten nun hinein.[2]

Angesichts wachsender Diskrepanzen zwischen Staatsausgaben und Steueraufkommen wird die staatliche Haushaltspolitik immer stärker von marktwirtschaftlichen Erwägungen beeinflusst. Sie kommt dabei unter Rechtfertigungszwänge, denen zufolge Kosten möglichst nur noch dort entstehen sollen, wo auch ein nachweisbarer wirtschaftlicher Nutzen zu erwarten ist. Die Wissenschafts- und Kultusverwaltungen erfahren deshalb einen zunehmenden Rentabilitätsdruck, der von Parlamenten, Finanzministerien und Rechnungshöfen an sie herangetragen wird – und sie geben ihn an die Universitäten weiter. Diese finden sich mit einem Male auf dem „Prüfstand" wieder, im Namen einer Rationalität, die nicht mehr die ihre ist.

Die jetzt auf die Universitäten einstürmenden Neuerungen tragen allerdings einen verführerischen Namen – Hochschulreform. Wer aber die Vielzahl von Stichworten und Reformzielen auf sich wirken lässt, die zur Zeit Konjunktur haben, wird vorsichtig: Von **A**kkreditierungsagentur über **B**achelor-Master-Studiengänge, **C**redit-Point-Systeme, **D**ienstrechtsreform, **E**valuierung, **F**lexibilisierung, **G**lobalhaushalt und **H**ochschulmarketing geht es durch das ganze Alphabet hindurch bis hin zu **M**odularisierung, **P**rofilbildung, **Q**ualitätsmanagement, **W**ettbewerbsorientierung und **Z**ielvereinbarung. Eine recht holperige Kakophonie von Neologismen, fürwahr. Und all‘ das soll möglichst „auf einmal und gleichzeitig" umgesetzt werden. Wem wird es da nicht mulmig werden?

Ich möchte mich jedoch nicht einfach mit stilkritischem Spott begnügen und damit selbst in den Gestus eines unverbesserlichen Verfechters alter Professorenherrlichkeit verfallen. Richtig an der Stilkritik ist aber sicherlich, dass schon die Wortwahl bei der Formulierung der Reformziele erkennen lässt, dass sie nicht der Mitte der Universitas litterarum entstammen, sondern eher vom Rande oder von außen an sie herangetragen werden.

Außerdem fällt auch auf, dass die meisten Reformziele dem begrifflichen Umfeld der Lehre vom „New Public Management" entstammen – also jener Bewegung, die sich um die Entbürokratisierung und Effizienzsteigerung der staatlichen und kommunalen Verwaltungen bemüht. Soweit es um die Verbesserung der Leistungsfähigkeit der Universitäts*verwaltungen* geht, wird man gegen derartige Re-

---

[2] vgl. hierzu auch die beiden Texte „Zum ‚neuen' Verhältnis von Hochschulen und staatlicher Wissenschaftsverwaltung in Deutschland" und „Handlungsoptionen deutscher Universitäten im Kräftefeld von staatlicher Steuerung Martorientierung und akademischer Autonomie" am Ende dieses Bandes

formbemühungen wenig einzuwenden haben – zumal dann, wenn auch die staatliche Wissenschaftsverwaltung davon miterfasst wird.

Allerdings muss man sich dabei stets zweier Grundtatsachen bewusst bleiben: Zum einen ist es ja für jeden unbefangenen Beobachter fast ein Gemeinplatz, dass es bei allen diesen Reformbemühungen nicht nur um den sparsameren und effizienteren Umgang mit Steuergeldern geht, sondern um Einsparungen, also: *Kürzungen*, von Mitteln für die Hochschulen. Zum anderen darf man niemals aus dem Auge verlieren, dass die *akademischen Aufgaben* einer Universität nichts mit den Verwaltungsaufgaben einer Behörde zu tun haben.

Das bedeutet nun: Wenn eine Hochschulreform sich im Gewande einer Verwaltungsreform präsentiert und wenn darüber hinaus Haushaltskürzungen das durchschlagende Hintergrundmotiv sind, dann ist höchste Alarmbereitschaft am Platze.

An dieser Stelle mag nun mancher einwenden, dass ich ja selber, als Rektor, viele der Reformmaßnahmen aktiv gefördert habe, über die ich mich jetzt so skeptisch äußere. Man wird fragen, ob ich denn nun vom Paulus wieder zum Saulus geworden sei. Aber die Sache ist komplizierter: Ein Rektor ist gehalten, Schaden von seiner Universität abzuwenden und das jeweils Beste für sie zu tun. Dabei wird er sicherlich immer wieder Kompromisse eingehen müssen und es dabei nicht jedem recht machen können. Das ist selbstverständlich. Aber das meine ich jetzt nicht, sondern folgendes: Wenn die Situation eintritt, dass Rektoren – und im Grunde sind es alle Rektoren deutscher Universitäten – sich Sachzwängen ausgesetzt sehen, die sie dazu nötigen, zum Schutze ihrer Universität Schritte einzuleiten und Maßnahmen zu akzeptieren, die sie langfristig für schädlich halten, dann wird die Lage wirklich kritisch. Dass ich nicht der einzige bin, der das so sieht, bezeugen die beklommenen Gesichter vieler Rektorenkollegen und -kolleginnen bei schwierigen Entscheidungen der Hochschulrektorenkonferenz.

Wenn uns also die Verhältnisse dazu zwingen, wider besseres Wissen Bedenkliches zu tun, was ist da noch zu machen? Die Verhältnisse ändern? Das wird so einfach nicht gelingen. Aber – welche „Verhältnisse" sind überhaupt gemeint? Das will ich nun etwas präzisieren.

- Da ist erstens die Tatsache gegeben, die keiner grundlegend ändern möchte, dass deutsche Universitäten und Hochschulen staatlich finanziert werden.

- Zweitens sind die Sparzwänge der staatlichen Haushalte unverkennbar, zum einen wegen der hohen Staatsverschuldung, zum anderen wegen der stagnierenden Steuereinkünfte.

- Letztere haben, drittens, etwas mit dem Umstand zu tun, dass Steuerpolitik immer mehr zur überregionalen und internationalen Wirtschaftspolitik wird, die darauf abzielt, den „Standort Deutschland" (oder: den „Standort Sachsen-

Anhalt") wettbewerbsfähig zu machen. So beginnt die so genannte „Staatsquote", und damit auch die für staatliche Hochschulen verfügbare Verteilungsmasse, zu sinken.

- Viertens ist es so, dass die heutige Welt gerne als „globalisierte Wissensgesellschaft" beschrieben wird. Das heißt, der Faktor „Wissen" hat – häufig unter der Bezeichnung „Humankapital" – eine nie gekannte wirtschaftspolitische Schlüsselstellung erlangt.

- Hier stoßen wir nun, fünftens, auf eine Paradoxie, an der wir ansetzen müssen:

Zum einen ist die kontinuierliche Herstellung und Pflege von Wissen – vor allem: von höchstqualifiziertem Wissen – für die internationalisierte Wirtschaft heute so wichtig geworden, dass die bisherige Form staatlicher Hochschulverwaltung und selbstorganisierter Lehre und Forschung nicht mehr auszureichen scheint, um dieses Wissen in der gewünschten Form bereitzustellen.

Zum anderen sickern marktwirtschaftliche Kosten-Nutzen-Kalküle auf dem Wege des „New Public Management" in die staatliche Wissenschaftsverwaltung ein, und von da aus in den akademischen Kern der Universitäten selbst. Dort gefährden sie nun aber genau das, was sie erhalten müssten, nämlich: die Produktionsbedingungen für das kostbare Gut Wissen.

Mit anderen Worten: Gerade weil die Ressource Wissen für die Marktwirtschaft immer bedeutsamer wird, mischt sich die Marktlogik immer stärker in die Herstellung von Wissen selbst ein – und beschneidet dem Wissen genau dadurch den Freiraum, den es zu seiner Entfaltung braucht. Das ist das Paradoxon, das wir aufbrechen müssen.

Nun wird aber jeder, der sich heute für die Reform der Hochschulen einsetzt, nachdrücklich versichern, dass eine derartige „Invasion" von ökonomischen Imperativen in die Lebenswelt der Universität überhaupt nicht beabsichtigt sei. Die neue Kosten-Nutzen-Rationalität, der sich die Universitäten heute aussetzen müssten, sei keineswegs mit Kommerzialisierung aufgrund betriebswirtschaftlicher Kalküle gleichzusetzen, bei denen der „Nutzen" eines Produkts oder einer Leistung letztlich über den zu erzielenden Preis bestimmt wird. Der „Nutzen" von Forschungs- und Lehrleistungen an staatlich finanzierten Universitäten könne vielmehr auch weiterhin nur von der *scientific community* selbst bestimmt werden, allenfalls unter Einbeziehung der betroffenen Studierenden.

Schön wäre es, wenn es so wäre. Mittlerweile mehren sich jedoch die Anzeichen, dass der „Nutzen" von Forschung und Lehre unmittelbar im immer stärker ökonomisierten politischen Raum definiert wird: Er bemisst sich an dem, was Regierungen und Parlamente jeweils für „kostengerecht" und „nützlich" halten und zu finanzieren bereit sind. Das bedeutet, dass die Universitäten zunehmend in die Rolle geraten, die Nützlichkeit ihres Tuns öffentlich und offensiv zu rechtfertigen. Zur Zeit neigen sie oft dazu, dabei Argumente zu verwenden, die wenig mit Wissenschaft, aber viel mit politischer Opportunität zu tun haben. Politisch opportun sind vor allem solche Argumente, die auf die Reduzierung von Kosten abzielen.

Die neue Ökonomisierung des Staates führt auf diese Weise zu einer „nachgeordneten Ökonomisierung" der Universitäten. Ich will das an einigen Beispielen verdeutlichen, und anschließend versuchen, eine Auswegsmöglichkeit zu skizzieren.

Wer heute aus öffentlichen Mitteln finanziert werden will, muss sich dazu bequemen, seine Leistungsfähigkeit und Nützlichkeit aktiv unter Beweis zu stellen und zu rechtfertigen. Wie sieht das aber in der hochschulpolitischen Praxis aus? Man neigt dazu, mit möglichst einfachen quantitativen Messzahlen zu arbeiten. Herangezogen werden beispielsweise: Die durchschnittliche Studiendauer im Vergleich zur Regelstudienzeit, die Anzahl der Promotionen und Habilitationen in einem Fach, die Zahl der Publikationen in angesehenen Zeitschriften, die Höhe der eingeworbenen Drittmittel. Nach solchen und ähnlichen Kriterien sollen Haushaltsmittel verteilt oder sogar die persönlichen Bezüge der Hochschullehrer bemessen werden – selbstverständlich immer unter dem Vorzeichen der Kostenneutralität.

Das mag formalen Gerechtigkeitsgesichtspunkten genügen. Aber jeder, der selbst einmal in einer Universität gelebt hat, weiß, dass damit die falschen Signale ausgesandt und die falschen Leistungen prämiert werden: Professoren, für die das Geld der wichtigste Leistungsanreiz ist, sind nicht unbedingt die kreativsten Forscher und die hingebungsvollsten akademischen Lehrer. Wer reich werden will, wird nicht Professor. Vor allem wird er nur selten ein guter Professor werden. Ähnliches gilt für Drittmittelkönige und Vielschreiber: In der Universität darf es nicht auf Quantität, sondern es muss primär auf Qualität ankommen.

Oder, ein anderes Thema: Die Einrichtung immer neuer, nachfrageorientierter interdisziplinärer Studiengänge, möglichst in englischer Sprache, wird heute besonders gefördert und prämiert. Folgerichtig werden entsprechende Initiativen auch von den Universitätsleitungen besonders unterstützt. Mein Rektorat war da keine Ausnahme. Aber, ist derartiges für die Qualität und Seriosität einer Universität wirklich immer förderlich? Ist die Gefahr nicht groß, dass die Anwerbung von möglichst vielen Studenten dabei doch höher bewertet wird als die akademische Solidität des Lehrangebotes?

Worauf ich hinaus will: Weil die Universitäten ja keine echten kommerziellen Unternehmen sein können, deren Leistungsfähigkeit sich allein am Markterfolg bemisst, drohen sie, sich in einer kontraproduktiven „Tonnenideologie" zu verfangen, wenn es darum geht, ihre „Leistung" und „Nützlichkeit" nach außen zu dokumentieren. Indes, kann man von übergeordneten politischen Instanzen, die nach einfachen und quantifizierbaren Maßstäben für eine möglichst gerechte Verteilung von Steuergeldern suchen müssen, wirklich einen andern Lösungsweg erwarten? Schwerlich. Wenn es eine angemessenere Lösung geben soll, müssen wir, die Universität, sie deshalb wohl schon selber herbeiführen.

Das heißt, sofern meine zuvor gesetzte Prämisse richtig ist, dass die Universitäten heute nicht mehr umhin können, ihre Leistungsfähigkeit öffentlich unter Beweis zu stellen, wenn sie im Verteilungskampf erfolgreich sein wollen, so bleibt ihnen wohl nur eine Möglichkeit: *Sie müssen die Definitionshoheit über ihre eigenen Qualitätsstandards wieder zurückgewinnen.* Allerdings müssen das dann auch wirkliche „Standards" sein, keine pragmatisch gesetzten „Benchmarks". Diese Standards müssen offensiv nach außen vertreten und nach innen eingeklagt werden.

Man wird mir entgegenhalten, dass genau das ja die Crux sei, weil kleinkariertes, defensives Handeln die Universitäten lähme. Das dort herrschende kollegiale Konsensprinzip sei leistungs- und reformfeindlich, und es habe die akademischen Qualitätsstandards längst verwässert. Wie könnte ich leugnen, dass es diese Probleme gibt. Aber ich bin dennoch überzeugt, dass die Universitäten und ihre Mitglieder der immer drängender werdenden Gefahr ökonomistischer Fremdbestimmung etwas Eigenes entgegenzusetzen haben. Ich will dafür nur drei Beispiele aus unserem eigenen Erfahrungskreis anführen:

1. Die drei Universitäten Halle, Jena und Leipzig haben im Rahmen ihres mitteldeutschen Universitätenbundes ein gemeinsames Vorgehen auf dem Gebiet der Lehrevaluation vereinbart. Unter Einbeziehung auswärtiger Fachleute werden in jährlichem Turnus bestimmte Lehrgebiete an allen drei Universitäten einer vergleichenden Qualitätskontrolle unterzogen. Dabei wird es zu einer selbstbestimmten Bekräftigung akademischer Standards im Bereich der Lehre kommen. Es ist zu erwarten, dass der Effekt auch auf andere, gerade nicht zur Begutachtung anstehende Fächer ausstrahlen wird.

2. Bereits seit Jahren gibt es an der halleschen Universität die so genannte „Berufungsprüfungskommission", eine kleine Rektoratskommission, die sich aus besonders erfahrenen und unabhängigen Senatsmitgliedern zusammensetzt. Sie wirft ein genaues kritisches Auge auf die Berufungsvorschläge der Fachbereiche und Fakultäten. Dabei trägt sie Sorge, dass bei Berufungen (und übrigens auch bei Ehrenpromotionen, Honorarprofessuren und außerplanmäßigen Professuren) höchste akademische Standards eingehalten werden, so dass „Gefälligkeits-" oder „Notberufungen" keine Chance bekommen.

3. Zur Zeit steht die Universität Halle-Wittenberg vor ihrer vielleicht schwierigsten Bewährungsprobe, der Notwendigkeit, ihre Struktur auf 80 Prozent ihres ursprünglichen Ausbauvolumens zurückführen zu müssen. Sie steht dabei

zwischen der Scylla eines nur scheinbar selbstbestimmten schematischen „Rasenmäherverfahrens", das alle Strukturen auf eine gleichmäßige 80 Prozent-Höhe herunterkürzt, und der Charybdis fremdbestimmter Streichungsauflagen. Zwischen diesen beiden gefährlichen Alternativen muss und will sie nun ihren eigenen aufrechten Weg gehen, indem sie sich in einem aufwändigen und schmerzhaften akademischen Selbstfindungsprozess ihre Prioritäten selber setzt. Es besteht dabei übrigens zwischen den alten und neuen Rektoraten und Senaten völliges Einverständnis. Bis Ende August 2000 haben die „Alten" an dieser schwierigen Aufgabe gearbeitet, im September haben die „Neuen" den Stab übernommen.

Dies alles ist in dem Bewusstsein formuliert, dass Universitäten, auch die hallesche Universität, *etwas Besonderes* sind, und dass sie das auch offensiv und argumentativ unter Beweis stellen müssen, wenn sie wirkliche Universitäten sein und bleiben wollen. Ich bin guter Hoffnung, dass das auch gelingen kann, weil ich mir sicher bin, dass die Universität trotz aller Anfechtungen noch immer *der* gesellschaftliche Ort ist, wo sich unverkürzte Rationalität entfalten kann. Ein Kennzeichen dieser Rationalität aber ist es, dass sie immer vorwärts treibt und gleichzeitig sich selbst gegenüber kritisch und veränderungsbereit bleibt. Das ist die List der Vernunft, die weiterhin am Werke ist. Solange sie auf unserer Seite ist, werden wir es schaffen, uns gegen überdrehte Reformphantasien zu behaupten und mit Augenmaß das Nötige zu tun.

Mit Walter Benjamin können wir sagen, dass es den Universitäten – seien sie nun alt und traditionsreich oder neu gegründet – heute nicht mehr möglich ist, sich aus der Aura der Einmaligkeit „der" Universität heraus zu legitimieren. Aber so wie die Kunst im Zeitalter ihrer technischen Reproduzierbarkeit und auch im Zeichen „virtueller Realität" etwas Besonderes geblieben ist, indem sie immer neue Wege ging, so kann auch die Universität sich selber treu bleiben, wenn sie ihre Leistungsfähigkeit bewahrt und dies unaufgeregt, aber deutlich erkennbar zum Ausdruck bringt.

II. Hochschulerneuerung und Hochschulreform im Osten

Akademische Freiheit heute[1]

Seit ihrer Gründung am 12. Juni 1694 ist die Universität Halle von 255 Rektoraten geführt worden. Nimmt man die ältere Wittenberger Tradition hinzu, so kann der heutige Rektor auf über 400 Amtsvorgänger zurückblicken. Große Namen waren darunter, in Wittenberg keine geringeren als ihr Gründungsrektor, der Mediziner Martin Polich von Mellerstedt, der große Humanist Philipp Melanchthon, der Physiker und Mediziner Martin Gotthelf Löscher, in Halle der aufklärerische Jurist Christian Thomasius, der Orientalist und Theologe August Hermann Francke, Christian Wolff, der große Philosoph, Simon Peter Gasser, der Begründer der ökonomischen Staatswissenschaften, der Mediziner Friedrich Hoffmann, der Kirchenhistoriker und langjährige Kanzler August Hermann Niemeyer, der bedeutende Physiker Hermann Knoblauch, der Staatsrechtslehrer Franz von Liszt und Otto Eißfeldt, der aufrechte Theologe und erste Nachkriegsrektor, der auch vor 1933 schon einmal das höchste Amt der Universität innegehabt hatte. Das ist, fürwahr, eine stolze Reihe großer Männer – auch wenn man Frauen unter ihnen vermissen muss.

Verehrte Damen und Herren, Sie mögen es nun wohl als eine Anmaßung empfinden, wenn ich selber mich dieser illustren Reihe zuordne. Aber das geschieht nicht aus Eitelkeit. Die Rückerinnerung an große Vorgänger ist für mich vielmehr eine deutliche Aufforderung zur Bescheidenheit – und zwar zu Bescheidenheit in einem doppelten Sinne:

Zum einen geht kein Weg an der Einsicht vorbei, dass unsere Universität von den politischen und moralischen Verwüstungen der NS-Zeit und von der darauf folgenden Periode repressiver Bevormundung durch den SED-Staat in ihrer Sub-

---

[1] Antrittsrede anlässlich der Übernahme des Rektorates der Martin-Luther-Universität Halle-Wittenberg, Halle, 16. Oktober 1996

stanz tief erschüttert worden ist und dass sie auch unter den Folgen der Umbruchs- und Abwicklungswirren nach 1990 noch immer leidet. Ein unbefangenes Wiederanknüpfen an große alte Namen und Traditionen ist deshalb nicht mehr möglich. Vielmehr müssen wir jetzt, in Anerkennung unserer *ganzen* Geschichte, noch einmal – sehr bescheiden – neu die Ärmel aufkrempeln, um uns den großen Namen unserer Martin-Luther-Universität wieder zu verdienen.

Zur Bescheidenheit gemahnt die Rückerinnerung an große Vorgänger aber noch in einem ganz anderen Sinne. Alle die genannten Rektoren sind zugleich bedeutende Gelehrte gewesen. Und doch, ihre Forschungsleistungen sind heute ebenso überholt wie die ihrer weniger berühmten Zeitgenossen und Kollegen. Genau diese Erfahrung der notwendigen Vergänglichkeit unserer Forschungsergebnisse ist es, die uns Wissenschaftler aller Disziplinen über Zeit und Raum hinweg miteinander verbindet und die es auch rechtfertigt, dass wir alle in *einer* Universität zusammengehören: Uns alle eint das Wissen, dass unsere Versuche zur Erforschung der Wahrheit stets vorläufig bleiben werden. Weder persönliche Reputation noch äußerlicher Pomp werden daran etwas ändern. Bescheidenheit ist deshalb die einzig angemessene Haltung. Wenn nämlich Wissenschaftler diese sokratische Einsicht vergessen, tritt an die Stelle offener Wahrheitssuche die eitle Rechthaberei. Das sollten wir niemandem, vor allem nicht unseren Studentinnen und Studenten, antun.

Wer mich ein wenig kennt, wird vielleicht bemerkt haben, dass diese einleitenden Überlegungen zugleich ein Stück persönlicher Kommentar sind – ein Kommentar des Umstandes, dass hier als neu gewählter Rektor im prachtvollen Talar seiner Vorgänger ein Mann vor Ihnen steht, der gleichzeitig das geflügelte Wort des Jahres 1968 „Unter den Talaren – der Muff von 1000 Jahren" für einen wichtigen Meilenstein unserer neueren Universitätsgeschichte hält. Ein Widerspruch? Er bedarf sicherlich der Erläuterung.

Wir, die Studenten und Assistenten der 68er Jahre in Süd-, West- und Norddeutschland und in Westberlin, haben damals mit unserer ungestümen Kritik an den Universitäten gewiss einige Verwirrung gestiftet. Aber es ist uns dabei doch auch manches Bemerkenswerte gelungen. Insbesondere hat die Studenten- und Assistentenbewegung mit dafür gesorgt, dass die Mentalitäten und Strukturen, die das NS-Regime während der ominösen zwölf Jahre seines so genannten „Tausendjährigen Reiches" in den Universitäten hinterlassen hat, endgültig überwunden werden konnten.

Genau darauf, auf die Erbschaft des Hitlerschen „Tausendjährigen Reiches", war der ironische Satz vom „Muff der 1000 Jahre" ja ursprünglich gemünzt worden. Erst später ist daraus dann ein antiautoritärer und traditionsfeindlicher Rundumschlag geworden, der keine Differenzierungen mehr zuließ. Dem sollten wir nicht folgen. Wir können dann konstatieren, dass die ursprüngliche Aufgabe, den

NS-Geruch aus den deutschen Universitäten zu vertreiben, jetzt im wesentlichen erledigt ist.

Jener *andere* Muff aber, der im östlichen Deutschland über 40 Jahre lang weite Teile der Universitäten mit Denkverboten und alle ihre Mitglieder mit unerträglichen Restriktionen und Überwachungen belegt hat, steht uns heute noch viel näher. Wir sollten deshalb alles tun, dass auch er keine Renaissance erlebt.

Dabei kann, so paradox es erscheinen mag, auch dieser immerhin knapp 100 Jahre alte Rektormantel ein Stück mithelfen. Denn man muss wissen, dass – etwa zeitgleich mit der Bundesrepublik – auch in der DDR Ende der 60er Jahre die Talare aus dem Verkehr gezogen worden sind. Das war jedoch nicht, wie im Westen, durch Druck von unten bewirkt worden. Verantwortlich ist dafür vielmehr die von oben verordnete III. Hochschulreform gewesen, die die weitgehende Gleichschaltung der DDR-Universitäten besiegelt hat. Wenn wir deshalb in Halle heute, nach der Katharsis von 1990, bei feierlichen Anlässen unsere alten Talare wieder tragen, so tun wir das als *bewusstes Kennzeichen unserer wiedergewonnenen akademischen Freiheit*. Wir tun es in aller Bescheidenheit, weil wir durch Schaden klug geworden sind. Mit Nostalgie und Geschichtsverklärung hat das nichts zu tun – eher schon mit einer Verbeugung vor den Männern und Frauen, die die alten Roben im Zeichen der Erneuerung unserer Universität wieder angelegt haben.

„Akademische Freiheit", das ist jetzt mein Stichwort. Für mich ist es nämlich genau diese – niemals ganz verwirklichte – Idee der akademischen Freiheit, die uns über die Jahrhunderte hinweg noch heute mit dem humanistischen Wittenberg von 1502 und dem aufklärerischen Halle von 1694 verbindet. Deshalb können wir uns immer noch mit den alten Insignien identifizieren – als Zeichen dafür, dass wir uns die ehrwürdige, stets bedrohte Idee der akademischen Freiheit wieder zu eigen gemacht haben.

Ich hoffe, jetzt leuchten bei Ihnen Warnlichter auf, mit der Aufschrift „Vorsicht, Pathos!" Vor Pathos schützt vor allem eines: Präzision. Ich will deshalb versuchen, der Frage etwas genauer nachzugehen, was „akademische Freiheit" heute für uns bedeuten kann.

Meine Antwort auf diese Frage beginne ich mit einem Rückgriff auf mein Repertoire als Soziologe und mit einem kleinen historischen Exkurs: Den Werdegang der modernen westlichen Gesellschaften kann man als eine Geschichte der schrittweisen Ausdifferenzierung von relativ selbstständigen Lebensbereichen verstehen, in denen jeweils eigene Spielregeln gelten. So hat schon im europäischen Hochmittelalter der Prozess der allmählichen Trennung von weltlicher und religiöser Sphäre begonnen, also: von Thron und Altar, später von Staat und Kirche. Innerhalb der staatlichen Sphäre, die das Monopol der legitimen Gewaltanwendung für sich beanspruchte, kam es dann im Zuge der allmählichen Demokratisierung der Gesellschaften zu weiteren Differenzierungen, vor allem auch zu einer Gewaltenteilung zwischen den Bereichen der Exekutive, der Legislative und der Jurisdiktion mit ihren je unterschiedlichen Regeln und Zuständigkeiten. Als dritte relativ autonome Sphäre gesellschaftlichen Lebens neben Kirche und Staat bildete sich – mit der Ausweitung von Freihandel, Marktökonomie und industrieller Produktion – der Bereich der Wirtschaft heraus. Dort geht es nicht um Glauben und Moral, auch nicht um Recht und Gesetz, sondern primär ums Geld.

Das alles werden Sie längst wissen. Es dient mir hier nur als Hintergrund für die Feststellung, dass auch die Entstehung der Wissenschaften auf einem derartigen Prozess der allmählichen gesellschaftlichen Ausdifferenzierung und Spezialisierung – oder, wenn Sie so wollen: der Emanzipation und Autonomisierung – beruht. In einer gewissen Vereinfachung kann man nämlich sagen: Der Bereich der Wissenschaft ist auf die rationale Gewinnung und Weitergabe von wahren Erkenntnissen spezialisiert. Er unterscheidet sich deshalb vom Bereich der Religion, in dem es um Glaubensgewissheiten geht, vom Bereich der Politik, in dem es um legitime Macht, und vom Bereich der Wirtschaft, in dem es um die Schaffung und Verteilung von Reichtum geht. Religion, Politik, Wirtschaft, Wissenschaft – jeder dieser vier ausdifferenzierten Bereiche gehorcht also seiner eigenen, eigenwilligen Logik. Das ist ein wichtiges Kennzeichen der Moderne.

Was nun den Bereich anbetrifft, dem die Universitäten angehören, also: den Bereich der Wissenschaft, so lässt sich sagen, dass auch dieser sich im Laufe der Jahrhunderte immer weiter ausdifferenziert hat, in eine Vielzahl von spezialisierten Einzelwissenschaften. Trotz aller Formen- und Methodenvielfalt sind sich aber alle wissenschaftlichen Fachdisziplinen in ihrem allgemeinsten Ziel einig geblieben: der methodisch kontrollierten Wahrheitssuche. Ungeachtet aller Unterschiede der Gegenstände und der erkenntnistheoretischen Auffassungen herrscht deshalb auch quer durch die Fachdisziplinen Konsens darüber, was sich auf alle Fälle *nicht* mit wissenschaftlicher Erforschung von Wahrheit verträgt: Man weiß, dogmatische Wahrheitsvorgaben religiöser oder weltanschaulicher Herkunft sind forschungsfeindlich; politische Festlegungen von Forschungszielen und -methoden wirken erkenntnishemmend; und schließlich lässt sich Wahrheit auch nicht einfach mit Geld erkaufen. Anders gesagt, jede direkte Unterordnung der Wissenschaften unter die Spielregeln, die in den anderen gesellschaftlichen Bereichen gelten, ist schädlich. denn es gilt der Kernsatz: *Wissenschaften bedürfen der Autonomie. Wird sie ihnen genommen, bringen sie nichts mehr zustande.* Das ist die simple Botschaft meiner kurzen historischen Vergegenwärtigung. Man kann sie gar nicht oft genug wiederholen.

Mit Vergnügen lese ich deshalb in einem Rundschreiben des für Wissenschaft und Forschung zuständigen Bundesministers Rüttgers, das mir vor wenigen Tagen auf den Schreibtisch flatterte, dass auch er das so sieht. Er schreibt dort, es „müssen Freiheit und Eigenverantwortung der Forschung gewahrt bleiben. Der Staat ist weder der klügere Wissenschaftler noch der innovativere Unternehmer"[2]. In der Tat, so ist es. Wissenschaft muss frei von politischen, wirtschaftlichen und natürlich auch weltanschaulichen Übergriffen bleiben, wenn sie ihre Aufgaben erfüllen soll. An diese einfache, aus langer historischer Erfahrung gewachsene Einsicht muss jeder erinnert werden, der heute an der „Stärkung des Standortes Deutschland in einer sich globalisierenden Wirtschaft" interessiert ist – und wer ist das hier nicht?

Aber – ist diese Botschaft nicht doch ein wenig *zu* simpel? Man denke nur an unsere eigenen Vorgänger, an das alte Wittenberg und das alte Halle in ihrer Blütezeit: Waren sie denn jemals autonom? Waren sie nicht Fürstengründungen, die sich Jahrhunderte lang fest im Griff eines protestantischen Territorialstaates befanden? Und ist es nicht bis auf den heutigen Tag so, dass die deutschen Universitäten fast vollständig durch die öffentliche Hand finanziert werden und der Rechtsaufsicht ihrer Ministerien unterstehen? Man muss also fragen, wie sich das alles mit „akademischer Freiheit" und „Autonomie der Universität" verträgt.

Die Antwort reicht noch vor das Jahr 1502, bis in die mittelalterlichen Universitäten zurück: Sie haben – gewissermaßen als „Gegengift" gegen religiöse, politische und wirtschaftliche Fremdbestimmungen – das *Prinzip der Kollegialität* zur Geltung gebracht. Die Professoren, oft gemeinsam mit ihren Studenten, haben das Recht auf Regelung ihrer eigenen Angelegenheiten durchgesetzt, ganz ähnlich wie die damaligen Bruderschaften und Zünfte. Vollständig ist ihnen das wohl nirgends gelungen; zu eng waren überall die Bindungen an ihre Herren und Geldgeber. Aber die Grundidee war geboren. Professoren, also: Leute, die sich durch wissenschaftliche Leistung ausgewiesen hatten, stellten für sich den Anspruch, ihre eigenen Angelegenheiten als Gelehrtenrepublik selber zu regeln. Weder der Bischof noch der Fürst oder der Mäzen sollten das Recht haben, sich in akademische Angelegenheiten einzumischen. Als Repräsentanten wählten sich die Professoren einen der ihren zum Rektor – oder, wenn den der Landesherr stellte, dann eben zum Pro-Rektor. Man versah ihn mit großartigen Insignien, mit einem Zepter, mit einem Talar, mit dem Titel „rector magnificus". Aber viel zu sagen hatte er in der Regel nicht. Die eigentlichen Entscheidungen wurden kollegial gefällt, im Senat. Bewusst wurde der Rektor oder Pro-Rektor deshalb nur für kurze Zeit gewählt, nur für ein oder zwei Semester: Als primus inter pares sollte er repräsentieren, nicht regieren. Im Hauptberuf war er ja ohnehin Gelehrter.

Noch bis vor kurzem hat sich deshalb an deutschen Universitäten der Brauch gehalten, dass Rektoren in ihren Rektoratsreden einfach einen Fachvortrag hielten.

---

[2] Rüttgers, J.: Innovationen durch mehr Flexibilität und Wettbewerb. Leitlinien des Bundesministers für Bildung, Wissenschaft, Forschung und Technologie zur strategischen Orientierung der deutschen Forschungslandschaft, Bonn 9.7.1996

Denn ihre persönliche Autorität beruhte weitgehend auf ihrer fachlichen Reputation. Die Sachautorität der Entscheidungen des Senates hatte ihre Begründung in der versammelten Fachkompetenz der Professoren. Eine professionalisierte Universitätsleitung mit besonderer hochschulpolitischer oder administrativer Qualifikation war nicht erforderlich.

Das scheint sich heute deutlich geändert zu haben. Als ein Indikator dafür können die Rektoratsreden der letzten Jahre aus anderen deutschen Universitäten dienen, die ich mir zur Vorbereitung auf den heutigen Anlass angesehen habe: Es handelt sich dabei durchweg um hochschulpolitische Reflexionen oder programmatische Stellungnahmen; Fachvorträge sind nicht mehr darunter. Mancher Hochschulpräsident könnte einen solchen vielleicht gar nicht mehr halten.

Ist das nun ein Alarmzeichen, ein Zeichen der Politisierung und Entautonomisierung der Universitäten? Oder ist es eher der Ausdruck einer sachgerechten Weiterentwicklung? Vielleicht lässt sich die Frage besser beantworten, wenn ich nochmals auf das Kollegialitätsprinzip zurückkomme, also: auf jene höchst unwahrscheinliche Errungenschaft, mit deren Hilfe sich unsere Universitäten Jahrhunderte lang gegen übermächtige religiöse, politische und wirtschaftliche Übergriffe erwehren konnten. Gewiss, nicht immer waren sie dabei gleich erfolgreich. Auch die Gefahr, von weltoffener Kollegialität in provinzielle Klüngelei und muffige Selbstgerechtigkeit abzugleiten, war stets gegeben. Aber wenn es gut ging, konnte das Prinzip der akademischen Kollegialität zur soliden Grundlage für das Funktionieren einer kritischen Diskursgemeinschaft werden, die den wissenschaftlichen Erkenntnisprozess voranbrachte und unsachgemäße Einflüsse selbstbewusst abwehrte.

Die Blütezeiten der deutschen Universitäten sind stets Phasen der Weltoffenheit und souveränen Selbstbestimmung gewesen, die auf Perioden der Verstocktheit und provinziellen Enge folgten. Das gilt nicht nur für Humboldts Berliner Neugründung des frühen 19. Jahrhunderts. Auch Wittenberg, die Reformuniversität des frühen 16. Jahrhunderts, und Halle, die Reformuniversität des frühen 18. Jahrhunderts, sind leuchtende Beispiele dafür, wie geistige Stagnation durch einen neuen Aufbruch zu überwinden ist. Allerdings, einen historischen Automatismus, der dafür sorgt, dass nach einer Periode des Niederganges immer wieder ein neuer Aufschwung kommen muss, gibt es nicht. Ich möchte nur daran erinnern, dass (auf dem Gebiet des heutigen Deutschland) zwischen 1798 und 1818 15 alte Universitäten verschwunden sind – darunter so berühmte Stätten wie Köln, Erfurt, Ingolstadt, Mainz, Frankfurt an der Oder und eben auch Wittenberg.

Wenn wir wollen, dass die Universität Halle-Wittenberg an der Wende zum 21. Jahrhundert ihren großen Vorbildern folgen und nach einer langen Periode innerer und äußerer Beschränkungen wieder in Bewegung kommen soll, so dürfen wir also nicht einfach nur abwarten. Wir müssen schon etwas dafür tun, und wir müssen energisch zusammen helfen.

Allerdings, Appelle an die Kollegialität allein werden das wohl schwerlich bewirken. Einige zusätzliche Voraussetzungen müssen schon erfüllt werden, wenn die Martin-Luther-Universität weiter gut vorankommen soll. Dazu möchte ich nun noch einiges sagen.

Zunächst will ich, mit einem Zitat des Philosophen Karl Jaspers aus dem Jahre 1960, vor einer verkürzten Problemsicht warnen. Er schrieb damals: „Durch die Ausbildung der Arbeitskräfte ... wird der Aufgabe der Universität nicht genug getan. Durch Beschränkung auf jene Zwecke werden diese Zwecke selbst nicht in Wahrheit erfüllt. Mit der Universität sinken Gesellschaft und Staat ab."[3]

Das heißt, um dem ganz selbstverständlichen ersten Zweck der Universität, der Lehre, gerecht zu werden, ist die Erfüllung ihres anderen Zweckes, der Forschung, eine notwendige Voraussetzung. Diesem zweiten Zweck aber ist nur dann Erfolg beschieden, wenn er in freier Selbstbestimmung verfolgt werden kann. Das bedeutet, dass die Verwirklichung der akademischen Freiheit eine grundlegende Erfolgsbedingung für die Universität ist.

Heute, angesichts der Probleme, vor denen die deutsche Gesellschaft aufgrund der zunehmenden Globalisierung des Weltwirtschaftssystems steht, gewinnen Jaspers' Einsichten neues Gewicht. Das Schlagwort von der „Wissensgesellschaft" macht die Runde. Dort gelten zwei lapidare Grundsätze: „Wissen ist Macht" lautet der eine, „Wissenschaft und Technik sind die erste Produktivkraft" lautet der andere. Das heißt, in dem arbeitsteiligen Beziehungsgeflecht zwischen den vier tragenden Funktionsbereichen der modernen Gesellschaft – Religion und Moral, Politik, Wirtschaft, Wissenschaft – beginnt sich eine allmähliche Gewichtsverlagerung abzuzeichnen. Die Wissenschaften geraten in eine Schlüsselposition. Denn unser künftiges politisches und wirtschaftliches Gewicht im globalen Rahmen wird in immer stärkerem Maße von der Qualität unserer wissenschaftlichen Forschung und Lehre beeinflusst. Ein Indikator dafür ist die Leistungsfähigkeit und Attraktivität unserer Universitäten. Lässt sie zu wünschen übrig, wird man ihnen die Mittel kürzen und sie zu bloßen Ausbildungsstätten herabstufen – zum Schaden aller.

Meine Prämisse ist es, wie gesagt, dass nur die Universitäten mit ihren eigenen Selbstregelungsmechanismen die erforderliche Qualität und Attraktivität schaffen können. Deshalb sehe ich zur Zeit eine gute Chance dafür, dass auch politische und wirtschaftliche Instanzen aus wohlerwogenem Eigeninteresse der Idee der akademischen Freiheit besonders zugänglich sind.

---

[3] Jaspers, K.: „Das Doppelgesicht der Universitätsreform", in: DUZ 3/1960, S. 8 (Hervorhebung: R.K.)

Freilich muss ich daran erinnern, dass es auch hier keinen Automatismus gibt, der garantiert, dass akademische Freiheit notwendigerweise zu hervorragenden Forschungsergebnissen führt und ein geistiges Klima schafft, das Studenten anzieht und zu Höchstleistungen anspornt. Warnend möchte ich auf die beiden folgenden gefährlichen Fehlentwicklungen hinweisen.

Die eine Fehlentwicklung beruht auf dem immer weiteren Fortschreiten der internen Differenzierung des Systems der Wissenschaften. Immer mehr Disziplinen und Subdisziplinen entstehen. Im Extremfall kann das existenznotwendige Prinzip des kollegialen Dialogs soweit aufgefächert sein, dass es für ein bestimmtes Spezialgebiet gerade noch zwei kompetente Gesprächspartner auf der ganzen Erde gibt – fürwahr, eine traurige Apotheose des dialogischen Prinzips! An der eigenen Universität versteht in einem solchen Fall in der Regel überhaupt niemand mehr, was ein derartiger Spezialist überhaupt tut. Dagegen ist solange wenig einzuwenden, wie solche Einzelgänger, die es an jeder Universität geben muss, nicht zu engstirnigen „Fachidioten" werden – ein anderes bedenkenswertes Schlüsselwort der 68er Bewegung. Soll die auf kollegialer Kritik und gegenseitigem Ansporn beruhende akademische Gemeinschaft nicht zerstört werden, muss alles dafür getan werden, die Kollegen in eine breitere akademische Diskurskultur einzubinden. Denn wo es zunehmend schwieriger wird, *systematische* Querverbindungen zwischen den einzelnen Spezialdisziplinen herzustellen, dort ist es nach meiner Erfahrung erstaunlicherweise dann doch immer wieder möglich, über die persönliche Kommunikation eine praktische Interdisziplinarität in Gang zu bringen, die die Zusammenhänge verständlich macht und Kooperation ermöglicht.

Im immer weiter vorangetriebenen Spezialistentum kann sich das Prinzip der akademischen Freiheit also selbst ad absurdum führen, indem es seine notwendige Voraussetzung, das Prinzip der akademischen Kollegialität, zerstört. In die gleiche Richtung läuft eine zweite Fehlentwicklung, die ich der Einfachheit halber mit dem Schlagwort des „Lehrstuhlegoismus" kennzeichnen möchte. Solange sie nicht in Massen auftreten, sind Professoren, die der Universitätsleitung und dem Ministerium unentwegt wegen „ihrer" Berufungszusagen, „ihrer" Assistentenstellen, „ihrer" Sekretärin, „ihres" Lehrdeputats, „ihrem" Forschungsfreisemester im Ohr liegen, ein ebenso unvermeidlicher Preis der akademischen Freiheit wie die kommunikationslosen Spezialisten. In Zeiten finanzieller Knappheit aber – und in solchen Zeiten leben wir ja – droht der Verteilungskampf zur Hauptbetätigung vieler Professoren zu werden. An die Stelle des konstruktiven Wettbewerbs unter Kollegen treten destruktive Verdrängungskonflikte, die das für die Universität lebensnotwendige Prinzip der kollegialen Selbstbestimmung zum Stillstand bringen.

Meine Aufgabe als gewählter Rektor der Martin-Luther-Universität ist es, derartige Gefahren zu erkennen und ihnen entgegenzutreten. Im *Inneren* der Universität heißt das, dass ich mich ganz besonders darum zu kümmern habe, fachübergreifende Kommunikation und interdisziplinäre Forschung und Lehre zu ermutigen, konkurrierende Interessen auszugleichen, auf hohe Standards in Forschung und Lehre zu achten und für alle Professoren, Mitarbeiter und Studierende beiderlei Geschlechts ein Klima der Weltoffenheit zu fördern, das für geistige Durchlüftung sorgt und keine muffigen Kleinkariertheiten aufkommen lässt.

In der *Außenwirkung* ist dafür zu kämpfen, dass die Martin-Luther-Universität in der akademischen Welt, im Bund, im Land, in der Region und in der Stadt wieder die Bedeutung gewinnt, die ihr von Alters her gebührt, die aber auch für eine erfolgreiche Bewältigung der Zukunft unerlässlich ist. Denn ohne die Kraft dauernder wissenschaftlicher Innovation und ohne immer neue Generationen von kreativen Universitätsabsolventen wäre es um unser Land schlecht bestellt.

Ich möchte deshalb auch mein Möglichstes tun, um unsägliche Konkurrenz- und Verteilungskämpfe unter den Hochschulen unseres Bundeslandes zu verhindern. Mir will scheinen, dass das Prinzip des kollegialen Wettbewerbs auch auf dieser Ebene so praktiziert werden kann, dass dabei die gemeinsamen Interessen befördert werden.

Mein Ziel ist es, im Land Sachsen-Anhalt gemeinsam an einem „Pakt der Vernunft" zu arbeiten, in dem Regierung und Parlament sich mit den Hochschulen des Landes zusammenfinden, um mittelfristig Planungssicherheit für den weiteren Aufbau der Hochschulen zu erreichen.

Verehrte Damen und Herren, da das alles so einfach ja nicht zu verwirklichen ist, mögen Sie nun vielleicht denken, dass dies der Auftakt sei für einen Ruf nach dem „starken Mann" in der Universität. In der Tat wird ja zur Zeit immer häufiger gefordert, die Dekane mit verstärkten Weisungskompetenzen auszustatten, an die Stelle kollegialer Rektoratsverfassungen „regierende Rektoren" oder professionelle Präsidenten zu setzen, und ähnliches.

Wenn Sie meinen Ausführungen bis hierher gefolgt sind, dürfte Sie meine Meinung dazu freilich kaum überraschen: Für ein Heilmittel halte ich derartige Vorschläge nicht. Ich denke, eine Universität muss erst einmal alles daran setzen, auf ihrem ureigensten Gebiet stark zu werden. Das aber ist, das habe ich jetzt oft genug betont, eine die Lehre tragende Forschung, die der Autonomie bedarf, um erfolgreich sein zu können. Die Autonomie der Universität gewinnt ihre Kraft aus der kollegialen Selbstbestimmung ihrer Mitglieder. Mit Befehl und Gehorsam ist da wenig auszurichten.

Sicherlich mag es dann eine Frage der Zweckmäßigkeit sein, ob intakte akademische Kollegialorgane sich entschließen, Entscheidungskompetenz und Verantwortung an die von ihnen gewählten und ihnen rechenschaftspflichtigen Repräsentanten zu übertragen. An der grundlegenden Einsicht, dass eine Universitätsleitung der kollegialen Einbindung und Unterstützung durch alle Mitglieder der Universität bedarf, ändert das nichts.

Ich möchte sie deshalb mit einem Satz verabschieden, der seine Verschmitzt-heit keineswegs verbergen will. Er lautet: Nur eine starke Universität kann einen starken Rektor verkraften.

Stärkung der Hochschulleitung durch Stärkung der akademischen Selbstverwaltung
Eine Alternative zum Präsidialmodell[1]

„Stärkung der Hochschulleitung" – diese Forderung ist zur Zeit landauf, landab zu hören. Sie wird von Bildungspolitikern, von Wirtschaftsführern und Publizisten, aber auch von der deutschen Hochschulrektorenkonferenz verfochten. Die Idee stößt auf beträchtliche öffentliche Zustimmung. Das scheinbar selbstverständliche Pendant zur Stärkung der Hochschulspitzen ist die Begrenzung der Kompetenzen der akademischen Selbstverwaltungsorgane – also: der Fakultäten und Senate. Auch das derzeit geltende Sächsische Hochschulgesetz folgt, wenn ich recht sehe, dieser Linie der Stärkung der Entscheidungsspitze auf Kosten der akademischen Gremien.

Mein Vortragsthema lautet nun aber gerade nicht: „Stärkung der Hochschulleitung durch Schwächung der akademischen Selbstverwaltung". Ich halte vielmehr beides gemeinsam für möglich und auch für notwendig – die Stärkung der Hochschulleitung *und* der akademischen Selbstbestimmung. Das muss in vielen Ohren sicherlich paradox klingen. Deshalb sind zunächst, im ersten Teil meiner Ausführungen, einige Erläuterungen und Begründungen fällig, bevor ich dann, im zweiten Teil, kurz den Lösungsversuch vorstelle, den wir an der Universität in Halle zum ersten Mal in Deutschland erproben werden.

I.

Diesen halleschen Lösungsversuch bezeichne ich als Alternative zum „Präsidialmodell" der Hochschulleitung. *Präsidialmodell* – was ist damit gemeint? Es ist das Leitbild einer Hochschule, deren Leitungspositionen mit beträchtlicher Entscheidungskompetenz und hoher Eigenverantwortung ausgestattet sind, die von langjährig amtierenden, professionell handelnden Persönlichkeiten wahrgenommen werden. Gleichgültig, ob sie sich nun Präsident oder Rektor, Dekan oder Dean nennen – ihre Aufgabe heißt: „Management". Ihre Leitmotive sind „Effizienz" und „internationale Wettbewerbsfähigkeit". Ihre Vorbilder finden sich eher in der freien Wirtschaft als in der akademischen Welt.

---

[1] Vortrag bei der Tagung der Friedrich-Ebert-Stiftung „Perspektiven der Hochschulpolitik in Sachsen", Leipzig, 23. Juni 1998; zuerst erschienen in: hochschule ost 4/1998, S. 39-50 (leicht veränderte Fassung)

Das Gegenstück zum Präsidialmodell ist das traditionelle *Rektoratsmodell* der altdeutschen Universitäten. Dort herrschte das Kollegialitätsprinzip, nicht der Rektor. Das Rektorenamt diente in erster Linie der Repräsentation nach außen, nicht der Führung der Universität. Alle wichtigen Entscheidungen wurden in Kollegialorganen getroffen, im Senat und in den Fakultäten. D.h., die Machtfülle des Rektors war meist gering. Sie stützte sich vor allem auf seine persönliche Autorität als Gelehrter, weniger auf formelle Befugnisse.

Das alte Rektoratsmodell war funktionstüchtig, da es in den altdeutschen Universitäten außerhalb der rein akademischen Angelegenheiten nicht allzu viel zu entscheiden gab. Für Finanz- und Strukturfragen war der Landesherr bzw. sein Kurator zuständig. Demgegenüber haben sich die Aufgaben einer modernen Hochschule, zumal einer Volluniversität, dramatisch verändert und erweitert: Die Steuerung von Haushalten – womöglich: Globalhaushalten – in Millionenhöhe, kostspieligen und komplizierten Forschungsinfrastrukturen, großen Studierendenzahlen, Tausenden von Beschäftigten usw., das alles sind Aufgaben, die von ehrenamtlichen, amateurhaften Rektoren und Dekanen nur schlecht zu bewältigen sind.

Allerdings, ist das denn überhaupt ihre Aufgabe? Gibt es dafür nicht in der Hochschule einen vielköpfigen Verwaltungsapparat, mit einem Kanzler an der Spitze? Und *außerhalb* agiert darüber hinaus noch immer eine fast ebenso vielköpfige Ministerialbürokratie, bei der die Rechts- und zum Teil auch die Fachaufsicht, vor allem aber de facto auch die Finanzhoheit über den Hochschulen liegt? Andersherum gesagt: Mit der Autonomie und akademischen Selbstbestimmung der deutschen Hochschulen ist es ja nie so weit her gewesen, wie man sich das gerne gewünscht hätte. Der Staat als Träger und Geldgeber hat die Hochschulen von je her haushalts- und personalrechtlich unter Kuratel gehalten.

Auch bei Wilhelm von Humboldt, dem Kronzeugen der Freiheit von Forschung und Lehre, war das nicht anders. Schließlich ist er – man übersieht das gerne – in den Jahren der beginnenden preußischen Hochschulreform 1809/10 der Leiter des Kultus- und Unterrichtswesens im Innenministerium gewesen. Er hat die Universitäten an die Zügel genommen, nicht einfach in die Autonomie entlassen.

Seit Humboldts Tagen ist es in Deutschland immer Usus gewesen, dass der Staat tief in den ureigensten Bereich der akademischen Angelegenheiten eingreifen konnte – etwa über die Berufung von Professoren, über persönliche Zusagen oder über die Genehmigung von Studiengängen und Prüfungsordnungen usw.

In gewissem Sinne hat sich der deutsche Professor ja auch ganz gut in seinem Zustand der Halb-Mündigkeit eingerichtet: In fachlicher Hinsicht ließ man ihn in Ruhe – zumindest, seit die Wissenschaftsfreiheit zum Grundrecht geworden ist. Im übrigen genoss er hohes gesellschaftliches Ansehen, und als Beamter hatte er materiell ausgesorgt. Um die Geschicke der Hochschule kümmerten sich die Verwaltung und die Ministerien, nicht die gewählten Rektoren und Dekane und schon gar nicht die Professoren.

Viele Professoren sind mit dieser Sachlage auch heute noch ganz zufrieden. Wenn darum seit einigen Jahren der Ruf nach „Hochschulautonomie" immer lauter wird, so geht er nicht so sehr von freiheitsdürstenden Professoren aus, sondern eher von Politikern und Unternehmern, allenfalls noch von einigen Hochschulpräsidenten und Rektoren. Das heißt, die „Autonomiebewegung" kommt eher von oben und von außen als aus den Hochschulen selbst!

Warum ist das so? Ein kleiner Exkurs ist nötig, um das verständlicher zu machen: Bekanntlich sind mit der deutschen Vereinigung die in der „alten" Bundesrepublik entwickelten hochschulrechtlichen Verhältnisse in ganz Deutschland übernommen worden – mit ihren Schwächen ebenso wie mit ihren Stärken. Man kann die heutige hochschulpolitische Situation deshalb nur begreifen, wenn man sich ihrer Vorgeschichte erinnert, die vor allem eine westdeutsche gewesen ist: Das deutsche Universitätssystem der Weimarer Zeit ist in der Bundesrepublik zunächst ohne größere Veränderungen weitergeführt worden. Ab Mitte der 60er Jahre kamen Reformbemühungen in Gang, und die 68er Bewegung trat auf den Plan. Etwa um 1975 waren der Reformeifer wieder abgeklungen und die Phase der Neugründungen abgeschlossen. In den folgenden eineinhalb Jahrzehnten war das Thema Hochschulen dann fast völlig von der öffentlichen Tagesordnung der Bundesrepublik verschwunden. Erst nach der deutschen Vereinigung flackerte für kurze Zeit eine Diskussion über die Zukunft der Hochschulen in den neuen Bundesländern auf, die aber etwa ab 1993 zunehmend vor einer gesamtdeutschen Hochschulreformdebatte überlagert und abgelöst wurde, die bis heute andauert.

In der ersten – westdeutschen – Hochschulreformphase zwischen 1965 und 1975 sind zwei Hauptantriebskräfte zusammengetroffen. Die eine ist unter Namen wie „Sputnikschock" und „Deutsche Bildungskatastrophe" (Georg Picht) bekannt geworden. Dabei ging es darum, die westdeutschen Hochschulen leistungsfähiger zu machen, um einen wissenschaftlich-technischen Rückstand gegenüber den damaligen Großmächten USA und UdSSR zu verhindern. Dieser eher technokratische Impuls wurde ergänzt von einem zweiten, stärker sozialemanzipatorischen Anstoß, der von der Studentenrevolte getragen wurde. Vordergründig gab es zwar mancherlei Konflikte zwischen beiden Tendenzen. Letztlich stimmten sie aber in ihrem gemeinsamen Streben nach Öffnung und Modernisierung des Hochschulwesens überein.

Die aufrüttelnde Funktion, die in der Hochschulreformdebatte vor mehr als dreißig Jahren vom „Sputnikschock" und seinen Begleiterscheinungen ausgelöst worden war, wird heute von einer ganz ähnlichen Konstellation übernommen – dem „Globalisierungsschock": Im Vordergrund steht dabei die verbreitete Sorge um die Konkurrenzfähigkeit des „Standortes Deutschland" auf dem seit Ende des Kalten Krieges schrankenlos gewordenen Weltmarkt. Allgemeines Einverständnis besteht darüber, dass die wichtigsten Trümpfe dabei die Qualität der Ausbildung der nachwachsenden Generationen und die Innovationskraft der wissenschaftlichen Forschung sind. Angesichts der Tatsache, dass sich in Westdeutschland die Zahl der Studierenden an den Universitäten und Fachhochschulen von 1975 bis heute verdoppelt hat, während das wissenschaftliche Personal und die verfügbaren Haushaltmittel für Forschung und Lehre nur geringfügig zugenommen haben, ergibt sich aber eine ständig zunehmende Unterfinanzierung der Hochschulen. Der derzeitige Nachholbedarf wird, je nach Berechnungsgrundlage, auf 6 bis 9 Mrd. DM geschätzt. Dabei ist das darnieder liegende System der Studienfinanzierung (BaföG) noch nicht einmal mit eingerechnet. Ist deshalb also jetzt die Zeit wieder reif für einen neuen Innovationsschub im Hochschulbereich? Skeptisch stimmt allerdings, dass ein Nachfolger für den zweiten Impulsgeber der vorherigen Hochschulreformphase – also: für die revoltierenden Studenten – heute nicht in Sicht ist. Die kurz aufflammende Protestbewegung der Studenten im vergangenen Winter, die die Weihnachtsferien nicht überdauert hat, hat daran wenig geändert. Ihre Mobilisierungswirkung ist gering geblieben, wie man etwa an der studentischen Wahlbeteiligung ablesen kann. An meiner Universität hat sie sich gerade mal von 4,94 Prozent im Jahre 1996 auf 8,44 Prozent in diesem Sommer gesteigert. Auch ein breiter öffentlicher Druck zur Unterstützung der Hochschulen, der auch partei- und wahlstrategisch wirksam werden könnte, ist zur Zeit nicht gegeben. Eher ist das Gegenteil der Fall. Das öffentliche Image der Hochschulen ist ambivalent, die Identifikation der Studierenden mit ihrer „alma mater" und mit ihrem Studentendasein lässt vielfach zu wünschen übrig. Der Druck auf die Hochschulen geht stattdessen von einer ganz anderen Seite aus, von den Sparzwängen der staatlichen Haushaltspolitik. Sie drängt auf Kürzung, nicht auf Ausweitung der Finanzmittel für die Hochschulen.

Die Diskussionslage ist also in sich widersprüchlich: Einerseits wird anerkannt, dass die Hochschulen viel mehr Geld benötigen, wenn die für den Standort Deutschland lebensnotwendige Ressource Wissenschaft und Bildung nicht in Gefahr geraten soll. Andererseits wird aber unterstellt, dass die Hochschulen ineffizient und verschwenderisch seien und deshalb sparen sollten.

Dennoch gibt es eine *scheinbare* „Patentlösung", die einen kostenneutralen Ausweg aus dem Dilemma verspricht: Da man aus politischen Gründen weder dazu bereit ist, durch Begrenzung der Studierendenzahl Einsparungen vorzunehmen, noch dazu, Studiengebühren zu erheben, muss man nach Wegen suchen, wie man „aus weniger mehr" machen kann. D. h., trotz stagnierender oder gar schrumpfender Finanzmittel soll die Leistungsfähigkeit der Hochschulen gesteigert werden. Um das zu erreichen, soll nun den Universitäten und Fachhochschulen mehr Autonomie und Eigenverantwortlichkeit zugestanden werden. Das also ist nach meiner Einschätzung der Hauptgrund für den Aufschwung der Hochschulreformdiskussion, nicht das Autonomiestreben der Professoren und der Studierenden.

Wenn somit deutlich geworden ist, dass Hochschulautonomie eher ein aus der Not geborenes Geschenk ist als eine erkämpfte Errungenschaft, so ist Vorsicht und Umsicht geboten. Denn das Geschenk könnte sich leicht als Danaer-Geschenk erweisen, weil den Hochschulen mit ihm zugleich die Verantwortung für die Verwaltung des Mangels zugeschoben werden soll. Aber ich meine dennoch, die Hochschulen sollten dieses „Geschenk" der größeren Autonomie mit allem Ernst einfordern und prüfen. Denn es entspricht der Würde und dem traditionellen Verständnis der Hochschulen als Ort der akademischen Freiheit, ihre eigenen Angelegenheiten selbst in die Hand zu nehmen, Rechenschaft über die Qualität ihrer Forschung und Lehre abzulegen und selbstbewusst ihre Prioritäten zu setzen – auch und gerade in schwierigen Zeiten. Aus mehreren Gründen sind die Erfolgsaussichten dafür gerade an den Hochschulen der neuen Bundesländer keineswegs so ungünstig wie häufig befürchtet wird. Die gegenwärtige hochschulpolitische Großwetterlage in Deutschland ist nämlich, wie zuvor schon betont, von der Situation im westlichen und südlichen Deutschland geprägt: Überfüllte Universitäten, überlange Studienzeiten und hohe Studienabbruchquoten, das geringe Ansehen der Lehre, die wenig ausgeprägte Solidarität unter den Hochschullehrern und allgemein mangelnde Reformbereitschaft sind dort viel beklagte Defizite. Bei uns liegen diese Mängel nicht, oder zumindest nicht in der gleichen Schärfe, vor. Es bedarf deshalb einer Reform mit Augenmaß, die auf unsere besonderen Bedingungen hier im Osten zugeschnitten ist und die die dominierenden gesamtdeutschen Themen und Lösungen nicht unbesehen übernimmt. Die Stärken unserer ostdeutschen Universitäten und Fachhochschulen liegen in der Tradition der kurzen Studienzeiten und der vorzüglichen Betreuung der Studierenden. Wir sind keine Massenhochschulen, und der Elan des Neuaufbaus ist noch überall zu spüren. Vorzügliche Forschungsbedingungen sind in den letzten Jahren geschaffen worden.

Andererseits sind unsere östlichen Hochschulen nach meiner Einschätzung fürs erste auch noch nicht vom „Schwanitz-Syndrom" befallen. Damit meine ich die nahezu vollständige Entscheidungsunfähigkeit und zynische Selbstblockade der akademischen Selbstverwaltungsgremien an vielen Hochschulen Westdeutschlands, wie in dem populären Hamburger Universitätsroman von Rolf Schwanitz, *Der Campus,* beschrieben und karikiert wird. Derartige Zustände pflegen mit großer Selbstverständlichkeit als ein allgemeines Krisenmerkmal der deutschen Hochschulen identifiziert zu werden. Darauf stützt sich der immer lauter werdende Ruf nach einer Stärkung der Hochschulleitungen sowie nach einer Entmachtung der Gremien und der Einführung von so genannten „Hochschulräten" als externe Aufsichtsgremien. Der an enge ministerielle Kontrollen gewöhnten „Gremienhochschule" traut man verantwortliches und entscheidungsfreudiges Handeln nicht zu

– daher die Forderung nach unabhängigen Rektoren bzw. professionellen Präsidenten und starken Dekanen.

Der kaum verhüllte Ruf nach „starken Männern" und nach straffem Hochschulmanagement überzeugt nicht ohne weiteres. Sein Vorbild ist die Organisation privater Wirtschaftsunternehmen – allerdings vielfach in einer veralteten Form. Denn bekanntlich beginnt die Privatwirtschaft zur Zeit, die Leistungsvorteile von Teamarbeit und geteilter Verantwortung neu zu entdecken. Wenn die Hochschulen nun auf hergebrachte hierarchische Managementstrukturen eingeschworen werden sollen, so ist Zurückhaltung angebracht.

Was aber im Westen Deutschlands als letzter Ausweg aus dem Schwanitz-Syndrom vielleicht gerade noch verständlich sein mag, ist hier in den neuen Bundesländern meines Erachtens überhaupt nicht am Platze. Hier bei uns, wo die Hochschulen bis jetzt nicht an einer weitgehenden Entscheidungsunfähigkeit ihrer akademischen Gremien leiden und wo die Kultur der Runden Tische und die Erfahrungen des Neuanfanges noch lebendig sind, hier sollte man den Versuch wagen, dem für das Überleben der Wissenschaften so zentralen Prinzip der kollegialen Verantwortung weiter das Vertrauen zu schenken. An meiner Universität in Halle haben wir damit bis jetzt gute Erfahrungen gemacht – etwa bei der einvernehmlichen Erarbeitung von Prioritätenlisten für Stellenbesetzungen oder bei der Aufteilung knapper Haushaltsmittel.

Das Konzil der Martin-Luther-Universität Halle-Wittenberg hat jetzt daraus seine Konsequenz gezogen. Es hat die im neuen Landeshochschulgesetz eröffnete „Erprobungsklausel" (§ 123 HSG-LSA) genutzt, um in der Grundordnung der Universität eine Alternative zum „Präsidialmodell" zu verwirklichen. Dabei gehen wir von der Erwartung aus, dass akademische Akteure und Gremien, denen in der Hochschule Verantwortung übertragen wird, auch verantwortlich und kollegial miteinander umgehen können – gerade auch in schweren Zeiten. Ob es gelingen wird, sich auf diese Weise einen Ausgang aus selbstverschuldeter Halb-Mündigkeit zu eröffnen, wird die künftige Praxis erweisen müssen.

II.

Als erste Universität in Deutschland haben wir in Halle ein Konzept entwickelt, das auf die Stärke des Kollegialitätsprinzips setzt, nicht auf seine Schwäche, und das sich als tragfähige Alternative zum derzeit propagierten Präsidialmodell erweisen könnte. Dieses hallesche Konzept der kollegial gestärkten Hochschulleitung ist im Grunde sehr einfach. Ich möchte es nun in fünf Punkten skizzieren:

1.   Zunächst einmal setzt es nicht auf professionelle, langjährig amtierende Leitungspersönlichkeiten, auch nicht auf deren hochschulexterne Rekrutierung. Der Rektor und die Prorektoren, ebenso wie die Dekane und die Prodekane,

werden in Halle eine Amtsperiode von drei Jahren haben, allerdings mit unbegrenzter Wiederwahlmöglichkeit. Das heißt, von dem Prinzip, dass die
Wahlämter von aktiven und erfahrenen Professorinnen oder Professoren
wahrgenommen werden sollen, wird nicht abgegangen.

Die Dreijahresfrist ist dabei der wohl gangbarste Kompromiss zwischen dem
Erfordernis zur professionellen Amtsführung und der Notwendigkeit, die eigene Forschungsqualifikation zu erhalten. Ein zusätzliches Forschungsfreisemester nach Ende der Amtszeit soll dabei mithelfen. Hätte es die Personalsituation an unserer Universität gestattet, wäre den Amtsinhabern zur Unterstützung bei ihrer wissenschaftlichen Tätigkeit während ihrer Amtszeit auch
noch eine zusätzliche wissenschaftliche MitarbeiterIn gewährt worden. Im
Augenblick ist das aber, leider, nicht realisierbar.

Wir gehen davon aus, dass die Dreijahresfrist lang genug ist, um ein Leitungs-
amt seriös ausführen zu können, ohne dabei in eine Art Wiederwahlzwang
hineingeraten zu müssen, wie das bei kürzeren Amtszeiten der Fall zu sein
pflegt. D.h., nach drei Jahren ist es durchaus möglich, „es genug sein zu lassen" und wieder ins Professorenamt zurückzugehen. Finden sich andererseits
allgemein akzeptierte Leitungspersönlichkeiten, die länger amtieren wollen, so
steht den Wahlgremien deren unbegrenzte Wiederwahl frei.

2. Die akademischen Selbstverwaltungsgremien (Senat und Fachbereichsräte)
    behalten ihre bisherige starke Stellung. Sie haben insbesondere die Entschei-
    dungskompetenz in allen akademischen Fragen, in Struktur- und Planungs-
    fragen und bei der Verteilung der Haushaltmittel für Forschung und Lehre.

3. Neu ist nun, dass der Rektor und die Dekane gegen alle Senats- bzw. Fachbe-
    reichsratsbeschlüsse ein bedingtes Vetorecht ausüben können. Das Veto
    kann, nach einer „Denkpause" von mindestens 7, höchstens 28 Tagen, mit
    einer Zweidrittelmehrheit der Mitglieder des beschlussfassenden Gremiums
    aufgehoben werden.

4. Diese deutliche Stärkung der Position der Rektoren und Dekane wird nun –
    und das ist die nächste – Neuerung, durch eine zusätzliche Stärkung der Gre-
    mien aufgewogen: Ihnen wird die Möglichkeit des konstruktiven Misstrau-
    ensvotums eingeräumt.

    Der Senat kann mit zwei Dritteln seiner stimmberechtigten Mitglieder dem
    Konzil eine/n neue/n KandidatIn zur Wahl vorschlagen. Erhält diese/r im
    Konzil dann die erforderliche Mehrheit, so ersetzt er/sie den bisherigen Rek-
    tor. In Analogie dazu haben auch die Fachbereichsräte das Recht, mit Zwei-
    drittelmehrheit ihrer stimmberechtigten Mitglieder die vorzeitige Ab- und
    Neuwahl ihres Dekans zu vollziehen.

5. Schließlich besteht für Rektoren und Dekane auch noch die Möglichkeit, von sich aus initiativ zu werden und einen Vertrauensantrag zu stellen. Das könnte etwa dann in Frage kommen, wenn ein Veto mit Zweidrittelmehrheit zurückgewiesen worden ist. Spricht aufgrund eines derartigen Vertrauensantrages der Senat dem Rektor bzw. der Fachbereichsrat dem Dekan mit der Mehrheit seiner stimmberechtigten Mitglieder das Misstrauen aus, so kann ein neuer Wahlvorschlag gemacht werden, der bei Zustimmung ebenfalls zur gleichzeitigen Ab- und Neuwahl führt.

Man wird sicherlich nicht erwarten, dass diese Bestimmungen häufig Anwendung finden werden. Die Rektoren und Dekane bekommen mit ihrem bedingten Vetorecht ein starkes Steuerungs- und Korrekturinstrument in die Hand. In der Regel wird schon das bloße Wissen um seine Existenz die Gremien von allzu exzentrischen Entscheidungen abhalten. Umgekehrt ist mit der Möglichkeit des konstruktiven Misstrauensvotums gewährleistet, dass Rektoren und Dekane sich vor allzu auto- oder idiosynkratrischen Verhaltensweisen hüten. Das Instrument der Vertrauensfrage schließlich dient dazu, mögliche Pattsituationen zu überwinden, die entstehen könnten, wenn ein Rektor oder Dekan im Senat bzw. Fachbereichsrat zwar keine Mehrheit mehr findet, aber doch kein konstruktives Misstrauensvotum zustande kommt.

Die „Philosophie", die hinter diesen Regelungen steht, dürfte somit klar geworden sein: Beiden Seiten, den Rektoren und Dekanen einerseits, den akademischen Selbstverwaltungsgremien andererseits, werden starke zusätzliche Rechte eingeräumt. Gerade weil der tatsächliche Einsatz dieser Rechte äußerst gravierende Folgen mit sich bringt, soll damit die Bereitschaft zu vernünftigem und kollegialem Umgang mit ihnen gestärkt werden. Oder, anders gesagt: Weil allen Beteiligten – den akademischen Gremien und den von ihnen gewählten Repräsentanten – größere Verantwortung zufällt, sind die Voraussetzungen für einen verantwortlichen Umgang miteinander und damit auch für verantwortungsvolle Entscheidungen selbst in schwierigen Situationen gegeben. Nur die künftige Praxis wird erweisen können, ob sich das auch tatsächlich so verhalten wird, ob sich das hallesche Kollegialitätsmodell gegenüber dem anderen Ortes favorisierten Präsidialmodell bewähren wird. Ich jedenfalls würde mich darüber freuen und mich deshalb gerne auf diesen Wettbewerb einlassen.[2]

---

[2] Die hier beschriebene Konzeption ist in die am 15.7.1998 verabschiedeten Neufassung der Grundordnung der Martin-Luther-Universität Halle-Wittenberg eingegangen (Mbl. LSA Nr. 62/1998 vom 10.12.1998). Sie ist auch heute (2004) noch gültig und erfreut sich allgemeiner Akzeptanz. Zum offenen Einsatz der Instrumente des Vetorechts oder des konstruktiven Misstrauensvotums ist es in diesen Jahren nicht gekommen.

Talare über Latzhosen
Interview mit Falk Bretschneider und Peer Pasternack[1]

hso: Herr Kreckel, wir möchten Sie gern als Zeitzeugen in zweierlei Hinsicht befragen. Zum einen als jemanden, der die alte Ordinarienuniversität zumindest noch als Student kennen gelernt hat und dann vergleichen konnte mit dem, was danach kam, also nach der Symbolzertrümmerung der Achtundsechziger. Dann sind Sie 1992 nach Halle gekommen und wurden mit diesem Wechsel zum Grenzgänger nicht nur zwischen zwei Gesellschaften, sondern wiederum zwei akademischen Kulturen. Die Chancen, die Sie hatten, akademische Kulturen miteinander vergleichen zu können, sind also das, was uns interessiert. Wir würden gerne chronologisch beginnen. Wie konsequent ist aus Ihrer Sicht eigentlich die Symbolzertrümmerung der 68er Bewegung in Westdeutschland gewesen, inwiefern war das oberflächlich, oder hat sich diesbezüglich unter der Oberfläche manches gehalten, was die öffentliche Wahrnehmung nicht berührt?

Reinhard Kreckel: Nun, Symbolzertrümmerung ... Es sind einige Symbole seit damals nicht mehr gesehen worden, das kann man schon sagen. Aber Kontinuitäten gibt es natürlich auch. Die deutsche Universität ist ja immer noch als solche erkennbar, auch in ihren Varianten Ost und West. Das haben auch 40 Jahre DDR und drei Hochschulreformen mit dem Versuch, die ostdeutschen Universitäten total zu sowjetisieren, nicht geschafft. Wir finden zunächst ganz schlichte, rituelle Elemente, in denen sich die Kontinuität zeigt: Die Vorlesung fängt „c.t." an, hinterher wird abgeklopft, man isst in der „Mensa", man „immatrikuliert" sich usw. Das schwört ja die Leute darauf ein: Hier wird jetzt Universität gespielt. Aber Ihre Frage zielte noch weiter.

hso: Ja, darauf, ob es auch neue symbolische Formen gibt, die sich erst nach '68 herausgebildet haben. War die Revolte so angelegt – nicht intentional, aber in ihrer Wirkung –, dass sie ihre eigenen Rituale produziert hat, also eigentlich etwas produziert hat, was sie ursprünglich zerschlagen wollte?

Kreckel: Na selbstverständlich. Mit Vergnügen las ich kürzlich einen Artikel in der *Süddeutschen Zeitung* mit dem Titel „Gegen den Muff der Latzhosen". Da wurde auf eine ironische Bemerkung des Bundespräsidenten Herzog hingewiesen, der gesagt hatte, dass auch diejenigen, die in der 68er Zeit gegen die Talare gekämpft hätten, selbst nicht gegen Erstarrung gefeit seien – auch wenn sie heute immer noch Latz-

---

[1] Das Gespräch wurde am 21. April 1999 in Halle/S. geführt, veröffentlicht in: hochschule ost 3-4/1999, S. 68-78

hosen trügen. Auch dort, unter diesem so locker und unprätentiös getragenen Kleidungsstück, könnte sich inzwischen einiger Autoritäts-Muff angestaut haben. Natürlich gibt es eine Achtundsechziger-Akademikerkultur mit eigenen Ritualen und Duftmarken. Sie haben das „Sie" abgeschafft, das damals unter Studenten üblich war, und sich gegenseitig geduzt – eine Informalisierung hohen Grades, die ja in einem bürgerlichen Milieu etwas Neues war. Und um das gleich noch mitzusagen: Die Informalisierung an den DDR-Hochschulen lief durchaus anders. Da sind die bürgerlichen Stile erst einmal in Verruf geraten. Es kam zunächst der hemdsärmelige Proletstil rein – das ist wunderbar bei Wolfgang Engler nachzulesen. Aber immer dann, wenn der Spaß zu Ende war, wurde auf Autorität geschaltet und die ideologische Schraube angezogen. Das hat auch jeder so verstanden, trotz hemdsärmeliger Umgangsformen.

hso: Wäre daraus nun abzuleiten, dass der akademische Betrieb unabhängig von der gesellschaftlichen Einbettung Rituale und Symbole benötigt?

Kreckel: Das ist mir zu allgemein gefragt. Da könnte ich antworten, dass menschliches Zusammenleben ohne Symbole gar nicht möglich ist, und ohne Gestanztes und Gestelztes wahrscheinlich auch nicht. Symbole haben ja zunächst einmal nur die Funktion des abgekürzten Wiedererkennens. Insoweit ist symbolisches Handeln harmlos, passiert ja ständig: Ziehe ich eine Krawatte an, ziehe ich keine an – immer symbolisiere ich etwas und gebe zu erkennen, wie ich wahrgenommen werden möchte. Ich denke, das gehört zunächst einmal zum Grundrepertoire, wie Menschen in Gesellschaften miteinander umgehen, zumal wenn Anonymität eine Rolle spielt. Insofern auf Ihre Frage: ja. Doch wenn es um die Hochschulen geht, muss man durchaus spezifischer nachfragen, was es denn für Symbolisierungen, Ritualisierungen, Zeremonialisierungen sind, und was die bedeuten.

hso: Wir können ja versuchen, das einmal anhand der Universität Halle zu betrachten. Zunächst ist sie eine ostdeutsche Universität, und wie Sie schon sagten, in der DDR hat sich die Verabschiedung von bürgerlichen akademischen Formen anders vollzogen. Dabei ist verschiedenes anders verlaufen. Es gab teils, wie von Ihnen schon angedeutet, einen politisch gesteuerten Kulturwandel. Aber es gab zum Teil auch eine viel stärkere Entfaltung akademischer Formen, beispielsweise was die Betonung des akademischen Titelwesens betrifft, das über die gesamte DDR-Zeit eifrig gepflegt worden ist, oder die Verbindung akademischer Feierkultur mit dem zeremoniellen Repertoire der Arbeiterbewegung. Nach 1990 haben viele ostdeutsche Universitäten nahtlos an die alten Formen der Ordinarienuniversität angeknüpft, und Halle hat den Ruf, in dieser Brauchtumspflege besonders engagiert zu sein. Sie mussten nun als jemand, der aus Westdeutschland kam, diese Bedürfnisse, die hier vor Ort in dieser Hinsicht bestanden und bestehen, irgendwie in Ihr Selbstkonzept als Rektor – der sie 1996 geworden sind – integrieren. War das für Sie

ein Problem? Sie hatten das ja, wenn wir uns richtig erinnern, in Ihrer Ansprache zur Rekto-
ratsübernahme kurz erwähnt, mehr ironisch...

Kreckel: Nein, es war gar nicht sehr ironisch. Ich habe mir noch einmal herausge-
sucht, was ich damals gesagt habe. Es lässt sich vielleicht zitieren, da es ziemlich
authentisch ist:

> *"Hier als neu gewählter Rektor im prachtvollen Talar seiner Vorgänger steht ein Mann*
> *vor Ihnen, der gleichzeitig das geflügelte Wort des Jahres 1968, unter den Talaren – der*
> *Muff von 1000 Jahren' für einen wichtigen Meilenstein unserer neueren Universitätsge-*
> *schichte hält. Ein Widerspruch? Er bedarf sicherlich der Erläuterung.*
>
> *Wir, die Studenten und Assistenten der 68er Jahre in Süd-, West- und Norddeutschland*
> *und in Westberlin, haben damals mit unserer ungestümen Kritik an den Universitäten ge-*
> *wiss einige Verwirrung gestiftet. Aber es ist uns dabei doch auch manches Bemerkenswerte*
> *gelungen. Insbesondere hat die Studenten- und Assistentenbewegung mit dafür gesorgt, dass*
> *die Mentalitäten und Strukturen, die das NS-Regime während der ominösen zwölf Jahre*
> *seines sogenannten ,Tausendjährigen Reiches' in den Universitäten hinterlassen hat, endgül-*
> *tig überwunden werden konnten.*
>
> *Genau darauf, auf die Erbschaft des Hitlerschen ,Tausendjährigen Reiches', war der ironi-*
> *sche Satz vom ,Muff der 1000 Jahre' ja ursprünglich gemünzt worden. Erst später ist dar-*
> *aus dann ein antiautoritärer und traditionsfeindlicher Rundumschlag geworden, der keine*
> *Differenzierungen mehr zuließ. Dem sollten wir nicht folgen. Wir können dann konstatie-*
> *ren, dass die ursprüngliche Aufgabe, den NS-Geruch aus den deutschen Universitäten zu*
> *vertreiben, jetzt im wesentlichen erledigt ist.*
>
> *Jener andere Muff aber, der im östlichen Deutschland über 40 Jahre lang weite Teile der*
> *Universitäten mit Denkverboten und alle ihre Mitglieder mit unerträglichen Restriktionen*
> *und Überwachungen belegt hat, steht uns heute noch viel näher. Wir sollten deshalb alles*
> *tun, dass auch er keine Renaissance erlebt.*
>
> *Dabei kann, so paradox es erscheinen mag, auch dieser immerhin knapp 100 Jahre alte*
> *Rektormantel ein Stück mithelfen. Denn man muss wissen, dass – etwa zeitgleich mit der*
> *Bundesrepublik – auch in der DDR Ende der 60er Jahre die Talare aus dem Verkehr*
> *gezogen worden sind. Das war jedoch nicht, wie im Westen, durch Druck von unten be-*
> *wirkt worden. Verantwortlich ist dafür vielmehr die von oben verordnete III. Hochschulre-*
> *form gewesen, die die weitgehende Gleichschaltung der DDR-Universitäten besiegelt hat.*
> *Wenn wir deshalb in Halle heute, nach der Katharsis von 1990, bei feierlichen Anlässen*
> *unsere alten Talare wieder tragen, so tun wir das als bewusstes Kennzeichen unserer wieder-*
> *gewonnenen akademischen Freiheit. Wir tun es in aller Bescheidenheit, weil wir durch*
> *Schaden klug geworden sind. Mit Nostalgie und Geschichtsverklärung hat das nichts zu*

tun – eher schon mit einer Verbeugung vor den Männern und Frauen, die die alten Roben im Zeichen der Erneuerung unserer Universität wieder angelegt haben.[2]

Es wäre eine Vereinfachung zu sagen, in die ostdeutschen Länder sei einfach die alte Ordinarienuniversität wieder hinüber transplantiert worden. Um 1968 – das ist das rituelle Datum, das man immer nennt – sind im Westen in der Tat Umschwünge in Gang gekommen. Die alte Ordinarienuniversität, wo es meist nur einen Professor pro Fach gab, der über sein Institut und seine Assistenten regierte und in Allmacht eine riesige Masse von Studiosi bändigte, sie ist im Zuge dieser Reform verschwunden. An die Stelle des einen, alles bestimmenden Fachvertreters sind in vielen Fächern vielleicht fünf oder acht Professorenkollegen getreten. Der in olympischen Höhen schwebende Professor mit Genieverdacht (besser: -selbstverdacht) ist dabei weitgehend ausgestorben. Wesentliche Elemente der Ordinarienuniversität sind aber geblieben, wie das Berufungs- und Begutachtungswesen, die persönliche Zuordnung von Doktoranden und Assistenten und dergleichen. Aber die elitäre Einzigartigkeit der Universitätsprofessoren ist mit diesen umfänglichen Neugründungen und Ausweitungen relativiert worden: Nun gibt es Hochschulwahlen und Mitbestimmung. Der Mittelbau, die Studierenden und das nichtwissenschaftliche Personal haben ihre Rechte eingefordert. Es folgte die ganze Verrechtlichung – Arbeitsrecht, Tarifrecht, Kapazitätsverordnung, zentrale Studienplatzvergabe usw. Insoweit sahen die westdeutschen Universitäten 1990 schon ganz anders aus als 1968.

Was dann nach Ostdeutschland herübergekommen ist, ist also nicht einfach die „Ordinarienuniversität", sondern ein durch die Zerreißprobe von Reform und Gegenreform gegangenes Etwas. Das kannte ich, als ich 1992 hierher kam. Es war diese nachachtundsechziger Universität, die dann hier auf einen Boden gepflanzt worden ist, der für so etwas ganz unvorbereitet war. Ich meine, die Kolleginnen und Kollegen, die hier vor Ort waren, kannten das alles nicht. Sie hatten vielleicht etwas darüber gelesen, und sie haben sich über die unformellen stilistischen Dinge zunächst einmal gewundert, die die neu berufenen Professoren mitbrachten. Der herkömmliche Westprofessor gab sich kollegial, Titel und akademische Grade benutzte er im täglichen Umgang nicht. Für das harte Sektionsleitersyndrom alter DDR-Professoren hatte er wenig Verständnis. Aber, er oder sie setzt sich dann doch auch durch, das läuft nur anders.

Das sind nur einige herausgegriffene Beispiele. Sie machen aber doch deutlich, dass das Reden von der Ordinarienuniversität und ihrer Wiedereinführung hier in den Neuen Bundesländern doch etwas korrigiert werden muss.

---

[2] Die Rektoratsrede ist oben unter dem Titel „Akademische Freiheit heute" in voller Länge abgedruckt.

Nun zu dem anderen Punkt: Ich kam 1992 hierher. Da müssen Sie natürlich wissen, dass ein typischer Westprofessor, wenn er in Halle ankommt, in der Regel nicht zum ersten Mal an einem neuen Ort ankommt. Er ist im Laufe seines Studiums und seiner bisherigen wissenschaftlichen Laufbahn schon an mehreren Universitäten und Forschungsinstituten gewesen. Dabei hat er – vielleicht – gelernt, dass man sich den jeweiligen Landessitten auch mit einer gewissen Bescheidenheit zu nähern hat und einen gewissen zivilen Umgang mit der Welt pflegen sollte. Wenn man, geprägt von solchen Erfahrungen, nach Halle kommt, dann schaut man sich natürlich erst einmal um und fragt sich: „Was läuft denn hier, was gilt denn hier?" Man kommt nicht und sagt gleich: „Bei uns zu Hause schmecken die Würste aber ganz anders, also sind die Würste hier schlecht."

In diesem Zusammenhang bin ich dann auch mit den Talaren konfrontiert worden. Ich habe mich natürlich erst einmal darüber gewundert. Dann wurde mir das berichtet, was ich in der – oben schon zitierten – Antrittsrede von 1996 gesagt habe. Diese Rede enthält als Grundgedanken, dass die Talare in der Wendezeit von den neu in Amt und Würden Gekommenen als eine Art Symbol der Erlösung aus der III. DDR-Hochschulreform verstanden worden sind. In deren Zuge waren ja die Talare offensichtlich auch verschwunden, obwohl es keine förmliche behördliche Entscheidung gab. Ich habe zumindest keine finden können. Jedenfalls, einige der Talare, die wir hier in Halle haben, sind noch ganz alte. Der älteste ist der Rektormantel, der aus dem späten 19. Jahrhundert stammt. Dann gibt es noch einige prächtige Roben für die Prorektoren und Dekane. Schließlich gibt es noch welche, die sind ganz deutlich DDR-Machart.

Ich habe mir dann natürlich auch den Spaß gemacht, einmal dem schönen Satz von dem „Muff von 1000 Jahren unter den Talaren" ein bisschen nachzugehen. Als erstes fällt ja auf, dass die meisten Leute, die diesen Satz aufgreifen, historisch etwas ungebildet sind und die Anspielung auf die 1000 Jahre nicht verstehen, die auf Hitlers vermeintlich „Tausendjähriges Reich" abzielt. Die Anspielung hatte damals mit einer Kampagne gegen die „Braune Universität" zu tun, die in den mitsechziger Jahren von liberalen und linken StudentInnen entfacht worden war. Professoren mit deutlichem Nazihintergrund wurden von der jungen Studierendengeneration angegriffen und kritisiert, nachdem lange mehr oder weniger Stillschweigen über dieses Thema geherrscht hatte. Das heißt, die Polemik zielte auf die jüngste NS-Vergangenheit, nicht auf die vielhundertjährige Tradition der deutschen Universitäten. Nur Fortschrittsgläubige, für die alles Vergangene per se negativ besetzt ist, konnten das missverstehen. Für Kundige war klar, dass es sich um eine Anspielung auf das nationalsozialistische Erbe der westdeutschen Universität handelte. Aber hinterher hat sich das generalisiert und ist in den Sog der antiautoritären Bewegung geraten, für die jede Form von Tradition schon als Gefährdung galt. Man glaubte, mit der Entschleierung traditioneller Symbole auch die von ihnen gestützten Herrschaftsverhältnisse überwinden zu können. Aber so einfach ist das nicht.

Symbolzerstörungen sind immer auch Spiegelfechtereien. Was man sieht, sind die Symbole; worum es geht, ist meistens etwas ganz anderes. Doch häufig wird der Unterschied vergessen. Dann streitet man nur noch über Symbole. Für Sozialwissenschaftler ist das das tägliche Brot. Meinen Studenten und Studentinnen versuche ich beizubringen, sich nicht allein an symbolischen Gegebenheiten festzuhalten. Trotzdem wird man durch den Gebrauch von Symbolen auch selbst festgelegt. Meine Freunde haben natürlich geschmunzelt, mich als Konterfei mit Talar zu sehen. Nun bin ich aber immer davon ausgegangen, dass es auch ein bisschen darauf ankommt, wer so etwas trägt und wie man es trägt. Kleider machen nicht immer Leute.

hso: Wie läuft eigentlich die Verteilung dieser Talare? Sucht sich da jeder einen aus, gibt es bestimmte Zuordnungen? Gibt es da möglicherweise auch Auseinandersetzungen, ob man und ggf. welchen Talar man anziehen darf? Ihr Kustos z.B. behilft sich ja nach unseren Informationen – mangels funktionsspezifischer historischer Ausstattung – mit dem Gewand des Pedells.

Kreckel: Nein, nein, das ist natürlich festgelegt, wie das bei zeremoniellen Dingen üblich ist. Da gibt es den Rektortalar, die Prorektorentalare; dann gibt es welche für die Dekane, die sind natürlich alle irgendwie schöner; und es gibt – aus DDR-Zeiten – schlichtere Talare für die Senatsmitglieder. Für die gewählten VertreterInnen der Studierenden, der wissenschaftlichen und der sonstigen Mitarbeiter im Senat haben wir keine Talare. Meines Wissens hat sich darüber bis jetzt noch niemand beschwert. Die sieben Fakultäten unserer Universität sind nach Farben sortiert. Das sind die historischen Farben der Fakultäten.

hso: Gibt es da nicht auch Probleme? Die historischen Fakultäten sind ja nicht immer identisch mit den heutigen Fakultäten.

Kreckel: Also, der Sache bin ich nie nachgegangen. Jedenfalls haben wir jetzt immer so viele unterschiedliche Farben, wie es Fakultäten sind, und jeder ist mit seiner Farbe zufrieden; da habe ich nie einen Streit gehört. Sie müssen ja sehen, dass den Leuten, die da in den Talaren marschieren, das so stark am Herzen nun auch wieder nicht liegt. Ich glaube, mancher paradiert sein Gewand dann schon ganz stolz, aber eines ist doch andererseits klar: Es ist im wahrsten Sinne des Wortes ein „Aufzug", der für besondere Anlässe bestimmt ist. Bei uns ist es nicht wie in Oxford, Cambridge oder an anderen britischen Universitäten, wo man einfach diesen schwarzen Umhang, den Talar, als Arbeitsmantel trägt. Wir tragen den Talar auch nicht wie der Naturwissenschaftler seinen weißen Kittel, der, ob das jetzt nützlich ist oder nicht, damit zu erkennen gibt: „Ich bin ein Experimentalwissenschaftler – auch wenn ich faktisch nur die Bibliothek betreue."

hso: Sind eigentlich in Halle noch die Anredeform 'Magnifizenz', 'Spectabilis' und 'Spectabilität' üblich?

Kreckel: Das kommt vor. Es gibt Leute, die sagen das habitualisiert. Ich habe mich auch daran gewöhnt, ich höre das jetzt schon gar nicht mehr bewusst. Es gibt Leute, die sagen „Guten Tag, Magnifizenz". Inzwischen erröte ich nicht einmal mehr, wenn ich das höre. Allerdings habe ich einmal einen Kollegen, meinen Amtsvorgänger Gunnar Berg, ganz bewusst und öffentlich als „Magnifizenz" angesprochen und habe dazu gesagt: „In diesem Fall meine ich es so." Damit wollte ich meine persönliche Hochachtung vor seiner Amtsleistung als Rektor zum Ausdruck bringen. Aber sonst würde ich es eher vermeiden, das Wort zu verwenden. Ich muss gestehen, im Umgang mit Leuten, die, weil sie z.B. Bischof sind, als Exzellenz oder Eminenz angesprochen werden müssten – das geht mir nicht leicht über die Lippen. Ich meine, Menschen können Beachtliches leisten; aber „exzellent" oder „magnifizent" ist nur selten einer. Diese Bezeichnungen sind Überbleibsel. Aber soll ich mich ständig dagegen wehren? Nehmen Sie unsere Rektoratssekretärin, die mich schon mal mit „Guten Morgen, Magnifizenz" begrüßt. Ich habe darauf einmal zu ihr gesagt: „Sie haben es ja einfach, ich bin jetzt Ihr fünfter Rektor, da verwechseln Sie uns wenigstens nicht." Da sie meine Neigung zu spöttischen Bemerkungen kennt, hat sie mir das nicht weiter übel genommen. Sie sagt eben Magnifizenz, dann soll sie halt Magnifizenz sagen.

hso: Allerdings sind die darin sich ausdrückenden Symbolisierungen historisch immer ambivalent gewesen. Einerseits transportierten sie den Anspruch auf Autonomie dem Landesfürsten oder sonst wem gegenüber, gegenüber einer kritischen Öffentlichkeit vielleicht auch, andererseits wurden dadurch doch auch institutionsinterne Herrschaftsverhältnisse stabilisiert.

Kreckel: Ja, stabilisiert und gekennzeichnet, sicher.

hso: Und diese Herrschaftsverhältnisse sind doch dann personenunabhängig. Da findet die Überhöhung einer Rolle statt, nicht einmal die Erhöhung einer Person. Da geht es nicht um die Wertschätzung von Menschen, sondern um Positionalautorität, um die Bedeutung, die das Amt spendet. Das, was Sie für Halle hier beschreiben, ist ja nicht völlig sinnentleert. Nach 1990 war es zunächst die Rückbesinnung auf eine Tradition, die bis zur III. Hochschulreform zumindest in Spurenelementen noch erkennbar gewesen war. Aber nun ist das ja auch schon zehn Jahre vorbei. Die Frage ist, wie lange muss man sich von der III. Hochschulreform der DDR abgrenzen?

Kreckel: Na gut, eine Sache, die sicherlich nicht ganz ohne meinen Einfluss geschehen ist, besteht darin, dass wir das Tragen von Talaren ein wenig zurückgefahren haben. Das muss ja nicht ständig passieren. Aber vielleicht noch eine paradoxe Erwägung, weil Sie von Herrschaft sprechen: Die traditionelle deutsche Universität war dadurch gekennzeichnet, dass Rektoren und Dekane eigentlich nicht viel zu sagen hatten, da die Autonomie der einzelnen Professoren doch relativ stark war. Daher haben früher auch die Rektoren- und Dekansämter sehr rasch rotiert, für ein oder zwei Semester. Sie waren eigentlich eher Ehrenämter, nicht Ausdruck wirklicher Machtfülle. In der gegenwärtigen Hochschuldiskussion beziehen die Hochschulen nun aus einer ganz anderen Ecke Feuer. Es geht jetzt nicht mehr so sehr um staatliche Eingriffe in die Wissenschaftsautonomie, sondern um den Einzug der Marktlogik in die Hochschulen: Wettbewerbsfähig, kostengünstig und „schlank" sollen sie werden. Deshalb, so klingt es landauf-landab, seien starke Präsidenten und starke Dekane mit Managerqualitäten nötig. Dabei fällt nun auf: Von den Talaren und sonstigen traditionellen Herrschaftssymbolen wird nicht mehr geredet. Die Macht wird vielmehr ganz direkt und ohne Verbrämungen eingefordert. Insofern könnten an einer Universität, wo noch heute ganz altmodische Talare getragen werden, eben diese Talare auch ein Kennzeichen dafür sein, dass man sich dort noch nicht so ganz auf die Vorstellung vom straffen „Management" eingelassen hat. Wobei ich nur am Rande bemerken möchte, dass in der Wirtschaft inzwischen versucht wird, diese hierarchischen Befehls- und Gehorsamsstrukturen, die man in den Hochschulen gerade einzuführen versucht, durch kooperative Formen zu ersetzen.

Ich meine, letztendlich kann man in Talaren alles und auch das Gegenteil betreiben. Man hebt, sobald man solche Gewänder trägt, natürlich einen gewissen Moment und einen gewissen Ort als etwas Besonderes und damit Kommentierungsbedürftiges heraus. Wenn man dagegen wie ein „Don" in Oxford oder Cambridge ständig einen Talar trägt, dann schleift sich das ab und veralltäglicht sich.

hso: Doch was ist an Hochschulen, die mittelfristig für 40 Prozent der Angehörigen eines Altersjahrgangs zum bildungsbiographischen Normalfall werden, eigentlich noch das Besondere, das betont werden soll gegenüber anderen gesellschaftlichen Bereichen? Andererseits aber kann es doch wiederum nicht das Bestreben einer Universität sein, gleichsam Folklore zu betreiben. Wenn der Akademische Senat der Martin-Luther-Universität alljährlich am Reformationstag durch Wittenberg zieht, dann ist zwar zu vermuten, dass die Bevölkerung Wittenbergs das mit Wohlgefallen wahrnimmt, doch ebenso, dass sie dies eher als etwas Folkloristisches wahrnimmt, vergleichbar mit den Umzügen der Halloren in Halle oder der Langen Kerls e.V. in Potsdam.

Kreckel: Das ist natürlich eine ganz sinnvolle Frage. Man kann sie gleich wieder zweiteilen: Wie viel Prozent eines Altersjahrganges auch immer studieren – die Gefahr, zum Trachtenumzug zu werden, ist da. So wird man zum Teil ganz gewiss auch wahrgenommen. In gewissem Umfang muss man das aushalten, aber es muss sich in Grenzen halten.

Der andere Teil der Frage impliziert: Universität war einmal eine Eliteangelegenheit, und sie wird es jetzt immer weniger. Das ist ja wahr. Nicht, dass die zwei oder fünf Prozent, die vor hundert oder fünfzig Jahren studiert haben, alle immer schon wussten, was sie hinterher für Berufe haben würden. Das mit der Arbeitsplatzsicherheit für Hochschulabsolventen war schon immer eine Legende. Früher sind die ehemaligen Studiosi auch bei den Fürsten herumgetingelt und haben versucht, irgendeinen Posten zu bekommen. So einfach war das nicht. Unsere großen Dichter etwa, die hatten natürlich auch alle studiert und mussten dann irgendwie mühselig unterkommen. Nicht jeder fand, wie Herder und Goethe, einen Herzog in Weimar, der sich ihrer annahm.

Aber Sie fragen nach der heutigen Universität. Ich will Ihnen vielleicht zunächst als Teilantwort darauf etwas, das ich vor zwei Stunden hörte, erzählen. Da habe ich einen neu berufenen Professor hier begrüßt. Er kam aus Bremen und ist von mir vereidigt worden. Wir kamen ins Gespräch, und ich erwähnte, dass ich mir gerade über das Talarthema Gedanken gemacht hätte, weil Sie ja heute Nachmittag kommen würden. Da erzählte er mir, in Bremen – und Bremen ist ja nun *die* westdeutsche Achtundsechzigergründung, wo sämtliche festen Regeln erst einmal verflüssigt worden sind –, habe sich inzwischen eine Art private Initiativgruppe gebildet, die die feierliche Übergabe von Diplomurkunden organisiert. Da kämen dann die Eltern dazu, die Leute hätten zwar ihr Zeugnis von der Verwaltung bereits mit der Post zugeschickt bekommen, aber es gäbe ein- oder zweimal im Jahr dieses Ereignis. Er meinte, 90 Prozent der DiplomandInnen kämen da mit Kind und Kegel hin und bekämen dort mit feierlichem Brimborium ihr Zeugnis überreicht. In Bremen. Nun, was bedeutet das? Auch Bremen ist eine große Universität mit vielen StudentInnen, und einigermaßen anonym wird es dort auch zugehen. Doch gibt es einen gewissen Willen auf Seiten der Studierenden, irgendwann einmal sagen zu können „Ich habe an der und der Universität studiert", statt nur sagen zu können „Ich habe irgend ein Diplom erworben". Also: die Zugehörigkeit zu etwas erkennbar Differentem und Besonderem wird doch sehr geschätzt. Das gilt natürlich für MitarbeiterInnen und ProfessorInnen ganz analog.

Wir haben hier in Halle eine Zeitlang eine zentrale Übergabe der Promotionsurkunden veranstaltet, aber das wurde dann angesichts der Anzahl der Verfahren einfach zu riesig. Wir haben es jetzt erst einmal an die Fakultäten delegiert, die es mit unterschiedlicher Intensität durchführen. Die Juristen z.B. machen das mit Festvortrag. Andere Fakultäten führen ihre Promotionen eher salopp durch. Es gab jetzt erneut Forderungen, man möge doch wieder eine zentrale Feier organisieren. Sie sehen, es geht auch bei uns darum, eine würdige Form zu finden, um unsere Promovenden nicht im Fließbandverfahren abzufertigen. Denn immerhin, eine Promotion bedeutet doch für jemanden etwas. Das sollte auch gebührend symbolisiert und gewürdigt werden. Wenn jemand stolz darauf ist (und stolz darauf sein kann), seinen Doktor an der Martin-Luther-Universität gemacht zu haben, dann sollten wir den Aufwand einer kleinen Zeremonie nicht scheuen.

Gewiss, Zeremonien und Rituale können Bindungen nicht herstellen. Aber sie können sie doch bekräftigen, und das ist manchmal sehr nötig: Einem Professor klarzumachen, dass er als Mitglied einer Universität, ob er es nun will oder nicht, schon über die Finanzumverteilung in eine Solidargemeinschaft eingebunden ist, das ist gar nicht so einfach. Das heißt ja auch zu sagen: Wenn Du mehr bekommst, dann bekommen alle anderen weniger. Da helfen natürlich gewisse Integrationsaktivitäten, und die bilden sich eben auch über festliche Ereignisse. Natürlich versucht man die dann möglichst so durchzuführen, dass die Wissenschaftlerinnen und Wissenschaftler, die ja meistens unter dem Stern der Rationalität angetreten sind, doch irgendwie im expressiven Teil ihres Erlebens gepackt werden. Dafür sind all solche Dinge wie Immatrikulationsfeiern, feierliche Investituren und dergleichen da. Dass sie auch einschüchternde Aspekte haben, das will ich nicht leugnen. Das ist so, und das kann man auch nicht wirklich vermeiden. Aber wir versuchen ja doch, unsere Studierenden zu souveränen Persönlichkeiten heranzubilden, die zwischen Schein und Sein unterscheiden können. Solange uns das gelingt, ist mir nicht bange.

Vierzehn Thesen zur Sondersituation der Hochschulen im Osten Deutschlands
Eine Momentaufnahme

Die folgenden 14 Thesen wurden im Rahmen einer größeren, noch unveröffentlichten Begleitstudie zum Förderprogamm der Volkswagenstiftung, „Leistungsfähigkeit durch Eigenverantwortung", formuliert[1]. Es handelt sich dabei um eine Kurzdiagnose, die auf detaillierte Literaturhinweise bewusst verzichtet. Sie stützt sich auf Befragungen, die innerhalb der Begleitstudie durchgeführt wurden, auf veröffentlichte und unveröffentlichte Arbeiten aus dem HoF – Institut für Hochschulforschung Wittenberg sowie auf den hochschulpolitischen und wissenschaftlichen Erfahrungshintergrund des Autors.

1. Die Hochschulen der Neuen Bundesländer unterscheiden sich in *rechtlicher Hinsicht* praktisch nicht mehr von den gesamtdeutschen Gegebenheiten. Der Institutionentransfer von West nach Ost ist vollzogen. Auch in den Neuen Bundesländern gilt das Hochschulrahmengesetz; die verschiedenen Landeshochschulgesetze fügen sich ohne nennenswerte Besonderheiten in das föderalistische Mosaik ein. Mit dem Auslaufen des Hochschulerneuerungsprogramms (HEP) Ende 1996 und verschiedener anderer Sonderförderprogramme ist die Zeit der Sonderkonditionen für die Hochschulen und die außeruniversitäre Forschung Ostdeutschlands im wesentlichen abgeschlossen – mit einer Ausnahme: Weiterhin gibt es unterschiedliche West- und Ostgehälter an den Hochschulen. Der Osttarif für Beschäftigte im Hochschulbereich liegt zur Zeit (2004) bei 92,5 Prozent und soll bis 2009 stufenweise an das Westniveau angeglichen werden.

2. Was die *materiellen Gegebenheiten* – bauliche und technische Infrastruktur, Geräteausstattung, Bibliotheken, Vernetzung etc. – anbetrifft, sind die Lücken im letzten Jahrzehnt weitgehend geschlossen worden, vor allem auch dank der besonderen Förderung im Rahmen des Hochschulbauförderungsgesetzes (HBFG). Noch immer besteht aber in vielen Bereichen Nachholbedarf, und die Ausgaben für Wissenschaft und Forschung bewegen sich in den Neuen Ländern am unteren Ende der bundesdeutschen Vergleichsskala. Dadurch treten Engpässe beim Unterhalt und der Ersatzbeschaffung auf. Von einer

---

[1] vgl. Kreckel, Reinhard / Sadowski, Dieter / Schimank, Uwe: Profilbildung. Studien zum Förderprogramm „Leistungsfähigkeit durch Eigenverantwortung" der VolkswagenStiftung und zu neuen Perspektiven des Förderprogramms (unv. Projektbericht). Hagen, März 2003

wirklichen „Sondersituation" kann aufs Ganze gesehen aber nicht mehr die Rede sein.

3. Häufig wird Kritik an der Unerfahrenheit und besonderen Schwerfälligkeit und Ineffizienz der *Hochschul- und auch der Ministerialverwaltungen* in den Neuen Bundesländern geübt. Es ist immer leicht, in diesen Chor einzustimmen – auch wenn es zunehmend schwer fällt, nach über 12 Jahren deutscher Vereinigung immer noch von „Unerfahrenheit" zu sprechen. Angesichts mancher sehr ähnlich klingender Klagen aus den westdeutschen Universitäten möchte ich mich hier einer vergleichenden Einschätzung enthalten.

4. Sehr viel angespannter als im Westen ist im Osten, angesichts der außerordentlich schwierigen Wirtschafts-, Arbeitsmarkt- und Finanzsituation in allen Neuen Bundesländern, die *Haushaltslage* der Hochschulen. Überall ist es in den letzten Jahren zu zum Teil drastischem Personalabbau gekommen, allerdings vor dem Hintergrund von großzügig geschnittenen Stellenplänen aus den 90er Jahren. Überall wurden und werden die damaligen Ausbaupläne – meist stufenweise – immer wieder nach unten korrigiert. Zwar stehen Pläne zur Streichung von Stellen, zur Zusammenlegung von Einrichtungen und generell zur Kostenreduktion zur Zeit überall in Deutschland zur Diskussion. Aber in den Neuen Bundesländern (einschließlich Berlin) ist der Abwehrkampf gegen Haushaltskürzungen bereits seit Mitte der 90er Jahre zu einem zermürbenden Dauerthema geworden. Im Herbst 2003 ist es, zum ersten Mal seit 1997, auch an den ostdeutschen Hochschulen wieder zu intensiven Demonstrationen der Studierenden gekommen. Sie sind Zeugnis eines zunehmenden Krisen- und Konfliktbewusstseins bei einem Teil der Studentenschaft.

5. Was die Personalsituation speziell an den ostdeutschen Universitäten anbetrifft, so ist es auf *Professorenebene* nach der Welle der Neubesetzungen Anfang der 90er Jahre, die mit Hilfe der HEP-Mittel sehr gut ausgestattet werden konnten, zu einer deutlichen Verlangsamung gekommen. Zunehmend klagen die Rektoren und Kanzler über erfolglose Berufungs- und Rufabwehrverhandlungen und über das Ausbleiben hochkarätiger Bewerbungen für die Wiederbesetzung freiwerdender Professuren. Allgemein wird die bevorstehende Einführung der neuen „leistungsbezogenen" W-Besoldung für Professoren mit großer Skepsis aufgenommen, weil die Ost-Universitäten mit den reicheren West-Universitäten dann überhaupt nicht mehr mithalten könnten. Man befürchtet, im Zuge der jetzt einsetzenden Emeritierungs- und Neubesetzungswelle gegenüber den Alten Bundesländern ins Hintertreffen zu geraten.

6. Ähnliche Sorgen werden auch allerorts laut, wenn es darum geht, leistungsfähigen *wissenschaftlichen Nachwuchs* an der Universität zu halten oder von außen zu gewinnen. Auch hier spielt der West-Ost-Bezahlungsunterschied eine Rolle, vor allem auch bei der Rekrutierung von Drittmittelpersonal. Nun ist die Mobilitätsbereitschaft junger Wissenschaftlerinnen und Wissenschaftler ja an sich sehr erfreulich, aber der Wanderungssaldo der ostdeutschen Universitäten ist negativ. Befürchtungen vor einem spürbaren „brain drain" von Ost nach West und vor einer weiteren Verschärfung dieses Ungleichgewichts angesichts schwieriger wirtschaftlicher Rahmenbedingungen sind daher durchaus begründet.

7. Noch immer bietet die *Ost- bzw. Westherkunft* von Professoren und Angehörigen des Mittelbaus Reibungsmöglichkeiten im akademischen Alltag. Aber insgesamt hat man sich arrangiert. Der aus dem Westen kommende Anteil am Lehrkörper der Hochschulen erhöht sich kontinuierlich. Allenfalls wird jetzt ein neuer „feiner Unterschied" spürbar – der zwischen den Wende- und Hochschulerneuerungserfahrenen einerseits, den neu hinzukommenden Professoren und Professorinnen andererseits. Letztere sehen ihre Universität als eine „ganz normale" Universität innerhalb des in Deutschland üblichen Spektrums.
    Das gilt zunehmend auch für die *Studierenden aus Ost und West.* Für sie ist die Zeit des Umbruches kaum noch ein Bestandteil ihrer eigenen, bewusst erlebten Lebensgeschichte.

8. Was nun die Frage nach der *Reformoffenheit* der ostdeutschen Universitäten anbetrifft, so kann man mit aller Vorsicht wohl die Äußerung eines ostdeutschen Professors verallgemeinern: „Ostdeutsche Universitäten sind mittlerweile geübt im Umgang mit Veränderungen." Dabei ist ja zu bedenken, dass die ostdeutschen Universitäten seit 1989/90 eine unablässige Folge von Veränderungen und Umbrüchen erlebt haben, während im Westen erst seit der zweiten Hälfte der 90er Jahre, nach fast 20jähriger relativer Ruhe, wieder spürbare Hochschulreformaktivitäten in Gang gekommen sind.
    Neben der besonderen „Reformerfahrenheit" der ostdeutschen Universitäten wird als weiterer positiver Faktor immer wieder auch das weitgehende Fehlen von verhärteten Fronten in den Gremien der Akademischen Selbstverwaltung benannt, da dort die traumatischen und handlungslähmenden Erfahrungen mit der westdeutschen „Gruppenuniversität" nicht gegeben seien. Das ist eine wichtige „Reformressource".
    Umgekehrt ist aber auch der in vielen Gesprächen immer wiederkehrende Hinweis sehr ernst zu nehmen, dass man nun allmählich reformmüde zu werden beginne. Das gilt zumal dann, wenn man sich immer wieder mit aus dem

Westen importierten Problemen beschäftigen muss, die nicht die eigenen sind – etwa mit Paritätenfragen in Gremien oder mit einer angeblichen „Studentenschwemme", von der (außerhalb der Metropolen Berlin und Leipzig) an ostdeutschen Universitäten trotz stark steigender Studierendenzahlen bis jetzt noch nicht die Rede sein kann.

9. Gewisse Ost-West-Unterschiede gibt es nach wie vor im Bereich des *Hochschulzugangs*: Ausgehend von einer politisch gesteuerten, sehr niedrigen Abiturientenquote in der DDR, erwarben im Osten 1992 nur 23 Prozent des Altersjahrsganges die Hochschulzugangsberechtigung; mittlerweile hat sich die Zahl auf etwa 34 Prozent eingependelt. In den westlichen Bundesländern liegt die Quote seit einigen Jahren bei relativ stabilen 37-38 Prozent.

Auch der Anteil der ostdeutschen Studienberechtigten, die ein Hochschulstudium aufnehmen bzw. aufnehmen wollen, ist zur Zeit noch deutlich niedriger als im Westen – ca. 69 Prozent im Vergleich zu etwa 74 Prozent, allerdings bei allgemein steigender Tendenz. Und schließlich ist auch der Ost-West-Wanderungssaldo von Studierenden insgesamt negativ.

Alles zusammen genommen bedeutet das, dass für die Hochschulen der Neuen Bundesländer im Vergleich zum früheren Bundesgebiet noch gewisse unausgeschöpfte „Begabungsreserven" vorhanden sind. Auf Grund der jetzt überall anstehenden Haushalts- und Personalkürzungen sind sie aber auf dem Wege, sich der – von Unterfinanzierung gekennzeichneten – gesamtdeutschen Durchschnittssituation anzunähern.

10. Andererseits ist die *Studiensituation* an den Universitäten der Neuen Bundesländer insgesamt gesehen bis jetzt noch erheblich günstiger als im Westen: Die durchschnittliche Studiendauer ist noch immer kürzer, die Betreuungsrelation deutlich besser, signifikante Ausstattungsunterschiede bestehen nicht mehr. Auch wird immer wieder auf die „gute Studienatmosphäre" beim ostdeutschen Lehrpersonal hingewiesen, obwohl dies schwer zu belegen sein dürfte. Immerhin kommen die ostdeutschen Universitäten bei den diversen Medien-Rankings der letzten Zeit (Stern/CHE, Spiegel, Focus) bei der Bewertung von Studium und Lehre insgesamt recht gut weg – was immer man von diesen Befunden halten mag.

11. Nimmt man Drittmittelaufkommen, Forschungsreputation in den Rankings, Zahl der Sonderforschungsbereiche, DFG-Mittel u.ä. als Indikatoren für die *Forschungsleistungen* in den Blick, so findet man ostdeutsche Universitäten nur relativ selten auf Spitzenplätzen, sondern teils in der Mitte, teils im unteren Drittel. Die Aufgaben und Probleme auf dem Gebiet der Forschung sind insgesamt gesehen wohl nicht größer, aber auch nicht kleiner als beim Gros der

westdeutschen Universitäten: Wir haben es in den Neuen Bundesländern mittlerweile mit soliden Regionaluniversitäten zu tun, die in einigen Punkten durchaus Spitzenleistungen erbringen.

12. In diesem Zusammenhang ist noch auf ein anderes Merkmal hinzuweisen, das die Wissenschaftslandschaft der Neuen Bundesländer auszeichnet. Nach verbreitetem Eindruck besteht häufig eine sehr enge und konkurrenzarme Zusammenarbeit zwischen Universitäten und *außeruniversitären Forschungseinrichtungen* (Max-Planck-, Helmholtz-, Leibniz- und Fraunhofer-Institute). Hier scheinen günstige Anknüpfungspunkte für regionale Profilbildungsstrategien mit überregionaler Bedeutung zu bestehen.

13. Ein gravierendes Entwicklungsdefizit der Neuen Bundesländer ist nach wie vor gegeben: der weitgehende *Zusammenbruch der außeruniversitären Industrieforschung*, die zu DDR-Zeiten ca. 86.000 Beschäftigte umfasst hat, heute nur noch circa 20.000. Insgesamt gibt es in den Neuen Bundesländern nur noch wenige Großbetriebe, und auch diese bauen nur selten eigene Forschungskapazitäten auf, da sie bereits an anderen Standorten über entsprechende Potenziale verfügen. Damit fällt den Hochschulen, gemeinsam mit den außeruniversitären Forschungseinrichtungen, in Ostdeutschland die Sonderrolle zu, nahezu als einzige für den Erhalt einer leistungsfähigen Forschungsinfrastruktur zuständig zu sein, die für eine erfolgreiche Wirtschaftentwicklung unabdingbar ist.

14. Nicht nur für die Zukunft der ostdeutschen Wissenschaftslandschaft, sondern der Neuen Länder insgesamt wird allerdings die Bewältigung der demographischen Entwicklung, die sich aus dem dramatischen *Geburtenrückgang* in den frühen 90er Jahren ergibt, die alles überschattende Aufgabe sein: Von den Jahren 2009/10 an ist mit einem steilen Abfall der Zahl der in den Neuen Bundesländern geborenen Studienberechtigten zu rechnen, der nach der Prognose der KMK mit der *Halbierung der derzeitigen Zahl im Jahr 2013* an seinem Tiefpunkt angelangt sein wird. Anschließend ist aufgrund der derzeitigen Geburtenzahlen (und unter ceteris paribus-Bedingungen) mit einem nur langsamen und relativ geringen Wiederanstieg der Studienberechtigten zu rechnen. In den Alten Bundesländern ist eine gegenläufige Entwicklung zu erwarten: Ein kontinuierlicher Anstieg der absoluten Zahl der Studienberechtigten bis etwa 2010, danach ein geringfügiger Rückgang. Entsprechend dieser Prognose wird sich das quantitative Ost-West-Verhältnis der Studienberechtigten dauerhaft verschieben – von zur Zeit etwa 1:4 (22:78) bis auf eine Größenrelation von etwa 1:7 oder 1:8 (12:88) im Jahr 2013.

Die hier zusammengestellten 14 Gesichtspunkte können zum einen als Mosaiksteine einer *Erfolgsgeschichte* verstanden werden – zu Recht: In der Tat kann man wohl sagen, dass die Universitäten der Neuen Bundesländer innerhalb eines Jahrzehnts den Anschluss an das bundesdeutsche Niveau gefunden haben. Sie sind „ganz normale" Universitäten geworden. Eine gewisse Tragik liegt freilich darin, dass die ihnen im deutschen Vereinigungsprozess vorgegebene und seither mit großen Anstrengungen realisierte bundesdeutsche Normalität schon damals, Anfang der 90er Jahre, eine von Grund auf reformbedürftige „Normalität" gewesen ist. Aber sie war nun einmal das einzige Pferd, auf das man damals setzen konnte. Immerhin ist nicht auszuschließen, dass die oben schon angesprochene besondere „Reformerfahrung" der ostdeutschen Universitäten ihnen den Weg in die jetzt anstehende neuerliche Periode der Reformen und Umbrüche erleichtern wird.

Allerdings können die 14 Punkte auch als Kennzeichen einer kurzen Blüte, eines nur temporären Aufschwungs gelesen werden, dem ein neuer Abschwung in der Hochschullandschaft der Neuen Bundesländer zu folgen droht: Nimmt man das Fatum der demographischen Entwicklung ernst, so wird bewusst, dass schon nach Ablauf der nächsten 10 Jahre nicht mehr, wie heute, jeder fünfte Studienberechtigte in Deutschland aus dem deutschen Osten kommt, sondern nur noch jeder achte oder neunte.

Wenn man außerdem weiß, wie stark die gegenwärtige hochschulpolitische Großwetterlage von zwei Leitgesichtspunkten geprägt ist, nämlich zum einen von der Frage nach der *Ausbildungs*leistung der Universitäten und zum anderen von der Frage nach den *Kosten*, dann kann man sich den nächsten Schritt ausrechnen: Die Neigung wird groß sein, den ostdeutschen Hochschulen auch weiterhin empfindliche Haushaltskürzungen aufzuerlegen und dies mit dem Hinweis auf den demographisch induzierten geringeren Ausbildungsbedarf im nächsten Jahrzehnt zu rechtfertigen. Dabei gerät der Umstand aus dem Blickfeld, dass die Hochschulen nicht nur Ausbildungsstätten sind, sondern zugleich Träger einer Infrastruktur und Kultur der Wissenschaft und Forschung.

Sicherlich, um der demographisch bedingten Reduktion der studentischen Nachfrage zu begegnen, werden die Hochschulen versuchen, zusätzliche Studierende zu mobilisieren – sei es im eigenen Land (durch Studienwerbung etc.), sei es in anderen Bundesländern oder im Ausland. Das ist gewiss richtig und muss auch geschehen. Das Grundproblem kann dadurch aber nicht gelöst werden. Denn nach Lage der Dinge werden alle Versuche, die flächendeckende Präsenz von Universitäten in den Neuen Bundesländern vornehmlich mit ihrer Ausbildungsfunktion zu begründen, zu kurz greifen.

An dieser Stelle scheut man sich fast, in den Chor der Warner und Kritiker einzustimmen, die die Gefahr eines „Mezzogiornisierungs"-Prozesses im Osten Deutschlands heraufbeschwören. Aber die Gefahr ist real, dass *durch das Zusammen-*

treffen von demographischer Krise und Finanzkrise im östlichen Teil Deutschlands eine negative Spirale in Gang kommt, die es aufzuhalten gilt. Diese drohende Spiralentwicklung ist aus meinem 14-Punkte-Tableau deutlich abzulesen: Mangelnde Attraktivität für Spitzenforscher, für erstklassigen wissenschaftlichen Nachwuchs und für die mobilsten Studierenden, Rückbau der akademischen Forschungsinfrastruktur bei gleichzeitigem Fehlen einer breiten Industrieforschung, zunehmende Verknappung von verfügbarem „Humankapital", damit Fehlen einer entscheidenden Voraussetzung für erfolgversprechende Investitionen in wissensbasierte Unternehmen, allgemeine intellektuelle Provinzialisierung, wirtschaftliche Marginalisierung und fortdauernde Subventionsabhängigkeit usw. usw.

Aus diesem zweiten, eher düsteren, aber auch realistischen Szenario geht hervor, dass zweierlei unerlässlich ist: *Zum einen* müssen sich die ostdeutschen Hochschulen selber um ihre Wettbewerbsfähigkeit und Attraktivität kümmern, und sie dürfen den derzeit in ganz Deutschland anrollenden Reformzug nicht an sich vorüberziehen lassen, auch wenn ihnen manches, was da auf sie zukommt, ein wenig unausgegoren vorkommen mag. Das gilt für alle Universitäten und Fachhochschulen in Ostdeutschland – und ich wünsche mir, dass ihre besondere Reformerfahrung mit dazu betragen möge, dass bei der Umsetzung der Reformideen der Spreu vom Weizen getrennt wird.

Zum anderen ist auch deutlich, dass es im Interesse ganz Deutschlands liegt, der Gefahr der wissenschaftlichen und intellektuellen Peripherisierung Ostdeutschlands entgegenzuwirken. Wenn sie nicht abgewendet wird, bleibt auch das wirtschaftliche Entwicklungspotenzial der Neuen Bundesländer blockiert. Eine weitere Unterstützung der ostdeutschen Hochschulen ist also geboten, im wohlverstandenen Eigeninteresse aller, denen die gemeinsame Zukunft am Herzen liegt.

Halle und Sachsen-Anhalt: Universität in einem schwierigen Land

III.

Anstöße zur Hochschulreform in Sachsen-Anhalt[1]

I. Prämissen der hochschulpolitischen Diskussion in Deutschland

In der Bundesrepublik Deutschland wird nach einer längeren Phase öffentlichen Desinteresses wieder intensiv über die Reform der Hochschulen nachgedacht. Jetzt scheint die Hochschulreformdiskussion allmählich in die Phase der politischen Umsetzung einzumünden: Auf Bundesebene verdichten sich die Aktivitäten zur Novellierung des Hochschulrahmengesetzes (HRG); in einer Reihe von Bundesländern wird die Erneuerung der Landeshochschulgesetze (LHG) vorbereitet, auch in Sachsen-Anhalt.[2]

Die Kulturhoheit ist in Deutschland bekanntlich Sache der Länder. Die radikalsten Kritiker der geplanten HRG-Novelle stellen deshalb die Notwendigkeit ei-

---

[1] Dieser Text wurde zu Beginn meiner ersten Rektoratsperiode in Halle als erste, programmatische Bestandsaufnahme verfasst und Anfang 1997 als sog. „Blaues Papier" unter den hochschulpolitisch Interessierten in Sachsen-Anhalt breit gestreut und intensiv diskutiert. Bemerkenswert ist aus heutiger Sicht (Anfang 2004), dass eine Reihe der damals noch als „neu" apostrophierten Themen mittlerweile bereits zum hochschulpolitischen Alltag gehören, z.B. die Bachelor-Master-Studiengänge oder die inzwischen realisierten Juniorprofessuren, für die ich 1997 die Bezeichnung „Habilitationsprofessur" vorgeschlagen hatte

[2] Nachbemerkung Anfang 2004: Seit 1997 haben sich die hochschulpolitischen Aktivitäten in Deutschland enorm beschleunigt, mit gewissen Merkmalen der Hektik. Die im Text angesprochene HRG-Novelle ist 1998 in Kraft getreten, aber bereits 2002 durch zwei weitere Novellierungen ergänzt worden. Auch bei den Landeshochschulgesetzen ist in den letzten Jahren kaum ein Stein auf dem anderen geblieben. Das bayerische Hochschulgesetz, das Anfang 1998 in Kraft getreten ist, ist heute bereits das älteste Hochschulgesetz in Deutschland. Alle anderen Landeshochschulgesetze sind seither novelliert worden, und zwar nicht nur im Sinne einer Anpassung an die Vorgaben des HRG. Überall gewinnen die Prinzipien des „New Public Management" deutlich an Boden (vgl. dazu auch die beiden Texte am Ende dieses Bandes)

ner bundesweiten Hochschulrahmengesetzgebung überhaupt in Frage. Andere halten eine so weitreichende Erneuerung des HRG, wie sie Minister Rüttgers zur Zeit ins Auge fasst, für unangebracht. Sie plädieren lediglich für eine einzige Änderung, nämlich für die Einführung einer weitgehenden Experimentier- oder Öffnungsklausel, die es den Ländern gestattet, ihre Reformvorstellungen selbst in die Tat umzusetzen und zu erproben.

Auch die radikalsten Kritiker des HRG bestreiten allerdings nicht, dass bestimmte länderübergreifende Abstimmungen notwendig sind. So wird beispielsweise eine bundesweite Standardisierung der Hochschultypen (Universitäten, Fachhochschulen usw.), der Studiengänge (Abschlüsse, Regelstudienzeiten usw.), der personalrechtlichen Besonderheiten der Hochschulen, der allgemeinen Prinzipien der Mitbestimmung oder der öffentlich-rechtlichen Finanzierung des Hochschulbaus und der Forschung und Lehre kaum in Frage gestellt. Auch die Notwendigkeit bundesweiter Zulassungsregeln im Numerus-Clausus-Bereich ist allgemein anerkannt. Aber schon die Frage des Hochschulzuganges nach Leistungskriterien wird kontrovers diskutiert, ebenso die Möglichkeit der Zwangsexmatrikulation von „Dauerstudenten". Vollends umstritten ist das Problem der Studiengebühren. Es mag überlegenswert sein, ob zur Regelung aller dieser Fragen unbedingt ein eigenes Hochschulrahmengesetz notwendig ist oder ob nicht die ohnehin geltenden bundesrechtlichen Bestimmungen in Verbindung mit einem KMK-Abstimmungsverfahren auch ausreichen würden.

Doch wie dem auch sei, die gegenwärtige Diskussion über die Novellierung des HRG geht auf jeden Fall deutlich über das soeben skizzierte Minimum hinaus. Bundesminister Jürgen Rüttgers hat jüngst in einem Grundsatzpapier „Hochschulen für das 21. Jahrhundert" die ihm wichtigen Eckpunkte benannt: Seine Reformvorstellungen zielen auf intensive Wettbewerbs- und Leistungsorientierung, auf stärkere Profilbildung und erhöhte Autonomie der Hochschulen sowie auf Verkürzung der Studienzeiten ab. Dabei betont er immer wieder die Notwendigkeit einer weitgehenden „Deregulierung" und „Entstaatlichung" der Hochschulen.

Andererseits möchte Rüttgers mit seiner HRG-Novelle aber doch manches regeln, das bisher noch nicht bundesweit normiert war:

- die Regelstudienzeiten sollen gestrafft und ihre Einhaltung durch obligatorische Prüfungen u. ä. durchgesetzt werden;

- die Vergabe international üblicher Bakkalaureus- und Magistergrade soll ermöglicht werden;

- die Mittelverteilung zwischen und innerhalb der Hochschulen soll sich verstärkt auf Leistungskriterien und Evaluierungen stützen;

- Hochschulglobalhaushalte mit weitgehender Flexibilisierung (gegenseitiger Deckungsfähigkeit von Haushaltstiteln, Übertragbarkeit angesparter Mittel etc.) sollen eingeführt werden;

- die Personalhaushalte (unterhalb der Professorenebene) sollen in die Hand der Hochschulen gegeben werden und sich verstärkt am Leistungsprinzip orientieren; die Habilitation soll „entschlackt" und als Voraussetzung für Berufungen relativiert werden;

- die Leitungs- und Managementstrukturen der Hochschulen sollen „den betriebswirtschaftlichen Anforderungen, die heute an die effiziente Führung eines Dienstleistungsbetriebs dieser Größenordnung zu stellen sind", angepasst werden, der Einfluss der „herkömmlichen Gremienstrukturen" soll entsprechend verringert werden.

So bedenkenswert manches an diesen Reformansätzen sein mag, die Frage muss doch gestellt werden, ob hier bundeseinheitliche Lösungen wünschenswert sind. Aus föderalistischer Sicht ist das nicht ohne weiteres der Fall.

Diese Frage soll jetzt nicht weiterverfolgt werden, denn ein anderer Gesichtspunkt ist sehr viel vordringlicher: Es ist nämlich unverkennbar, dass die gesamte neuere Hochschulreformdiskussion – einschließlich des Maßnahmenkataloges von Minister Rüttgers – von einem Problemverständnis beherrscht wird, in dem sich vornehmlich die Situation der alten Bundesländer widerspiegelt:

- Das Leitthema der gesamten Diskussion ist das Problem der überfüllten Hochschulen, der überlangen Studienzeiten, der hohen Studienabbrecherzahlen sowie der abnehmenden Anziehungskraft der deutschen Hochschulen für ausländische Studierende.

- Das zweite Thema ist die Sorge um die Leistungs- und Innovationsfähigkeit der Forschung an deutschen Hochschulen im internationalen Wettbewerb.

- Das dritte Dauerthema ist die chronische Unterfinanzierung der deutschen Hochschulen, die durch die zunehmende Finanzschwäche der öffentlichen Haushalte weiter verschärft wird.

- Das vierte Thema schließlich ist die immer wiederkehrende These von der Reformunfähigkeit der deutschen Hochschulen.

Aus dieser Problemdiagnose ergibt sich das allgemeine Reformziel für die deutschen Hochschulen: Von ihnen wird erwartet, mit immer knapper werdenden Mitteln immer mehr Studierende niveauvoll auszubilden und gleichzeitig international konkurrenzfähige Forschung zu betreiben. Anders gesagt – aus weniger soll mehr gemacht werden. Allmählich scheint sich, jenseits aller Meinungsverschiedenheiten, unter den maßgeblichen Politikern, Interessenvertretern und Kommentatoren die Auffassung durchzusetzen, dass dieses Ziel durch eine deutliche Verstärkung der Hochschulautonomie, durch die Einführung effizienterer und kostengünstigerer Managementformen sowie durch Evaluierungen, Leistungskontrollen und Wettbewerb auf allen Ebenen erreicht werden kann.

2. Die Sondersituation der Hochschulen der neuen Bundesländer[3]

Es muss hier dahingestellt bleiben, ob die genannten Probleme auf diese Weise zu lösen sind. Denn für die Hochschulen der neuen Bundesländer, um die es mir hier geht, ist die Problemlage ohnehin eine völlig andere. Zentrale Prämissen der gegenwärtig geführten allgemeinen hochschulpolitischen Diskussion in Deutschland treffen für sie nicht zu:

- Die Hochschulen in den neuen Bundesländern leiden bislang nicht an Überfüllung und Überlast.

- Auf Grund dieser Tatsache, aber auch wegen der eigenen Lehr- und Betreuungstradition und der Motivation der Studierenden, sind überlange Studienzeiten und hohe Abbrecherquoten in den neuen Bundesländern kein Problem.

- Die Unterfinanzierung der Hochschulen in den neuen Bundesländern unterscheidet sich grundlegend von der in den alten Ländern: Während dort voll ausgebaute und zum Teil hervorragend ausgestattete Hochschulen um die Erhaltung ihres erreichten Standards ringen, ist in Ostdeutschland eine vergleichbare Ausgangssubstanz nicht vorhanden. „Vorratspolster" gibt es hier nicht. Vielmehr besteht überall erheblicher Sanierungsbedarf und – wichtiger noch – die Hochschulen der neuen Bundesländer stehen ausnahmslos noch mitten im Neuaufbau. Das Auslaufen der Sondermittel des Hochschulerneuerungsprogramms und die allgemeinen Haushaltskürzungen führen dazu, dass der komplette Ausbau der Hochschulen, der für die alten Länder selbstverständlich ist, in den neuen Ländern noch gar nicht erreicht ist. Hinzu kommt, dass durchweg die in den Haushalten ausgewiesenen Stellenpläne nicht ausfinanziert sind. Ein beträchtlicher Teil der planmäßigen Professoren- und Mit-

---

[3] vgl. dazu auch den oben abgedruckten Text, „Vierzehn Thesen zur Sondersituation der Hochschulen im Osten Deutschlands", der 2003 geschrieben wurde und in vieler Hinsicht die Diagnose aus dem Jahr 1997 bestätigt

arbeiterstellen ist aus finanziellen Gründen zur Zeit nicht besetzbar; weitere Planstellen werden durch unkündbares Personal aus DDR-Zeiten, das über keine stellenplangerechte Qualifikation verfügt, dauerhaft blockiert.

- Ein weiterer Ost-West-Unterschied ist das so genannte „Schwanitz-Syndrom": Die nahezu vollständige Selbstblockade und Entscheidungsunfähigkeit der akademischen Selbstverwaltungsgremien, wie sie in dem bekannten Universitätsroman „Der Campus" beschrieben und karikiert wird, pflegt mit großer Selbstverständlichkeit als ein allgemeines Krisenmerkmal der deutschen Hochschulen identifiziert zu werden. Darauf stützt sich der immer lauter werdende Ruf nach einer Stärkung der Hochschulleitungen sowie nach einer Entmachtung der Gremien und der Einführung von so genannten „boards" als externen Aufsichtsgremien. In den Hochschulen der neuen Bundesländer funktionieren dagegen bis jetzt die kollegialen Entscheidungsprozesse noch sehr viel besser.[4]

Angesichts solcher Unterschiede in der Diagnose der Probleme verspricht eine Einheitsrezeptur, wie sie das HRG anstrebt, zumindest für die ostdeutschen Hochschulen keine Heilung. Sie benötigen eigene hochschulpolitische Instrumente, um ihre Sondersituation bewältigen zu können.

Die Sondersituation der neuen Bundesländer ist zusätzlich von gewissen historischen Hypotheken geprägt. Die erste Hypothek ist die zu DDR-Zeiten politisch gewollte geringe Bildungsdichte im tertiären Bereich. Zum Zeitpunkt der Wende studierten weniger als 15 Prozent eines Altersjahrganges an einer Hochschule. Das heutige westdeutsche Niveau von über 30 Prozent kann nur durch erhebliche zusätzliche Anstrengungen erreicht werden. Fachleute sind sich einig, dass dieses Niveau erreicht werden muss. Nur wenn intensiv in das ostdeutsche „Humankapital" investiert wird, kann verhindert werden, dass die neuen Bundesländer zu einer strukturellen Problemzone auf Dauer werden. Das heißt, die Hochschulen Ostdeutschlands müssen weiter auf- und ausgebaut werden. Sie bedürfen dazu beträchtlicher finanzieller Hilfen von außen, wenn nicht langfristig die gesamte Bundesrepublik Schaden nehmen soll.

Hinzu kommt, als zweite Hypothek, der weitgehende Niedergang der Akademieforschung und der Industrieforschung, der beiden Hauptsäulen der Forschungsstruktur der DDR. Die Akademieforschung soll, die Industrieforschung kann nicht wieder im alten Umfang entstehen. In diese Lücke muss die Hochschulforschung treten, da sonst die Innovationskraft der neuen Bundesländer erschlaffen müsste. Im langfristigen Interesse aller bedarf deshalb auch die Forschung an

---

[4] vgl. dazu oben, „Stärkung der Hochschulleitung durch Stärkung der akademischen Selbstverwaltung. Eine Alternative zum Präsidialmodell"

den Hochschulen nachhaltiger Förderung. Die Haushaltsansätze für Wissenschaft und Forschung müssen in den neuen Bundesländern antizyklisch angehoben werden. Sie dürfen nicht dem allgemeinen Kürzungstrend folgen.

An diese besonderen materiellen Hypotheken und Erfordernisse muss immer wieder mit Nachdruck erinnert werden, wenn über Hochschulreform in den neuen Bundesländern nachgedacht wird.

3. Reformvorschläge für Sachsen-Anhalt

In Sachsen-Anhalt hat es zu Anfang dieses Jahres bereits eine zukunftsweisende Teilreform des LHG gegeben, die die Hochschulklinika betraf. Der jetzt vorliegende Novellierungsentwurf für das gesamte LHG bringt dagegen nur wenig Neues. Die „heißen Eisen" der gegenwärtigen hochschulpolitischen Diskussion werden dort kaum angefasst. Die Landesrektorenkonferenz hat sich deshalb enttäuscht über diesen Entwurf geäußert. Sie hält ihn für eine verpasste Chance und fordert zu einem „wirklichen Reformentwurf" auf.

Nun kann eine „wirkliche Reform" sicherlich nicht bedeuten, dass alle Hochschulprobleme gleichzeitig kuriert werden können und ein von Grund auf neues Gesetz vorgelegt werden soll. Das derzeitige Gesetz hat sich im großen und ganzen bewährt. Es ist erst seit dreieinhalb Jahren in Kraft, eine erneute Verunsicherung der Verwaltungen wäre dem weiteren Neuaufbau sicherlich abträglich.

In der gegenwärtigen Situation sollten deshalb nur wenige, möglichst „maßgeschneiderte" und vorsichtige Reformschritte gegangen werden, wenn das bereits Erreichte nicht Schaden nehmen soll. Für die Hochschulen in Sachsen-Anhalt möchte ich die folgenden Reformschritte vorschlagen, die anschließend genauer erläutert werden:

- Differenzierung und Internationalisierung der Studienabschlüsse;
- Einführung von „Habilitationsprofessuren";
- „Pakt für Vernunft" und Hochschulautonomie;
- Stärkung der Entscheidungsfähigkeit der akademischen Selbstverwaltung.

Erläuterung der Reformschritte

3.1 Differenzierung und Internationalisierung der Studienabschlüsse[5]

Gerade weil in Sachsen-Anhalt das bundesdeutsche System der Studiengänge und Hochschulprüfungen noch nicht so tief verankert ist wie im Westen, besteht die Chance, hier ein Problem modellhaft zu lösen, das alle deutschen Hochschulen betrifft: Bekanntlich war das herkömmliche deutsche Universitätssystem mit seiner engen Verbindung von Forschung und Lehre ursprünglich auf eine gesellschaftliche Situation zugeschnitten, in der nur ein kleiner Bevölkerungsteil von 5 Prozent oder allenfalls 10 Prozent ein Studium aufnahm. Mittlerweile sind es im Bundesdurchschnitt jedoch über 30 Prozent eines Altersjahrganges, die ein Hochschulstudium beginnen; alles spricht dafür, dass auch die neuen Bundesländer sich dieser Rate weiter annähern werden.[6] Niemand kann davon ausgehen, dass alle diese Studierenden sich auf eine forschungsnahe wissenschaftliche Karriere vorbereiten. Die große Mehrzahl strebt eine höhere berufliche Qualifikation an.

In der Tat wählen in Sachsen-Anhalt zur Zeit mehr als ein Drittel der Studienanfänger ein praxisnahes Fachhochschulstudium. Selbst wenn dieser Anteil künftig noch gesteigert wird, wie es die Landesregierung ja anstrebt, so wird doch weiterhin der größte Teil der Studierenden Sachsen-Anhalts an Universitäten studieren. Dort für alle ein „forschendes Studium" zu fordern, wäre eine Illusion. Was allen geboten werden kann und soll, ist eine von forschungserfahrenen Hochschullehrern oder -lehrerinnen getragene, an wissenschaftliche Standards gebundene, hochwertige Lehre. Das für die deutschen Universitäten kennzeichnende Prinzip der Einheit von Forschung und Lehre bleibt auf diese Weise gewahrt. Zu eigenständigen Forschern kann sich aber nur ein kleiner Teil der Studierenden qualifizieren.

Nun sind diese Einsichten nicht neu. Sie sind aber bisher am Bollwerk der etablierten Diplom-, Magister- und Staatsexamensstudiengänge gescheitert. Die Lösung könnte sein, dieses Bollwerk zunächst überhaupt nicht anzutasten, sondern stattdessen mit Hilfe einfacher Übersetzungsregeln eine Parallelstruktur einzuführen, die zweierlei leisten soll: Sie soll die interne Differenzierung der grundständigen Studiengänge an den deutschen Universitäten einleiten, die aufgrund ihrer im-

---

[5] vgl. dazu unten, „Bachelor- und Masterstudiengänge im internationalen Vergleich. Umsetzungsorientierte Überlegungen am Beispiel von Soziologie und Politikwissenschaft"

[6] Dies ist mittlerweile (2004) weitgehend der Fall. Der Abstand zwischen alten und neuen Bundesländern ist nahezu verschwunden. Das Statistische Bundesamt meldet für das Wintersemester 2003/4, dass 39,6% des einschlägigen Altersjahrganges ein Hochschulstudium aufgenommen haben, rund 15% mehr als noch 1993 (www.destatis.de)

mer weiteren Öffnung längst überfällig ist. Und sie soll gleichzeitig die Anschluss-fähigkeit an das internationale Studiensystem wiederherstellen. Dabei soll etappenweise und behutsam vorgegangen werden:

- Den in den herkömmlichen Prüfungsordnungen geforderten Pflichtscheinen, Testaten, Klausuren usw. werden zusätzlich „Credit Points" zugeteilt, die sich in das international anerkannte ECTS-System einordnen lassen. Schon dieser erste Schritt würde die internationale Studentenmobilität in beide Richtungen erheblich erleichtern.

- Im zweiten Schritt wird dann in dafür geeigneten Studiengängen allen Studierenden, die ein reguläres 6-semestriges Universitätsstudium absolviert haben und die entsprechenden Credit Points vorweisen können, das Zeugnis eines Bakkalaureus (B.A., B.Sc. o. ä.) erteilt. Damit wird der Erwerb der fachlichen Grundqualifikationen dokumentiert.

- Allen herkömmlichen berufsqualifizierten Universitätsabschlüssen wird, soweit sie nicht ohnehin den Magistertitel beinhalten, zusätzlich die Äquivalenz zum international üblichen Magistergrad (M.A, M.Sc., M.LL. usw.) bescheinigt. Diese Bescheinigung ist kein eigener akademischer Grad. Sie will auch nicht in innerdeutsche Auseinandersetzungen über die Unterschiede zwischen Universitätsdiplomen, Magistergraden, Staatsexamen eingreifen. Ihr unmittelbarer Zweck ist es, die deutschen Abschlüsse mit einer autorisierten „Übersetzungshilfe" zu versehen.

Auf diese pragmatische Einführungs- und Einübungsphase für das B.A./M.A.-System sollte dann nach angemessener Zeit eine zweite Phase folgen, in der „Bachelor" und „Master" nicht mehr nur universitätsintern vergebene Zusatzbezeichnungen sind, sondern zu echten Hochschulgraden aufgewertet werden. Es sollte dann nach dem Erwerb des Bakkalaureus eine Weichenstellung eingebaut werden: An das Bakkalaureat schließt sich entweder ein praxisorientiertes Vertiefungsstudium an, das nach maximal 4 Semestern zu einem entsprechenden Magistergrad oder dessen Äquivalent (Diplom, Staatsexamen) führt. Oder es wird für besonders Geeignete ein Forschungsstudium angeboten, das ebenfalls zum Magistergrad führt. Wie es an traditionellen geisteswissenschaftlichen Fakultäten in Deutschland und an angelsächsischen Universitäten üblich ist, können besonders befähigte Bakkalaurei bereits vor dem Magisterabschluss direkt ins Promotionsstudium übernommen werden. Diese Möglichkeit steht, wie schon bisher, auch besonders geeigneten Fachhochschulabsolventen offen.

Das skizzierte Verfahren hat den Vorzug, eine Reform einzuleiten, ohne dabei die gewachsenen Strukturen zerstören zu müssen. Gelingt es den Universitäten, für ihre „Bachelors" öffentliche Anerkennung zu finden, so wird ein Teil der Studierenden bereits nach einer Regelstudienzeit von 6 Semestern die Universitäten verlassen und sie damit entlasten. Für die verbleibenden Vertiefungs- und ForschungsstudentInnen würde die Regelstudienzeit dann wohl insgesamt 10 Semester betragen. Das entspräche dem internationalen Standard.

Der vorgeschlagene Beitrag zur Studienreform hat den doppelten Vorzug, relativ kostenneutral zu sein und von den Hochschulen weitgehend in eigener Regie geleistet werden zu können. Das Risiko im Falle eines Misslingens des Reformversuches wäre gering. Im Fall eines Erfolges aber würde es möglich, die überfällige interne Strukturierung des Studienbetriebes in Gang zu bringen und gleichzeitig den Anschluss an das international anerkannte Studiensystem herzustellen, ohne dabei die Stärken der deutschen Universitätstradition aufgeben zu müssen. Außerdem wäre es auch ein Mittel, um zu verhindern, dass auch in den Hochschulen der neuen Bundesländer Zustände wie in den alten Bundesländern einreißen mit überlangen Studienzeiten und hohen Abbrecherquoten.

3.2 Einführung von „Habilitationsprofessuren"[7]

Ein zweiter, ähnlich pragmatischer Vorschlag bezieht sich auf das nie gelöste Doppelproblem der Überlänge der Habilitationszeiten an den Universitäten und der großen Inflexibilität des Systems der beamteten Lebenszeitprofessuren. Die gegenwärtigen Bestrebungen, die Bedeutung der Habilitation bei Berufungen zurückzudrängen und Zeitprofessuren einzuführen, klingen wenig erfolgversprechend. Auch Änderungen des Beamtenrechts sind eine komplexe Angelegenheit, an der man sich leicht die Zähne ausbeißen kann.

Vor einiger Zeit hat es schon einmal den Versuch gegeben, die Habilitation auszuhebeln und damit das Erstberufungsalter zu senken. Das war die Einführung des so genannten „Assistenzprofessors" nach amerikanischem Vorbild. Er ist inzwischen wieder von der Bildfläche verschwunden. Der Kardinalfehler dieser Konstruktion war es, dass es sich dabei im Grunde nur um befristete Mittelbaustellen gehandelt hat. Auch Versuche, Zeit-Professuren oder -Dozenturen einzurichten, waren nicht sehr erfolgreich. Ebenso wenig hat sich die Einrichtung von drei Stufen von Lebenszeitprofessuren an den Universitäten (C2, C3 und C4) bewährt. Damit sollte die Mobilität der Professoren angekurbelt werden. Auch das ist nur teilweise gelungen. An den Universitäten gibt es heute praktisch nur noch unbefristete C3- und C4-Professuren, an den Fachhochschulen nur C2- und C3-Stellen.

Mein Vorschlag ist es deshalb, aus diesen Misserfolgen zu lernen und stattdessen an den Universitäten die „Habilitationsprofessur" einzuführen: Mittelfristi-

---

[7] siehe zu diesem Abschnitt R. Kreckel: Drum prüfe, wen du ewig bindest. Der Streit um die Habilitation geht weiter. Für eine frühe Professur auf Probe, in: Die Zeit v. 18.04.1997, S. 34

ges Ziel wäre es, etwa die Hälfte der zu besetzenden C3-Stellen zunächst als befristete C2-Professuren mit tenure track (Übernahmeoption) auszubringen. Berufungsvoraussetzung wäre eine überdurchschnittliche Promotion, verbunden mit einer Altersgrenze (von 30-32 Jahren, die nur in begründeten Ausnahmefällen aufgehoben werden kann). Der Habilitationsprofessor hat die Dienststellung und die Dienstaufgaben eines normalen Professors (Forschung, Selbstverwaltung, Lehre; evtl. eine Reduktion des Lehrdeputates auf 6 Semester-Wochenstunden). Bei der Besetzung gelten die üblichen Regeln für Berufungsverfahren (öffentliche Ausschreibung, Berufungskommission, externe Begutachtung, Hausberufungsverbot, Dreierliste usw.).

Die Pointe ist nun, dass die Habilitationsprofessur für 5 Jahre befristet vergeben wird. Spätestens nach Ablauf des vierten Jahres werden die in dieser Zeit erbrachten Forschungs-, Lehr- und Selbstverwaltungsleistungen von einer Evaluierungskommission des Fachbereiches unter Berücksichtigung von externen Gutachten bewertet. Der Fachbereichsrat beschließt über die Empfehlung der Kommission. Die Entscheidung der Hochschule trifft der Akademische Senat. Fällt die Entscheidung positiv aus, so wird der/die Betreffende dem Minister für die Ernennung zum regulären C3-Professor auf Lebenszeit vorgeschlagen. Er/Sie ist damit automatisch auch allen habilitierten Professoren gleichgestellt. Fällt die Entscheidung jedoch negativ aus, so scheidet der Bewerber/die Bewerberin aus. Er/sie ist dann noch jung genug, um sich umzuorientieren oder sich auch um ein konventionelles Habilitationsstipendium zu bewerben.

Es ist zu erwarten, dass derartige „Habilitationsprofessuren" für besonders qualifizierte junge DoktorInnen, die ein gewisses Risiko nicht scheuen, attraktiver sind als herkömmliche Assistentenstellen. Sie führen sehr viel schneller zu einer ersten regulären Lebenszeitprofessur. Die Vorzüge dieses Verfahrens scheinen also auf der Hand zu liegen: Die Besten können die Periode des/der abhängigen AssistentIn überspringen oder abkürzen, der Lehrkörper der Universitäten verjüngt sich. Außerdem besteht in diesem Modell auch eine realistische Chance, nicht nur die in der Probezeit erbrachten Forschungsleistungen zu bewerten. Auch der Lehrerfolg und die Mitwirkung an der Selbstverwaltung müssen mit in die Beurteilung einbezogen werden. Eine erfolgreich abgeschlossene „Habilitationsprofessur" wäre somit einer reinen Forschungshabilitation herkömmlicher Art überlegen. Zur wissenschaftlichen Leistung käme eine echte Bewährungsprobe als Hochschullehrer hinzu, und es wird – bei der Berufung und bei der Evaluation – eine zweimalige „harte" Qualitätsprüfung vorgenommen. Es ist deshalb auch zu erwarten, dass die Chance, bald nach der Ernennung zum vollen C3-Professor auf eine besser ausgestattete Professur wegberufen zu werden, relativ günstig ist. Die „Habilitationsprofessur" kann dann wieder neu ausgeschrieben werden, und die Verjüngung des Lehrkörpers geht weiter.

Auf diese Weise könnte es gelingen, die berechtigten Bedenken der Kultus-
ministerkonferenz auszuräumen, dass die „Habilitation mit dem Instrument der
Zeitprofessur nicht einfach kombinierbar" sei und dass man sich vor „Schnell-
schussprofessuren auf Zeit ohne ausreichende Qualitätsprüfung" hüten müsse
(KMK-Beschluss vom 28.2.1997).

Ein nahe liegendes anderes Bedenken wäre, dass die Berufungschancen der
heutigen PrivatdozentInnen durch das neue Verfahren geschmälert werden könnten. Dazu ist zu sagen, dass eine Beschleunigung des „Berufungskarussells" sich
immer auch nachwuchsfördernd auswirkt. Außerdem sollte es den Hochschulen
ermöglicht werden, Stellenausschreibungen auch so zu gestalten, dass eine freiwerdende Stelle entweder sofort als reguläre C3-Professur oder zunächst als C2-
Habilitationsprofessur besetzt werden kann. Das würde den Entscheidungsspiel-
raum der Fachbereiche erweitern.

Mein Vorschlag hat den Vorzug, die Tradition der Habilitation nicht einfach
abzuschaffen. Sie soll zunächst nur behutsam ergänzt und allmählich verändert
werden. Sollte die neu geschaffene Form der „Habilitationsprofessur" sich bewähren, so kann man dann in einem nächsten Schritt darüber nachdenken, ob nicht ein
Teil der vorhandenen Assistenten- und Oberassistenten-Stellen, die auf das herkömmliche Habilitationsverfahren zugeschnitten sind, schrittweise in weitere „Habilitationsprofessuren" umgewandelt werden sollen. Wenn der Vorschlag sich hingegen in der Praxis nicht bewähren sollte, so wird er wohl, wie einst der Assistenz-
professor, einfach in Vergessenheit geraten, ohne größeren Flurschaden anzurich-
ten.[8]

3.3 „Pakt für Vernunft" und Hochschulautonomie

Die beiden ersten Vorschläge sollen zu einer „Hochschulreform aus eigener Kraft"
beitragen. Sie lassen sich ohne größere rechtliche Änderungen in das bestehende
Hochschulsystem einpassen und könnten auf ganz Deutschland ausstrahlen. Auf
den ersten Blick hat es den Anschein, als sei dies auch für die beiden folgenden Reformschritte der Fall, die vor allem mit der Lösung der Haushaltsprobleme der
Hochschulen in Sachsen-Anhalt zu tun haben.

---

[8] Zusatz 2004: Die mit der 5. HRG-Novelle 2002 eingeführte und vom BMBF in der Startphase mit
besonderen finanziellen Anreizen ausgestattete „Juniorprofessur" nimmt die hier formulierten
Anregungen teilweise auf. Mit der definitiven Abschaffung der Habilitation ab 2010 wird allerdings
die Innovation einfach dekretiert, ohne Spielraum für die Erprobung zu lassen. Des weiteren scheint
es sich bei den neu geschaffenen Juniorprofessuren – ähnlich wie einst bei den Assistenzprofessuren
– der großen Mehrzahl der Fälle um umgewandelte Assistentenstellen zu handeln

In der aktuellen Hochschulreformdiskussion besteht ein breiter Konsens darüber, dass die Hochschulen ihre Finanzierungsprobleme künftig nicht mehr mit der herkömmlichen Hochschulkameralistik bewältigen könnten. Den Hochschulen müsse deshalb größere Eigenverantwortung in Haushaltsfragen übertragen werden. Das Hochschulgesetz des Landes Sachsen-Anhalt eröffnet nun mit seinem Paragraphen 116 die Möglichkeit, im Einvernehmen mit der Landesregierung eine weitgehende Flexibilisierung ihrer Haushaltsführung zu erproben. Im jetzt vorliegenden Novellierungsentwurf der Landesregierung wird das Initiativrecht der Hochschulen für entsprechende Modellversuche noch stärker betont und erweitert: Wichtig ist dabei besonders, dass die Möglichkeit eines Zweijahreshaushaltes, der vollen Deckungsfähigkeit innerhalb und zwischen den wichtigsten Titelgruppen des Haushaltsplanes, der Übertragbarkeit von Haushaltmitteln in das folgende Haushaltsjahr und der Realisierung von Bauvorhaben außerhalb der staatlichen Bauverwaltung eingeräumt wird. Würde man den Hochschulen auch noch die Möglichkeit der Rücklagenbildung, der eigenverantwortlichen Investitionsplanung und vor allem die Flexibilisierung der Personalstruktur und die volle Bauherrenfunktion zubilligen, die das „Gesetz zur Entwicklung der medizinischen Fachbereiche" vom 6.3.1997 bis jetzt nur den Hochschulklinika übertragen hat, so wären die wesentlichen Merkmale einer Stärkung der Haushaltskompetenz und Eigenverantwortung der Hochschulen gegeben.

Wollte man allerdings annehmen, dass bereits mit der Eröffnung dieser Möglichkeiten und mit der Übertragung des Initiativrechts an die Hochschulen die notwendigen Voraussetzungen für die Reform der Hochschulfinanzen geschaffen seien, so wäre das ein Irrtum. Unter den gegenwärtigen Umständen wären die Hochschulen schlecht beraten, von ihrem Initiativrecht Gebrauch zu machen und in einer Situation, die sie aus eigener Kraft nicht bewältigen können, den schwarzen Peter freiwillig zu übernehmen. Denn nur, wenn ein Mindestmaß an Planungssicherheit gegeben ist, kann Eigenverantwortung im Hochschulbereich auch zu verantwortungsvollen und vernünftigen Entscheidungen führen. Zur Zeit aber ist es so, dass die Hochschulen in Sachsen-Anhalt nicht über durchfinanzierte Stellenpläne verfügen, dass die Haushaltmittel für Forschung und Lehre von Jahr zu Jahr hochgradig ungewiss sind, dass globale Minderausgaben, Haushalts- und Besetzungssperren, Mittelkürzungen und sonstige Einsparungsmaßnahmen eine ständige Bedrohung darstellen. Den Hochschulen wird dadurch ein rein defensives und perspektivloses, wenn nicht gar unseriöses Haushaltsgebaren als das scheinbar „rationalste" Verhalten geradezu aufgenötigt. Wer in einer solchen Situation vernünftig zu planen und Prioritäten zu setzen versucht, wird bestraft.

Genau das, das vernünftige Setzen und Durchsetzen von Schwerpunkten, ist aber in der Hochschullandschaft Sachsen-Anhalts heute unerlässlich. Sie befindet sich noch mitten im Neuaufbau, aber die dafür verfügbaren Mittel sind knapp geworden. Sie können nur rational eingesetzt werden, wenn die Hochschulen über einen längeren Zeitraum wissen, woran sie sind. Wissen sie es nicht, müssen sie sich auf einen blinden Verteilungskampf aller gegen alle einlassen, zum Schaden aller.

Die Verantwortung für die Vergabe und Verwendung der Steuergelder, von denen die Hochschulen leben, trägt die Landesregierung und letztlich das Landesparlament. Sie können deshalb von den Hochschulen Rechenschaft für den Einsatz ihrer Haushaltsmittel verlangen. Sie müssen aber auch an einem rationalen Einsatz dieser Mittel interessiert sein und müssen deshalb auch das Nötige dazu beitragen, dass eine vernünftige Mittelnutzung möglich ist. Ich möchte deshalb zu einem „Pakt für Vernunft" zwischen dem Land Sachsen-Anhalt und seinen Hochschulen aufrufen. Was sollte er beinhalten?

- Ähnlich, wie es zur Zeit in Berlin und in Baden-Württemberg bereits geschieht, muss für einen Planungszeitraum von zunächst fünf Jahren den Hochschulen entweder ein festgesetzter Haushaltsbetrag oder zumindest ein feststehender Anteil am Landeshaushalt zugesichert werden.

- Haushalts- und Besetzungssperren, Mittelkürzungen u. ä. Maßnahmen werden in dieser Zeit nicht auf die Hochschulen angewendet; die ihnen zugesagten Mittel stehen ihnen voll zur Verfügung und können von ihnen gegebenenfalls ins nächste Haushaltsjahr übertragen werden.

- Dieser Betrag muss so bemessen werden, dass er die Finanzierung des laufenden Betriebes in Forschung und Lehre und die sachgemäße Besetzung der vorgesehenen Professoren- und Mitarbeiterstellen ermöglicht. Die für den Erhalt der Substanz und den Ausbau der Hochschulen verfügbaren Investitionsmittel müssen verlässlich zugesichert werden.

- Der Verteilungsschlüssel zwischen den Hochschulen wird während des Vertragszeitraumes nur mit deren Zustimmung verändert. Im Gegenzug verpflichten sich die Universitäten zu einer realistischen Prioritätensetzung, die zu aufeinander abgestimmten Schwerpunkten und interner Profilbildung führt.

- Die Hochschulen verpflichten sich gleichzeitig, für die ihnen zugewiesenen Landesmittel Rechenschaft abzulegen und ihre Lehr- und Forschungsleistungen einer gründlichen fachlichen Evaluierung zu unterziehen.

- Um zu gewährleisten, dass die verfügbaren Haushaltsmittel effektiv eingesetzt werden, verpflichten sich die Hochschulen, bei der Verteilung der Mittel verstärkt das Leistungsprinzip als Bemessungsgrundlage heranzuziehen.

Es versteht sich, dass die vertraglichen Einzelheiten eines derartigen „Paktes für Vernunft" zwischen der Landesregierung und den Hochschulen genau abgestimmt und vom Parlament sanktioniert werden müssen. Nur wenn das gelingt, werden beide Seiten einen Vorteil haben: Das Land kann dann seine Hochschulen in die Verantwortung nehmen. Die Universitäten gewinnen ein Stück Autonomie. Der gemeinsame Vorteil für beide aber wird sein, dass es mit Lehre und Forschung im Lande auch in schwierigen Zeiten weiter vorangehen kann.

3.4 Eine entscheidungsfähige akademische Selbstverwaltung[9]

Es stellt sich somit jetzt die Frage, ob die Hochschulen in Sachsen-Anhalt überhaupt in einer Verfassung sind, die sie befähigt, die ihnen zugedachte und von ihnen geforderte Autonomie angemessen zu nutzen. Die von westdeutschen Erfahrungen geprägte gesamtdeutsche Hochschulreformdiskussion neigt in dieser Hinsicht zur Skepsis. Der an enge ministerielle Kontrollen gewöhnten „Gremienuniversität" traut man verantwortliches und entscheidungsfreudiges Handeln nicht zu – daher die Forderung nach unabhängigen Rektoren bzw. professionellen Präsidenten und starken Dekanen.

Der kaum verhüllte Ruf nach „starken Männern" und nach einem straffen Universitätsmanagement überzeugt nicht ohne weiteres. Sein Vorbild ist die Organisation privater Wirtschaftsunternehmen – allerdings in einer veralteten Form. Denn bekanntlich beginnt die Privatwirtschaft zur Zeit, beeinflusst von japanischen Erfahrungen, die Leistungsvorteile von Teamarbeit und geteilter Verantwortung neu zu entdecken. Wenn die Hochschulen nun auf hergebrachte hierarchische Managementstrukturen eingeschworen werden sollen, so ist Zurückhaltung angebracht. Im Lande Sachsen-Anhalt, dessen Hochschulen bis jetzt nicht unter einer weitgehenden Selbstblockade und Entscheidungsunfähigkeit ihrer akademischen Selbstverwaltungsorgane leiden, sollte man den Versuch wagen, dem akademischen Prinzip der kollegialen Verantwortung weiter das Vertrauen zu schenken.

Gewiss darf man dabei nicht soweit gehen, „die Frösche zu fragen, wenn man Sümpfe trocken legen will", wie Barbara Riedmüller einmal gesagt hat. D.h., wenn in schwierigen Zeiten Prioritäten gesetzt werden müssen, die immer auch Posterioritäten und schmerzliche Einschnitte mit sich bringen, dann müssen schon entscheidungsfähige Organe der akademischen Selbstverwaltung geschaffen werden. Aber die Verantwortlichen, die Rektoren und Prorektoren, die Dekane und Prodekane müssen von repräsentativen Wahlgremien gewählt und getragen wer-

---

[9] vgl. dazu auch oben, „Stärkung der Hochschulleitung durch Stärkung der akademischen Selbstverwaltung. Eine Alternative zum Präsidialmodell"

den. Die Wahl des Rektors durch einen extern zusammengesetzten „Hochschulrat" oder ein „board of trustees" halte ich für abwegig.

Für die Stärkung der Hochschulleitung und der kollegialen Verantwortung der Selbstverwaltungsgremien sind meines Erachtens folgende Schritte ausreichend:

- Der Rektor hat im Senat, der Dekan hat im Fachbereichsrat ein bedingtes Vetorecht. Das Veto kann, nach einer Schlichtungsprozedur, mit qualifizierter Mehrheit (Mehrheit der Mitglieder und Mehrheit der ProfessorInnen) aufgehoben werden.

- Das Rektoratskollegium entscheidet nach vorheriger Beratung im Senat über grundsätzliche Haushalts- und Investitionsfragen, über die Zuweisung der verfügbaren Personalstellen sowie über die Vergabe der regulären Haushaltmittel an die Fachbereiche und zentralen Einrichtungen, soweit nicht der Kanzler allein zuständig ist.

- Der Dekan entscheidet nach vorheriger Beratung im Fachbereichsrat über die dem Fachbereich zugewiesenen Haushaltsmittel.

- Der Rektor und die Dekane – und damit auch die Prorektoren und Prodekane – können durch ein konstruktives Misstrauensvotum abgewählt werden. Zur Abwahl des Rektors muss der Senat mit den Stimmen von zwei Dritteln seiner stimmberechtigten Mitglieder einen neuen Rektor vorschlagen, der vom Konzil mit der einfachen Mehrheit seiner Mitglieder gewählt wird. Die Abwahl des Dekans erfolgt durch die Neuwahl eines Dekans mit Zweidrittelmehrheit der stimmberechtigten Mitglieder des Fachbereichsrates. Die Amtszeit eines durch konstruktives Misstrauensvotum gewählten Rektors oder Dekans endet mit dem Ende der Wahlperiode des Wahlgremiums. Wiederwahl ist möglich.

- An den Universitäten und größeren Hochschulen dürfte es zweckmäßig sein, die im derzeitigen Landeshochschulgesetz empfohlene 4-jährige Wahlperiode für Rektoren mit einmaliger Wiederwahlmöglichkeit verbindlich festzulegen.

- Die Wahlperiode der Prorektoren, Dekane und Prodekane sollte zwei Jahre betragen, mit unbegrenzter Wiederwahlmöglichkeit. Im Falle der Prorektoren und Prodekane endet die Amtsperiode mit der Amtszeit oder der Abwahl des Rektors bzw. des Dekans.

▪ Rektoren, Prorektoren und Dekanen wird auf ihren Antrag für jede absolvierte Wahlperiode ein zusätzliches Forschungsfreisemester gewährt, um ihre volle Wiedereingliederung in den aktiven Lehr- und Forschungsbetrieb zu erleichtern.

Die hier vorgeschlagenen Bestimmungen sollen die derzeit geltenden gesetzlichen Regelungen ergänzen bzw. ersetzen. Auf relativ einfache Weise stärken sie die Entscheidungsfähigkeit der akademischen Selbstverwaltung: Einerseits werden die Kompetenzen von Rektor, Rektoratskollegium und Dekanen erweitert. Andererseits werden diese, auf Grund der Abwahlmöglichkeit und der Beratungspflicht, zur Kooperation mit den zuständigen akademischen Gremien verpflichtet. Die Beziehung zwischen den Gremien und ihren gewählten Repräsentanten wird dadurch dynamisiert. Da beiden Seiten aber auch größere Verantwortung zufällt, sind die Voraussetzungen für einen verantwortlichen Umgang miteinander und für verantwortliche Entscheidungen auch in schwierigen Situationen gegeben.[10]

4. Zusammenfassende Thesen

4.1 Damit die neuen Bundesländer nicht zu einer strukturellen Problemzone werden, die ganz Deutschland langfristig belastet, muss jetzt antizyklisch in die Hochschulen Ostdeutschlands investiert werden. Nur so kann der noch aus DDR-Zeiten herrührende Rückstand im tertiären Bildungssektor und der unumkehrbare Niedergang der Akademie- und Industrieforschung überwunden werden. Innovative Kräfte können sich in den neuen Bundesländern ohne nachhaltige Stärkung der Forschungs- und Lehrstrukturen an den Hochschulen nicht entfalten. Sie bedürfen deshalb besonderer Förderung.

4.2 Die gegenwärtige Hochschulreformdiskussion in Deutschland wird weitgehend von den Problemen der Universitäten und Fachhochschulen der alten Bundesländer beherrscht: Zu lange Studienzeiten, hohe Abbrecherquoten, überfüllte Hörsäle, überalterter Lehrkörper, ineffiziente Selbstverwaltung werden beklagt.
Diese Probleme betreffen die Hochschulen der neuen Bundesländer bis jetzt kaum. Aber auch das gemeinsame Kardinalproblem aller deutschen Hochschulen, die zunehmende Unterfinanzierung, trägt im Osten ganz andere Züge als im Westen. Die Haushaltsprobleme stellen sich hier, angesichts der

---

[10] Die hier entwickelte Konzeption ist – mit einigen Modifikationen und Abstrichen – in die am 15.7.1998 vom Konzil verabschiedeten Neufassung der Grundordnung der Martin-Luther-Universität Halle-Wittenberg eingegangen (Mbl. LSA Nr. 62/1998 vom 10.12.1998)

Neuaufbausituation und des enormen Sanierungsbedarfes, völlig anders dar als in den saturierten Hochschulen der alten Bundesländer. Die neuen Bundesländer benötigen deshalb eigene hochschulpolitische Instrumente, um ihre Sondersituation meistern zu können.

4.3 Die Universitäten in Sachsen-Anhalt sollten, solange die Studierendenzahlen überschaubar und die Gremien noch innovationsfreudig sind, die überfällige interne Differenzierung der grundständigen Studiengänge in B.A.- und M.A.-Abschnitte einleiten und damit den Anschluss an das internationale Studiensystem herstellen. Es wird hier eine pragmatische "Parallelstrategie" vorgeschlagen, die die bewährten Studienabschlüsse beibehält und sie gleichzeitig in die international gültige „Währung" von Credit Points, Bachelor und Master konvertierbar macht.

4.4 Das Doppelproblem der überlangen Habilitationszeiten und des unflexiblen Systems der beamteten Lebenszeitprofessuren soll mit der Einführung von „Habilitationsprofessuren" angegangen werden: Auf C3-Stellen können demnach, auf fünf Jahre befristet, vielversprechende junge Doktoren als C2-„Habilitationsprofessoren" berufen werden. Ihre Leistungen in Forschung, Lehre und Selbstverwaltung werden nach vier Jahren einer fachlichen Evaluierung unterzogen. Bei Erfolg werden sie auf Dauer als reguläre C3-Professoren übernommen.

4.5 Es wird, für zunächst fünf Jahre, ein „Pakt für Vernunft" zwischen dem Land Sachsen-Anhalt und den Hochschulen vorgeschlagen, in dem diesen durch die Verstetigung des Haushaltes und die Klärung ererbter Personalprobleme Planungssicherheit gegeben wird. Die Hochschulen übernehmen dafür die Verantwortung für erforderliche Schwerpunktsetzungen und interne Profilbildungen, sie unterziehen ihre Lehr- und Forschungsleistungen einer fachlichen Evaluation, und sie verpflichten sich, auch bei der internen Mittelverteilung verstärkt das Leistungsprinzip heranzuziehen.

4.6 Die Entscheidungsfähigkeit der akademischen Selbstverwaltung soll gestärkt werden, indem einerseits den Rektoratskollegien und den Dekanen zusätzliche Entscheidungskompetenzen übertragen werden, indem aber andererseits auch die Möglichkeit des konstruktiven Misstrauensvotums eröffnet wird. Die Selbstverwaltungsgremien und ihre gewählten Repräsentanten sollen damit gegenseitig in die Verantwortung genommen und zu rationaler Kooperation im Interesse ihrer Hochschulen ermutigt werden.

Die in diesem Papier vorgetragenen Überlegungen und Thesen verstehen sich als Anregungen. Sie wollen pragmatische Denkanstöße für eine „Hochschulreform mit Augenmaß" geben, die den besonderen Verhältnissen im Lande Sachsen-Anhalt angemessen sind. Vor allem aber sind diese Thesen ein Diskussionsangebot an die Hochschulen und ihre Mitglieder, an den Landtag und an die Landesregierung von Sachsen-Anhalt.

Mut zum Studium[1]

Ganz bewusst ist in diesem Jahr die Amtseinführung des neu gewählten Rektorates keine eigene Festveranstaltung. Sie findet im Rahmen der Immatrikulationsfeier für unsere Erstsemester statt.

Zum einen soll damit signalisiert werden, dass für das im Sommer gewählte Rektorat in der kommenden Amtsperiode kein völliger Neubeginn, sondern eher Kontinuität ansteht. Der Rektor und die beiden Prorektoren Gerhard von Lengerken und Frank Janowski sind für eine zweite Amtszeit wiedergewählt worden. Nur einer der Prorektoren, Herr Kollege Thomas Bremer, ist neu hinzugekommen, da der bisherige Amtsinhaber, Prof. Udo Sträter, nicht mehr kandidiert hat. Herrn Sträter danke ich für die geleistete Arbeit in den vergangenen zwei Jahren. Ich bin besonders froh, dass er sich den Leitungsgeschäften unserer Universität dennoch nicht völlig entzogen hat und jetzt das Amt des Vorsitzenden des Konzils versieht. Herr Kollege Sträter, nochmals ganz herzlichen Dank für die gute Zusammenarbeit im Rektorat. Ich hoffe auch weiterhin auf Ihren Rat und Ihre Unterstützung!

Der andere Grund, weshalb sich die heutige Festveranstaltung speziell an unsere Erstsemester wendet, ist der, dass ich es mir in den kommenden zwei Jahren besonders zur Aufgabe machen möchte, die Distanz, die zwischen vielen Studentinnen und Studenten und ihrer Universität besteht, kleiner werden zu lassen. Bedenken Sie nur, die studentische Beteiligung an den Wahlen zum Senat und zum Konzil, den wichtigsten Entscheidungsgremien der Universität, hat im letzten Sommer gerade mal 8,49 Prozent betragen. Im Vergleich dazu war die Wahlbeteiligung bei den Bundestagswahlen mit 82,3 Prozent fast zehnmal so hoch.

Das ist ein Alarmzeichen, dem nachgegangen werden muss. Deshalb wende ich mich heute an Sie als unsere neuen Studenten, die ich gerne für uns gewinnen möchte. Das heißt, und damit wird gleich das ganze Dilemma sichtbar – ich muss und müsste mich ja eigentlich vor allem gerade an alle die wenden, die heute nicht da sind und die durch die Abwesenheit zu erkennen geben, dass etwas anderes für sie wichtiger ist als die Einladung zu dieser Feier – zu einer Feier, bei der immerhin der Ministerpräsident des Landes die Hauptrede hält.

Ich muss schon sagen, ich selber als Student hätte mir so etwas nicht entgehen lassen. Einen leibhaftigen Ministerpräsidenten hautnah zu erleben, diese Gelegenheit hat man doch nicht jeden Tag! Kann denn die Antipathie gegen Politiker (oder auch: die politische Apathie) so weit gehen, dass man der persönlichen Erfahrung lieber ausweicht?

---

[1] Ansprache an die Studierenden zu Beginn der zweiten Wahlperiode als Rektor der Martin-Luther-Universität Halle-Wittenberg, 28.10.1998

Aber, wie dem auch sei, zu Abwesenden kann ich nicht sprechen. Ich bin mir jedoch sicher, dass auch bei Ihnen, den Anwesenden, viel Distanziertheit, viel Skepsis, viel Unsicherheit darüber herrscht, was es mit dem Universitätsstudium auf sich hat und wie Sie auf das reagieren sollen, was Ihnen diese Universität anbietet.

Nun könnte ich mich damit begnügen zu sagen, dass es ja ganz normal sei, dass jemand, der oder die gerade frisch an eine Universität kommt, zunächst einmal unsicher ist und Orientierungsschwierigkeiten hat. Ich könnte mich einfach auf die allgemeine Lebenserfahrung berufen, dass die meisten Studienanfängerinnen und -anfänger sich schließlich doch zurechtfinden werden und nur einige wenige gar keinen Fuß auf den Boden bekommen.

Aber das reicht nicht, das Problem liegt tiefer. Ich will deshalb ein wenig darüber nachdenken, was sich hinter diesem „Sich-schließlich-Zurechtfinden" der meisten verbirgt, mit dem man sich so leicht beruhigen kann. Dabei will ich auch einige Befunde aus meinem eigenen Fach, der Soziologie, mit zu Rate ziehen.

Zunächst einige Zahlenargumente: In der ersten Hälfte des 20. Jahrhunderts haben deutlich weniger als 5 Prozent eines Altersjahrganges ein Hochschulstudium aufgenommen. Universitäten waren eine Sache für Minderheiten, und zwar für auserlesene Minderheiten. Die meisten Studenten – und später auch: Studentinnen – entstammten bürgerlichen Familien. Nur wenige, meist besonders begabte Kinder aus ärmerem Hause hatten überhaupt die Möglichkeit, ein Studium aufzunehmen. Frauen waren kaum darunter. Für Universitätsabsolventen waren die Chancen, eine gehobene und gesicherte gesellschaftliche Position zu erlangen, relativ gut. Natürlich galt das nicht für alle und nicht zu allen Zeiten in gleicher Weise. Aber insgesamt konnte man als junger Mensch doch glauben, man hätte einigermaßen ausgesorgt, wenn man einen Universitätsabschluss hatte. Im Soziologendeutsch würde man sagen: „In den Universitäten wurden gesellschaftliche Eliten produziert und auch reproduziert."

Als ich selbst im Jahre 1959 an einer westdeutschen Universität mein Studium begann, stimmte dieser Satz noch immer: Für das Jahr 1960 weist die amtliche Statistik einen Anteil von nur 4,3 Prozent des Altersjahrganges als Hochschulstudenten aus, nur 24 Prozent davon waren Frauen. Sie werden es nicht glauben wollen – aber wir fühlten uns damals als Studenten unserer eigenen Zukunft genauso wenig sicher wie Sie heute. Und doch gab es vor 40 Jahren – im Westen Deutschlands – für uns einen wichtigen Unterschied zu heute.

Man wusste einfach: Wenn du hier an der Universität Student bist, dann bist du irgendwie Spitze. Und das stimmte ja auch. Man gehörte in der Tat zu den 5 Prozent mit den besten Chancen für's weitere Leben. Und wenn man seine Chance wirklich ergreifen wollte, wenn man „Spitze" bleiben wollte, das begriff man bald, dann musste man auch selber eine Spitzenleistung bringen.

Natürlich hat es auch damals welche gegeben, die sich nur so durchgemogelt haben oder die sich auf das Vermögen und die Beziehungen ihrer Eltern verlassen haben. Aber für die Mehrheit innerhalb dieser kleinen 5-Prozent-Gruppe, die an Universitäten studieren konnte, war doch das, was an der Universität zu lernen war, gleichzeitig Zweck und Selbstzweck. Sie konnte sich für den Inhalt ihres Studiums wirklich interessieren, weil auch ihre weiteren Lebens- und Berufsinteressen damit vereinbar waren. Anders gesagt: Hat man damals studiert, so konnte man glauben, dass man auch etwas davon hatte, wenn man sich voll für sein Studium engagierte und das Studieren, die Universität, für eine Reihe von Jahren zum Mittelpunkt seines Lebens machte. Deshalb war es nur normal oder wurde nicht anderes erwartet, wenn ein Student oder eine Studentin sich auch für das interessierte, war in ihrer Universität so geschah, und zwar nicht nur im eigenen Fach. Hielt zum Beispiel irgendein bekannter Gelehrter einen Vortrag, so ging man eben hin – auch wenn man vielleicht nicht viel von dem verstand, was er vortrug. Und wenn ein Ministerpräsident sprach, so ging man da auch hin, selbst wenn man ihn vielleicht gar nicht mochte. Man wollte ihn wenigstens erleben und sich sein eigenes Urteil bilden. Auch damals war es schon so, dass manche dafür keine Zeit hatten, weil sie als Werkstudenten arbeiten mussten. Aber das wurde eher als eine zusätzliche Belastung empfunden, die man bewältigen wollte, nicht als eine Entschuldigung dafür, dass man sich aus allem heraus hielt.

Als nachdenkliche Zuhörer beginnt Sie vielleicht jetzt allmählich der Gedanke zu beschleichen, dass das alles doch sehr idyllisch und sehr idealisiert klingt: Da verklärt einer die „gute alte Zeit"; tatsächlich war doch aber alles gar nicht so rosig, wie er es jetzt darstellt. Recht haben Sie. Und doch ist das, was ich gerade geschildert habe, nicht völlig abwegig.

Bedenken Sie nur die folgenden zwei Faktenzusammenhänge:

Das *eine Faktum* ist das, dass an deutschen Hochschulen im Jahr 1998 nicht mehr eine kleine Minderheit von 5 Prozent, sondern über 30 Prozent, etwa ein Drittel Ihrer Altersgruppe, ein Studium aufgenommen hat. Die Hälfte davon sind Frauen. Es ist ganz offenkundig, dass unter diesen heutigen Umständen die alte Gleichung für Sie nicht mehr ohne weiteres überzeugend ist, dass ein Studium gleichzeitig Zweck und Selbstzweck sein kann. Selbst Adam Riese würde Ihnen ja sagen können, dass auch dann, wenn Sie demnächst zu dem gesellschaftlichen Drittel der erfolgreichen Akademiker gehören werden, keinerlei Garantie gegeben ist, dass Sie sich jenen erlesenen 5 Prozent werden zugesellen können, die die gesellschaftlichen Spitzenpositionen einnehmen. Viele von Ihnen werden mir antworten, dass sie das ja auch gar nicht wollten und gar nicht erwarteten. Was Sie sich erhofften, sei ein einigermaßen anständiger, einigermaßen befriedigender, einigermaßen gut bezahlter und auch einigermaßen sicherer Job. Ein Universitätsstudium sollte dazu Mittel zum Zweck sein – nicht mehr und nicht weniger; punkt um.

Moment, werden Sie sagen. Das ist ja schon wieder so eine haltlose Überverallgemeinerung. Auch richtig. Ich möchte Ihnen sogar zugeben, dass es heute an unserer Universität ganz bestimmt rein zahlenmäßig sehr viel mehr von den Studenten gibt, die dem von mir gerade idealisierten Modell des hoch engagierten, breit interessierten Universitätsmitgliedes entsprechen, als dies vor 40 Jahren der Fall war. Aber ebenso unbestreitbar ist doch auch, dass diese Studenten heute in eine Minderheitensituation innerhalb der gesamten Studentenschaft geraten sind: Tonangebend sind diese hoch motivierten „Vollstudenten", für die die Universität das identitätsstiftende Lebenszentrum ist, heute sicherlich nicht mehr. Und genau das ist das erste Problem, auf das ich aufmerksam machen wollte: Wer heute die Möglichkeiten und Angebote, die eine Universität bereithält, freiwillig ausschöpft, geht nicht mit der Mehrheit, für die das Studium eher eine nüchterne Kosten-Nutzen-Angelegenheit ist als eine Herzenssache. Denn es trifft ja zu, dass im Vergleich zur 5 Prozent-Generation von vor 40 Jahren die Chancen für die heutige 30 Prozent-Studentengeneration sechsmal kleiner geworden sind, mit ihrem Studium in die obersten 5 Prozent der gesellschaftlichen Positionen einrücken zu können. So gesehen, zahlt sich ein Studium in der Tat weniger aus.

In einer anderen Hinsicht zahlt sich ein Studium aber sehr wohl aus: Einer der konsistentesten Befunde der empirischen Bildungsforschung der letzten Jahre ist der, dass das Risiko der Arbeitslosigkeit für Hochschulabsolventen sehr viel geringer ist als für Altersgenossen ohne Hochschulbildung.

Höhere Bildung garantiert zwar noch keine höheren Berufspositionen, sie sichert aber doch gegen Erwerbslosigkeit und dauerhaften sozialen Misserfolg ab.

Aber – ist das schon alles? – werden Sie denken. Wird uns da nicht eine sehr westdeutsche Geschichte erzählt? Für Ostdeutschland stimmt die doch so gar nicht. Wieder richtig – zumindest stimmt die Geschichte hier in Halle nur teilweise. Denn wir sind ja, im Gegensatz zu den westdeutschen Universitäten, in der Tat eine wirklich gesamtdeutsche Universität. Hier kommen westdeutsche Spielregeln und altdeutsche Traditionen mit den hier im Osten gewachsenen Besonderheiten zusammen. Auf diese letzteren will ich nun eingehen.

Damit bin ich bei dem zweiten Faktum, das ich ansprechen wollte: Die Universitäten im deutschen Osten haben zwischen 1949 und 1989 einen ganz anderen Weg genommen als die im Westen. Ich möchte jetzt überhaupt nicht von den politisch-ideologischen Gegebenheiten sprechen, sondern nur davon, dass die DDR-Universitäten zunächst ganz bewusst keine Einrichtungen der Eliten-Reproduktion sein sollten. Die Kinder „bürgerlicher" Familien wurden bewusst ausgegrenzt und behindert, Arbeiter- und Bauernkinder gefördert. Das verschob sich allerdings in der zweiten Generation, als die Kinder der neuen DDR-Elite wieder Vorteile genossen, die denen der bürgerlichen Kinder im Westen eigentümlich ähnelten.

Wichtiger ist mir aber jetzt folgendes: In den ersten beiden Jahrzehnten der DDR wuchsen die Studentenzahlen etwa im gleichen Tempo wie in Westdeutschland. 1970 nahmen hier wie dort etwa 16 Prozent des Altersjahrganges ein Hochschulstudium auf; der Frauenanteil war dabei in der DDR bereits deutlich höher. Während die Steigerung aber in Westdeutschland kontinuierlich weiter ging und die Hochschulen für immer breitere Kreise geöffnet wurden, wurde dieser Prozess in der DDR durch staatlichen Eingriff Anfang der 70er Jahre abrupt abgebrochen. Hier glaubte man an Berufslenkung und „Kaderplanung". Durch Beschränkungen auf der EOS-Ebene wurde der Anteil der Hochschulzugangsberechtigten für die nächsten 20 Jahre, bis zum Ende der DDR, bewusst auf dem 15-Prozent-Niveau eingefroren. Auch die Zulassungszahlen zu den einzelnen Studienfächern wurden bis in kleinste gesteuert und reglementiert.

Das heißt also, die DDR-Hochschulen blieben einer ausgewählten Gruppe von etwa 15 Prozent des Altersjahrganges vorbehalten, die die künftige Kaderelite bilden sollte. Wichtig für uns ist nun, dass – zumindest auf dem Papier – für jeden Hochschulabsolventen ein ausbildungsadäquater Arbeitsplatz vorgesehen und garantiert war und dass im Grunde die „Strecke", auf der er oder sie durch das künftige Berufsleben gehen würde, bereits vorab festgelegt war.

Aufgrund soziologischer und zeitgeschichtlicher Forschungen wissen wir zwar heute, dass die tatsächlichen Lebensläufe in der DDR sehr viel variabler waren, als der Plan es vorsah. Fakt ist aber doch, dass Hochschulabsolventen in der DDR mit einer einigermaßen abgesicherten Berufsperspektive rechnen konnten. In der damaligen BRD und im heutigen Gesamtdeutschland war und ist das nicht so. In einigen Sektoren – etwa im Schulbereich, wo der Staatsdienst bis Mitte der 70er Jahre noch unbesehen alle Absolventen aufnahm, oder in der Medizin, wo jeder Arzt unterkam – war der Lebensweg zwar auch in der alten Bundesrepublik ziemlich genau planbar. Für den Großteil der ständig wachsenden Absolventenzahl aber wurde die Unsicherheit über ihre berufliche Zukunft immer größer. Diese Entwicklung nun setzt sich im heutigen Gesamtdeutschland immer stärker fort, und zwar aufgrund zweier zusammentreffender Hauptfaktoren. Der eine ist schon benannt: Die immer breitere Öffnung der Hochschulen sorgt für immer mehr Konkurrenz unter den Absolventen. Der andere Faktor hat etwas mit der Veränderung der Arbeitswelt zu tun: Arbeitsplätze in stabilen Behörden oder Großbetrieben, in denen man gewissermaßen „von der Wiege bis zur Bahre" beschäftigt bleiben kann, werden rarer. Qualifikationen veralten. Feste Berufsbilder für Hochschulabsolventen werden in der modernen Gesellschaft immer öfter durch veränderliche Aufgabenprofile ersetzt. D.h., die Vorstellung von einem klar planbaren, übersichtlichen Lebenslauf, wie ihn das alte DDR-System weitgehend und das alte

BRD-System immerhin teilweise suggeriert hat, ist heute nur noch für immer kleiner werdende Minderheiten plausibel. Ich vermute einfach einmal, dass die meisten von Ihnen Spekulationen darüber, wie Sie sich ihr Leben und Arbeiten im Jahr 2030 ausmalen sollen, für ziemlich abwegig halten. Sie wissen einfach, das lässt sich nicht planen.

Was möchte ich mit all dem sagen? Die Zukunft, Ihre Zukunft, lässt sich nicht einfangen, nicht in einen sicheren Plan umformen, nicht in ein Prokrustesbett hineinzwängen. Und doch weiß ich, dass die Sehnsucht vieler Studentinnen und Studenten genau diesen Sicherheiten nachhängt, hier im Osten aufgrund der besonderen Vorgeschichte und der schwierigeren Umstände immer noch etwas mehr als im Westen.

Stellen Sie sich einmal vor, bei einer repräsentativen Studierendenbefragung hat es 1995 auf die Frage „In welchem Bereich möchten Sie später auf Dauer tätig sein?", folgende Antworten gegeben: 44 Prozent der befragten Westdeutschen und sogar 56 Prozent der Ostdeutschen haben den öffentlichen Dienst als Berufsziel genannt – also den Hafen der Sicherheit (Konstanzer Studierendensurvey). Auch aus anderen Befragungen wissen wir, dass der Wunsch nach einem sicheren Arbeitsplatz bei ostdeutschen Befragten stets noch stärker im Vordergrund steht als bei westdeutschen. Doch ist das nun nur rückwärtsgewandtes Klammern an falschen Sicherheiten – oder gar Ostalgie? Das wäre zu einseitig: Ganz oben auf der Skala der Berufsziele von ost- und westdeutschen Studierenden stehen Werte wie „selbstständige Entscheidungen treffen können", „eigene Ideen verwirklichen können", „beruflich dazu lernen können", „sich immer wieder neuen Aufgaben stellen können" (HIS 1997, 4.5.4). Was sich in diesen Befragungsergebnissen spiegelt und was auch der persönliche Kontakt mit Studierenden mir immer wieder bestätigt, ist also doch ein anderes Bild. Es stimmt eher hoffnungsvoll: Bei vielen jungen Menschen ist, trotz mancher Beklommenheit und Unsicherheit, die Botschaft längst angekommen, dass eine zu feste Berufsfixierung im Studium unzeitgemäß und für die meisten geradezu gefährlich ist.

Nun werden manche vielleicht erwarten, ich wolle mich jetzt dem zur Zeit modischen Appell anschließen und Ihnen allen empfehlen, sich selbstständig zu machen und kleine Unternehmer oder „Existenzgründer" zu werden. Aber natürlich kann das nur ein Weg für wenige sein – es sei denn, man deutet die Schlagworte ein wenig um. Das will ich jetzt einmal tun.

Am besten gerüstet sind für morgen nämlich der Student und die Studentin, die „selbstständig" geworden sind, weil sie selbstständig denken gelernt haben, die „unternehmend" sind, weil sie sich selbst etwas zutrauen, die mit sich selbst etwas „unternehmen" können und sich nicht einfach nur irgendwelchen vorgegebenen Plänen unterwerfen – und seien es Studienpläne. Vor allem aber müssen sie den Mut haben, sich selber als „Gründer ihrer eigenen Existenz" zu begreifen, als Menschen, die ihrer eigenen Fähigkeiten eines Tages so sicher sein können, dass sie sich nicht fürchten, damit auch in ungewissen, heute unvorhersehbaren Verhältnissen eine sichere Bahn ziehen zu können.

So gesehen, kann ich Sie in der Tat nur ermutigen, alle zu selbstständigen, unternehmenden Gründern Ihrer eigenen Existenz zu werden und sich Ihr Rüstzeug hier bei uns an der Universität zu holen!

Das klingt nun alles etwas pathetisch – und es ist auch so gemeint. Es will Ihnen Mut machen, die ungeheure Chance zu nutzen, die Ihnen der geistige Freiraum unserer Universität bietet. Lassen Sie sich nicht gängeln, nicht abspeisen, nicht von kleinlichen Reglementierungen einschüchtern. Lassen Sie sich auch nicht von irgendwelchen Ressentiments lähmen und von bloßem Anspruchsdenken bestimmen. Vor allem aber: Lassen Sie sich Ihre Neugier nicht austreiben. Haben Sie also einfach Mut zu studieren. Haben Sie den Mut, Unbequemes zu denken und unbequem zu sein – unbequem für andere, aber zuerst einmal und vor allem auch für sich selbst. Sie werden sehen, dann ist Studieren nicht nur harte Arbeit, es wird plötzlich Spaß machen. Spitzenleistungen werden dann für Sie etwas ganz Selbstverständliches.

Oder, wie schon der große Philosoph der Aufklärung, Immanuel Kant, gesagt hat – haben Sie den Mut, sich Ihres eigenen Verstandes zu bedienen – und schärfen Sie ihn so, dass Sie stolz auf ihn sein können. Wenn Sie das an der Universität, am Fach Ihrer Wahl, gelernt haben werden, dann haben Sie die innere Sicherheit gewonnen, die Sie brauchen, um mit den Unsicherheiten der zukünftigen Welt nach besten Kräften fertig zu werden. Dabei wünsche ich Ihnen viel, viel Glück. Wir werden versuchen, Ihnen dabei zu helfen. Aber tun, tun müssen Sie es selber.

Die Hochschulen in Sachsen-Anhalt 1990-2010
Eine utopische Retrospektive[1]

Dank des Herausgebers an den Verfasser:
Die von der Frau Ministerpräsidentin berufene Enquête-Kommission „Hochschulen in der Sächsischen Union" wird zum 31.12.2011 ihren umfassenden Abschlussbericht vorlegen. Der Vorsitzende der Kommission, Herr Prof. Dr. phil. em. Reinhard Kreckel, vormals Präsident der Landesrektorenkonferenz von Sachsen-Anhalt, hat uns freundlicherweise den folgenden Text zum Vorabdruck überlassen, den er – teilweise aus der Zeitzeugenperspektive – für das Einleitungskapitel des Kommissionsberichtes verfasst hat.

Vorbemerkung

Am 11. November 2011 haben die Vereinigten Parlamente von Sachsen, Sachsen-Anhalt und Niedersachsen sich nach harten Auseinandersetzungen für die goldene Mitte entschieden und die ehrwürdige Universitätsstadt Halle zur Landeshauptstadt der Sächsischen Union bestimmt. Meine späte Genugtuung kann ich, als alter Wahlhallenser, nicht verhehlen. Aber ich will auch gerne anerkennen, dass es ohne die kluge Unterstützung durch die benachbarten Universitätsstädte Leipzig und Magdeburg kaum zu diesem Beschluss gekommen wäre. Für die Hochschulen des neuen Bundeslandes wird mit dem 1.1.2012, wenn das vereinigte unionssächsische Wissenschaftsministerium seine Arbeit aufnimmt, eine völlig neue Zeit beginnen.

Die folgenden Abschnitte sollen der historischen Bestandsaufnahme dienen und zeigen, welche „Erbschaft" die drei alten Bundesländer Sachsen, Sachsen-Anhalt und Niedersachsen in die neu entstehende unionssächsische Hochschullandschaft einzubringen haben. Der Umstand, dass die Universitätsstadt Halle zur Landeshauptstadt erkoren worden ist, ist ein Hinweis auf die Erfolgsgeschichte des Landes Sachsen-Anhalt in den zwei Jahrzehnten seit der deutschen Vereinigung.

---

[1] Das Manuskript ist de facto nicht im Jahre 2011, sondern bereits am 24.11.1999 abgeschlossen worden. Den Verfasser – der damals als Universitätsrektor zu gewissen Rücksichtnahmen verpflichtet war - bewegte in jener Zeit die Sorge, dass die überfällige Reform der Hochschulstruktur in Sachsen-Anhalt immer weiter verschleppt würde und die vom Landtag beschlossenen Haushaltskürzungen zu einer allmählichen Strangulierung der Hochschulen des Landes führen müssten. Deshalb hat er diesen Text – gewissermaßen „über die Bande" – in die Landespolitik hineingespielt. Er hat dort wohl auch einiges bewirkt. Im Druck erschienen in: J. Wolf / J. Rannenberg / H. Mattfeldt / H. Giebel (Hg.), Jahrbuch für Politik und Gesellschaft in Sachsen-Anhalt, Halle: Mitteldeutscher Verlag 2000, S. 208-219

Das gilt insbesondere auch für die Hochschulen von Sachsen-Anhalt, denen ich mich jetzt zuwende.

Neunziger Jahre: Aufhaltsamer Neubeginn

Die Geschichte des Hochschulsystems der DDR und seiner turbulenten Einbeziehung in die bundesdeutsche Hochschullandschaft ist bekannt. Sie braucht hier nicht nochmals dargestellt werden. Deshalb möchte ich nur die „Eröffnungsbilanz" vom Tag der Einheit, die Situation am 3. Oktober 1990 festhalten: Damals gab es in Sachsen-Anhalt eine klassische Universität (Halle), die Technische Hochschule (bzw. Universität) und die Medizinische Akademie in Magdeburg, zwei weitere Technische Hochschulen (Köthen, Merseburg) und eine Landwirtschaftliche Hochschule (Bernburg) sowie zwei Pädagogische Hochschulen (Halle-Köthen, Magdeburg). An den Hochschulen des Landes waren insgesamt ca. 18.100 Mitarbeiterinnen und Mitarbeiter beschäftigt, davon rund 6.000 Wissenschaftler, und es gab 20.600 Studierende. D.h., die Betreuungsverhältnisse waren hervorragend. Auf einen Wissenschaftler kamen damals in Sachsen-Anhalt 3,5 Studierende, während das Betreuungsverhältnis der westdeutschen Universitäten bei etwa 1:14 lag. Die Personalstruktur an den Hochschulen war schon zu DDR-Zeiten stark aufgebläht, während für die Infrastruktur, die Geräte- und die Literaturausstattung kaum Mittel zur Verfügung standen. Der bauliche Zustand der Hochschulen war, von wenigen Ausnahmen abgesehen, verheerend.

Das heißt, selbst wenn es nicht zu Entlassungen im Zuge der „Abwicklung" systemnaher Bereiche und als Folge von Integritätsprüfungen durch die Personalkommissionen gekommen wäre, hätte die Angleichung an die in Westdeutschland übliche Personalstruktur unweigerlich zu Bedarfskündigungen und Einstellungsstops an den Hochschulen führen müssen.

Umstrukturierung und Neuaufbau: 1990-1995

1995 stand in Sachsen-Anhalt die auch heute noch vorhandene Hochschulstruktur weitgehend fest: Zwei Landesuniversitäten (Halle, Magdeburg), eine Kunsthochschule (Halle), vier Fachhochschulen (Anhalt, Harz, Magdeburg, Merseburg). Die Zahl der Stellen an Hochschulen hatte sich um etwa 5.200 auf insgesamt 12.858 Stellen verringert, davon 4.636 Stellen für wissenschaftliches Personal. Es gab im Oktober 1995 bereits 27.100 Studierende. Das Betreuungsverhältnis zwischen Wissenschaftlern und Studenten lag nun bei 1:6.

Hinter diesen Zahlen verbergen sich gegenläufige Entwicklungen. Gleichzeitig mit dem Ab- und Umbau des alten Hochschulsystems war ein großzügiger Neuaufbau in Gang gesetzt worden. Den materiellen Rahmen lieferte das von Bund und Ländern finanzierte Hochschulentwicklungsprogramm (HEP), das von

1991 bis 1995 ca. 650 Mio. DM nach Sachsen-Anhalt brachte. Hinzu kam ein hoher Mittelzufluss für Bau- und Sanierungsmaßnahmen, wissenschaftliche Großgeräte und Bibliotheken aufgrund des Hochschulbauförderrgesetzes (HBFG). Die konzeptionelle und hochschulplanerische Grundlage lieferten die „Empfehlungen der Hochschulstrukturkommission zur Hochschul- und Wissenschaftsentwicklung des Landes Sachsen-Anhalt" vom März 1992. Dort waren – neben der bereits angesprochenen Neugliederung der sieben staatlichen Hochschulen des Landes – weitere folgenschwere Entscheidungen vorbereitet worden: So bekannte sich das Land zu zwei voll ausgebauten Medizinischen Fakultäten in Halle und Magdeburg, ebenso zu zwei ingenieurwissenschaftlichen Universitätsstandorten, außerdem zu einer Reihe von fachlichen Doppelungen und Überschneidungen. Man ging dabei von einer Ausbauplanung für 44.000 Studienplätze mit einer Personalausstattung von etwa 14.600 Stellen aus, davon 5.441 Stellen für wissenschaftliches Personal. Die Zielgröße war also eine durchschnittliche Betreuungsrelation von etwa 1:8.

Die Turbulenzen der damaligen Zeit sind allzu schnell vergessen worden. So erinnere ich mich selbst z.B. noch an den 1. April 1993, als die gesamte Pädagogische Hochschule Halle-Köthen und Teile der Technischen Hochschule Leuna-Merseburg auf einen Schlag in die Martin-Luther-Universität integriert wurden. Außerdem hatte die hallesche Universität auch das gesamte Personal des Bereiches „Tierproduktion" der Universität Leipzig in ihre Landwirtschaftliche Fakultät aufnehmen müssen. Die Martin-Luther-Universität verfügte auf diese Weise plötzlich über drei große Verwaltungsstäbe. In einer Reihe von Fächern (z.B. Chemie, Physik, Mathematik, Pädagogik) wurden Wissenschaftler aus allen drei Einrichtungen zusammengeführt, was hier – ebenso wie bei der Landwirtschaft – eine erhebliche personelle Überbesetzung bewirkte. Gleichzeitig waren Neuberufungen im großen Stil im Gange, um die Erneuerung der Fächer und Studiengänge voranzubringen.

Die TU Magdeburg wurde durch die Integration der Pädagogischen Hochschule zur Otto-von-Guericke-Universität Magdeburg. Zwei Fachhochschulen (Harz und Magdeburg) wurden neu gegründet, zwei weitere (Anhalt und Merseburg) entstanden aus ehemaligen DDR-Hochschulen. Sie entwickelten aber auch völlig neue Studienrichtungen. Die Gründung einer fünften Fachhochschule (Stendal) ist letztlich nicht mehr gelungen.

Damit deutet sich bereits an, dass die teils turbulente, teils euphorische Umstrukturierungsphase an mindestens drei – vielleicht unvermeidbaren, aber letztlich doch schädlichen – Schwächen litt:

1.   Die damaligen Studentenzahlprognosen erwiesen sich als zu hoch, da die demographischen Veränderungen der neunziger Jahre noch nicht berücksichtigt werden konnten.

2.   Angesichts des erheblichen Mittelzuflusses in den ersten Nachwendejahren (HEP, HBFG usw.) bildeten sich zunächst keine realistischen Vorstellungen über die tatsächlichen finanziellen Rahmenbedingungen für die künftige Hochschullandschaft in Sachsen-Anhalt.

3.   Die Verwaltungen im Wissenschafts- bzw. Kultusministerium und in den Hochschulen waren nicht eingespielt, die aus dem Westen übernommenen Regelungen oft ungeeignet, die zu bewältigenden Probleme unbekannt. Im politischen Bereich kam es in diesen Jahren zu mehrfachen Führungs- und Regierungswechseln. Eine realistische hochschulpolitische Perspektive hat sich unter diesen Umständen nicht herausgebildet.

Zunächst wurden diese Schwächen aber von den reichlich fließenden Mitteln und vom kreativen Schwung der ersten Aufbaujahre überlagert: Die Studentenzahlen wuchsen, die zahlreichen neu berufenen Professoren machten sich ans Werk, Drittmittel begannen zu fließen, die gesamte Infrastruktur wurde saniert, Baumaßnahmen wurden auf den Weg gebracht. Im Nachhinein wird man sogar sagen können, dass diejenigen, die damals etwas Neues aufbauten und gründeten, ohne genau zu wissen, ob es bezahlbar war, die Konturen dessen bestimmt haben, was wir heute noch schätzen. Bevor die Entwicklung allerdings den positiven Ausgang nehmen konnte, auf den wir jetzt stolz sind, mussten noch einige schmerzliche Kurskorrekturen vorgenommen werden.

Phase der Verunsicherung: 1996-2000

Mit dem Auslaufen der HEP-Gelder Ende 1995 wurde es allmählich spürbar, dass ein unbefangenes „Weiter so" nicht mehr möglich sein würde. Der Kultusminister berief den „Beirat für Wissenschaft und Forschung", der 1998 zwar einen Bericht erstellte, der aber wegen fehlender politischer Rahmenvorgaben ins Unverbindliche abglitt.

Der erste ernsthafte Versuch, der Hochschullandschaft von Sachsen-Anhalt realistischere Konturen zu geben, war das „Gesetz zur Entwicklung der medizinischen Fachbereiche" vom 6. März 1997. Trotz hoffnungsvoller Anfänge und teilweise erfolgreicher Umsetzungen geriet dieses Gesetz aber selbst in den Sog, dem es zu entgehen versucht hatte – in den Sog der immer dramatischer werdenden Unterfinanzierung der Hochschulen. Deshalb wurde die in dem Gesetz für die Jahre 1997 bis 2000 zugesicherte Verstetigung der Landesmittel für die beiden medizinischen Fakultäten in Halle und Magdeburg letztlich nicht eingehalten.

Insgesamt entwickelten sich die Haushaltmittel für die Hochschulen des Landes Sachsen-Anhalt zwischen 1996 und 2000 folgendermaßen:

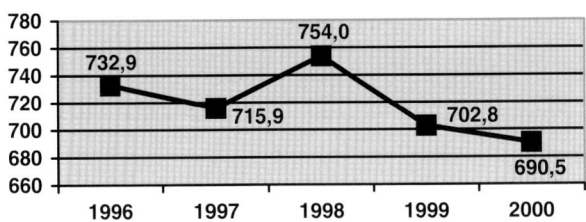

Haushaltsmittel der Hochschulen in Sachsen-Anhalt, 1996 - 2000 (Ausgaben in Mio. DM)

Quelle: Jährliche Haushaltspläne des Landes Sachsen-Anhalt

Mit dem Haushaltsjahr 1998 war somit die Aufbauphase beendet. In den Jahren 1999 und 2000 erfolgte ein dramatischer finanzieller Einbruch: Die Fachhochschulen wurden in ihrem Aufbau abrupt gestoppt, die Universitäten mussten sogar um ihren Substanzerhalt bangen. Die Studienbedingungen für die mittlerweile 34.000 Studierenden an den Hochschulen begannen sich zu verschlechtern, freiwerdende Professuren und vor allem wissenschaftliche Nachwuchsstellen konnten nicht mehr nachbesetzt wurden.

Das Jahr 2000 wurde zum Schlüsseljahr. Es war unverkennbar geworden, dass die Diskrepanzen zwischen den Planungszielen aus dem Jahr 1992, den unkoordinierten Aufbauaktivitäten der Folgejahre und den tatsächlich realisierbaren Möglichkeiten zu groß geworden waren. Krisenverhandlungen zwischen Landesregierung und Hochschulen führten zunächst zu keinem Ergebnis. Als dann im Sommer 2000 die Zahlen für den Haushaltsplan 2001 bekannt wurden, die eine erneute Reduktion für die Hochschulen vorsahen, während gleichzeitig bei den beiden Universitäten die Zahlungsschwierigkeiten immer größer wurden, boten die Rektoren an, die Universitäten Halle und Magdeburg dem Kuratel des Finanzministeriums zu unterstellen. Als sich dort niemand fand, der diese Aufgabe übernehmen wollte, war der Wendepunkt erreicht: Ein „Dreieckiger Tisch", an dem das Kultus- und das Finanzministerium, die Vertreter der mehrheitsbildenden Parteien des Landtages sowie der Hochschulen beteiligt waren, wurde nach intensiven Verhandlungen, die von phantasievollen Demonstrationen aller Hochschulmitglieder begleitet wurden, allmählich zum runden Tisch. Ein konstruktiver Prozess wurde in Gang gesetzt, an dessen Ende die seither zurecht berühmt gewordenen „Merseburger Schiedssprüche" standen. Dieser historische Vorgang soll nun etwas genauer nachgezeichnet werden.

Die Jahrtausendwende: Vom „Dreieckigen Tisch" zu den Merseburger Schiedssprüchen

Die Ausgangslage der Gespräche am Dreieckigen Tisch, die nach einem festen Ritual in monatlichen Abständen stattfanden, war eine Dreifrontensituation:

1. Die Vertreter der mehrheitsbildenden Parteien zeigten keine Neigung, sich auf längerfristige Zielplanungen festzulegen. Sie gingen von dem Verständnis aus, dass hochschulpolitische Fragen bei der Wählerschaft keine Resonanz hatten und dass die Hochschulhaushalte eine Verfügungsmasse für künftige Etatkürzungen bleiben sollten.

2. Die Vertreter des Kultus- und des Finanzministeriums waren dagegen an einer längerfristigen Perspektive durchaus interessiert. Sie hatten die düsteren Finanzprognosen des Landes vor Augen und sahen auf längere Sicht ein großes Einsparpotential bei den Hochschulen. Ihr Hauptargument war, dass der starke Rückgang der Geburtenzahlen nach 1990 bis zum Jahr 2015 etwa zu einer Halbierung der Zahl der Studierenden aus Sachsen-Anhalt führen werde. Man sprach von einer Zielzahl von 16-17.000 Studierenden (statt der bisherigen Planzahl von 44.000 Studienplätzen), auf die die Hochschulen sich „gesundschrumpfen" müssten.

3. Die Hochschulen wiesen diese Prognose als unseriös zurück und betonten, dass der demographisch bedingte Tiefststand von 2015 bereits 2020 wieder ausgeglichen sein werde. Sie ließen ein Gutachten anfertigen, das empfahl, für das zweite und dritte Jahrzehnt des 21. Jahrhunderts eine Planungsgröße von 32.000 Studierenden aus Sachsen-Anhalt zugrunde zu legen und zusätzlich mit einem Netto-Zustrom von 12-15.000 Studierenden aus bevölkerungsstärkeren Ländern zu rechnen. Das Hauptargument der Hochschulen war aber, dass die Studentenzahlen nicht zum Maßstab gemacht werden dürften. Es ginge auch darum, für die Jugend ein breites Spektrum von Studienfächern im eigenen Lande bereit zu halten, um sie an der Abwanderung zu hindern. Vor allem aber müsse, unabhängig von der jeweiligen studentischen Nachfrage, die Forschung und die Ausbildung des wissenschaftlichen Nachwuchses an den Hochschulen, insbesondere an den Universitäten, auf hohem Niveau erhalten werden. Man wolle kein wissenschaftliches Entwicklungsland werden.

Die Diskussion am Dreieckigen Tisch ging über viele Monate ohne Annäherung dahin. Die einen redeten vom fehlenden Geld, die anderen vom „Einbruch" der Studentenzahlen, die dritten von der Bedeutung wissenschaftlicher Forschung und Nachwuchsausbildung. Als es dann im Sommer 2000 zu der bereits erwähnten Krise kam, traten neue Akteure auf den Plan.

Einer – zunächst noch kleinen – Gruppe von hochschulpolitisch interessierten Studenten war die Pattsituation am Dreieckigen Tisch leid geworden, und sie begannen, die Sache selbst in die Hand zu nehmen. Sie organisierten öffentliche Anhörungen, an denen sich zunehmend auch Eltern, ehemalige Hochschulabsolventen und engagierte Bürger beteiligten. Die Aufmerksamkeit der Massenmedien wuchs, und zum ersten Mal wurde das Internet zu einem wichtigen Forum hochschulpolitischer Selbstorganisation. So entstand die „Neue Hochschulbewegung". Als „2000er-Bewegung" ist sie mittlerweile so bekannt und so oft beschrieben worden, dass hier nicht weiter auf sie eingegangen werden muss.

Das Diskussionsklima an dem nunmehr „Runden Tisch" änderte sich von da an spürbar. Schnell einigte man sich auf folgende zehn Punkte:

1. Richtgröße für das zweite und dritte Jahrzehnt des 21. Jahrhunderts sind 32.000 Studierende aus Sachsen-Anhalt. Zusätzlich ist mit einem Netto-Zustrom von 12.000 Studierenden aus bevölkerungsreicheren Bundesländern und dem Ausland zu rechnen.

2. Die Hochschulstruktur des Landes bedarf einer nachhaltigen Festigung, die nicht nur von Studentenzahlen, sondern auch von wissenschaftlichen Erfordernissen bestimmt wird.

3. Dabei muss die Entwicklung der Fachhochschulen, deren primäre Aufgabe die Lehre ist, stärker an der studentischen Nachfrage ausgerichtet werden als die Entwicklung der Universitäten, die für die Forschungsinfrastruktur des Landes unentbehrlich sind.

4. Es ist deshalb ein vom Parlament getragenes Landeshochschulkonzept notwendig, das festlegt, welche Palette von akademischen Disziplinen in Sachsen-Anhalt vorhanden sein soll und welche Grundausstattung sie erhalten.

5. Die Entwicklungsperspektiven der Hochschulen müssen auf die finanziellen Möglichkeiten des Landes abgestimmt werden.

6. Für die kommenden Jahre wird den Hochschulen vom Landtag ein verlässlicher Finanzrahmen vorgegeben, der es ihnen gestattet, aus eigener Kraft Strukturanpassungen vorzunehmen.

7. Um die Kooperation zwischen den Hochschulen zu ermöglichen und schädliche Verdrängungswettbewerbe und Rivalitäten zu verhindern, werden – zunächst für fünf Jahre – die proportionalen Haushaltsanteile für die Universitäten und für die Fachhochschulen festgeschrieben, ebenso auch für der beiden Universitäten untereinander.

8. Es muss ein Anreizsystem geschaffen werden, dass die Mobilisierung von Selbstheilungskräften belohnt.

9. Man war sich allerdings auch einig, dass man sich über die Höhe des erforderlichen Finanzrahmens für die kommenden Jahre nicht einigen konnte.

10. Es wurde deshalb ein Schiedsgericht von fünf Weisen aus Politik, Wirtschaft und Gesellschaft einberufen. Der Vorsitz wurde dem charismatischen Vertreter der „neuen Hochschulbewegung", dem Studenten Udo Rutschki übertragen.

Das Schiedsgericht tagte dreizehn denkwürdige Tage lang in Merseburg. Es prüfte und verwarf 19 verschiedene Finanzierungsmodelle – bis Rutschki, in einer Sitzungspause mit dem Taschenrechner spielend, die Lösung fand:

In den Jahren 1998, 1999 und 2000 waren den Hochschulen (wie oben in der Tabelle dargestellt) fortgesetzte Haushaltskürzungen auferlegt worden – von 754,0 über 702,8 auf 690,5 Mio. DM. Das arithmetische Mittel dieser drei Haushalte beträgt 715,8 Mio. DM. Genau derselbe Betrag hatte den Hochschulen aber auch schon im Haushaltsjahr 1997 zur Verfügung gestanden. Hätte man also schon 1997, so räsonnierte Rutschki, eine Verstetigung von 715,8 Mio. DM für vier Jahre festgesetzt, so wären die Gesamtkosten die gleichen gewesen. Man hätte sich aber viel Ärger erspart und Fehler vermieden.

Mancher mag über diese Zahlenmetaphysik schmunzeln. Aber der Betrag, den alle akzeptieren konnten, war jetzt gefunden. Die Merseburger Schiedssprüche konnten verkündet werden. Sie lauteten:

1. Beiden Universitäten, der Burg Giebichenstein und den vier Fachhochschulen wird von 2001 bis 2005 ein jährliches Gesamtbudget von 715,8 Mio. DM zugewiesen. Inflations- und Tarifausgleiche werden jeweils vorgenommen.

2. In den Jahren 2006 bis 2010 sollen den Hochschulen insgesamt (zu heutigen Preisen) 5 x 690,5 = 3.452,5 Mio. DM zur Verfügung stehen. Um der ab 2008 erwarteten längerfristigen Verminderung der Studierendenzahlen gerecht zu werden, wird der Betrag in degressive Jahresraten aufgeteilt:
   a. 710,5 Mio. DM
   b. 700,5 Mio. DM
   c. 690,5 Mio. DM
   d. 680,5 Mio. DM
   e. 670,5 Mio. DM

3. Die Hochschulhaushalte sind Globalhaushalte. Eingesparte Beträge sind in das folgende Haushaltsjahr übertragbar.

4. Die Haushalte der beiden Universitäten werden in ihrem proportionalen Anteil auf der Grundlage des Jahresdurchschnitts von 1997-2000 festgeschrieben. Der Haushalt der Burg Giebichenstein wird auf dem Stand von 2000 fixiert.

5. Die bereits festgelegte Budgetprogression für die Fachhochschulen (2000: 140 Mio., 2001: 147 Mio., 2002: 150 Mio.) bleibt erhalten. Anschließend wird festgeschrieben. Ab 2006 werden auch die Fachhochschulen anteilig in die Degression einbezogen.

6. Die Hochschulen erhalten das Recht, eigene Einnahmen zu erwirtschaften und unabhängig vom Landeshaushalt für Hochschulzwecke zu verwenden.

7. 10 Prozent der Haushaltsmittel stehen unter Ministeriumsvorbehalt. Sie werden freigegeben, wenn bestimmte Leistungsziele erreicht werden, die in einer Leistungsvereinbarung zwischen dem Ministerium und der jeweiligen Hochschule festgehalten sind.

Dieses nüchterne Zahlenwerk wirkte Wunder. Es floss in das vom Landtag verabschiedete Haushaltsgesetz 2001 ein und wurde damit geltendes Recht, an das sich auch die Haushaltsgesetze in den Folgejahren hielten. Aber wichtiger war die moralische Wirkung, die von den Merseburger Schiedssprüchen ausging. Sie hat dazu geführt, dass Hochschulen und Landesregierung sich gemeinsam an die verantwortungsvolle Aufgabe der nachhaltigen Konsolidierung der Hochschulen machen konnten, ohne sich in gegenseitige Schuldzuweisungen, Rivalitäten und Defaitismus flüchten zu müssen.

Selbst die Tatsache, dass die Landesregierung sich in den Jahren 2007 und 2008 gezwungen sieht, den Hochschulen globale Minderausgaben aufzuerlegen und damit vom Finanzrahmen der Merseburger Schiedssprüche abzuweichen, hat deren moralische Autorität nicht erschüttert. Der Konsolidierungsprozess war zu diesem Zeitpunkt schon so weit vorangekommen, dass derartige Einbußen klaglos verkraftet werden konnten.

Neuer Realismus: 2001-2005

Der neu festgelegte Budgetrahmen hatte sofort erstaunliche Auswirkungen. Beginnen wir mit einem Blick auf die Fachhochschulen: Sobald dort klar war, welche Mittel in den kommenden Jahren zur Verfügung stehen würden, wurden alle unrealistischen Ausbaupläne schnell aufgegeben. Vor allem war nun der Ehrgeiz gestillt, es den ehemaligen britischen „Polytechnics" gleichtun zu wollen und Universitätsstatus anzustreben. Man konzentrierte sich auf Projekte, die mit den vorhandenen Ressourcen zu realisieren waren.

Zum einen machten die Fachhochschulen nun verstärkt von der Möglichkeit Gebrauch, zusätzlich zu ihren herkömmlichen Diplomstudiengängen (die zunehmend als Bachelor-Studiengänge geführt wurden) praxisorientierte Master-Studiengänge einzurichten. Diese wurden auch von vielen Bachelor-Absolventen der Universitäten als attraktive Angebote erkannt und brachten den Fachhochschulen beträchtlichen überregionalen Zulauf.

Zum anderen wurden die Fachhochschulen – ebenso wie auch die Universitäten – auf dem gebührenträchtigen Fort- und Weiterbildungssektor aktiv. Diese Einnahmen begannen, ein wichtiger Bestandteil der Hochschulhaushalte zu werden.

Schließlich hat es bekanntlich in einer Reihe von Fällen Verlagerungen von Studiengängen von Universitäten an Fachhochschulen gegeben. In einem – damals heiß diskutierten – Fall ist im Jahr 2004 ein ganzes Studienfach mitsamt vertragsmäßig vereinbarten Budgetanteilen von der Universität Halle-Wittenberg an die Fachhochschule Merseburg abgetreten worden.

An den Universitäten Halle und Magdeburg sind mehrere doppelt angebotene Studienrichtungen nach dem Gegenseitigkeitsprinzip auf einen Standort konzentriert worden. Leitender Gesichtspunkt war dabei, dass Sachsen-Anhalt über eine klassische Volluniversität (Halle) und eine moderne Schwerpunktuniversität mit ausgeprägter Profilbildung in ausgewählten Bereichen (Magdeburg) verfügen sollte. Beide Universitäten hatten in den ersten Jahren nach den Merseburger Schiedssprüchen eine Reihe schmerzlicher Prioritätenentscheidungen zu treffen und stellten bestimmte Studienfächer ein. Dafür mussten zunächst erhebliche Mittel eingesetzt werden, bevor ein Spareffekt erreicht werden konnte, der den Schwerpunktbereichen zu Gute kam.

Teilweise hat dieser Mitteleinsatz aber auch zu erstaunlichen Wirkungen geführt. So hat ein von der „Abwicklung" bedrohter kleiner Bereich an der Universität Magdeburg sich zu einem Vorreiter auf dem Gebiet des Tele-Teaching entwickelt. In Halle ist es, durch die Initiative bedrohter Bereiche, zu interessanten interdisziplinären Studiengängen gekommen, die eine starke überregionale Resonanz haben.

Ein wichtiges Kennzeichen dieser Jahre war es, dass zwischen den beiden Universitäten und zwischen den Fachhochschulen allmählich eine Atmosphäre der Zusammenarbeit entstand und dass schließlich auch die Berührungsängste zwischen den beiden Hochschularten abnahmen.

Den Anfang machten die beiden Medizinischen Fakultäten. Als sie schließlich eingesehen hatten, dass die Haushaltmittel, die das Land ihnen für Forschung, Lehre und Investitionen zur Verfügung stellen konnte, für zwei komplett ausgestattete Fakultäten einfach nicht ausreichte, wurde gemeinsam Kassensturz gemacht. Man beschloss, die Mittel der beiden Fakultäten zu bündeln und für arbeitsteilig festgelegte Zwecke zu nutzen. Die neue Autobahn, die ICE-Strecke Magdeburg-Halle und vor allem das günstige Regionalticket der Bundesbahn machten ein auf einander abgestimmtes Medizinstudium an beiden Fakultäten möglich, das vom Medizinischen Fakultätenverbund Halle-Magdeburg (MFHM) koordiniert wurde. Mittlerweile gehört der MFHM zu den drei forschungsstärksten Standorten der Hochschulmedizin in Deutschland. In Magdeburg und in Halle kommen auf einen Studienplatz etwa vier Bewerbungen.

Nach dem Vorbild der Medizin ist es dann auch gelungen, die Ingenieurwissenschaften an den Universitäten und Fachhochschulen zum Ingenieurwissenschaftlichen Hochschulverbund Sachsen-Anhalt (IHSA) zusammenzufügen. Seither gibt es eine genau abgestimmte Arbeitsteilung zwischen ingenieurwissenschaftlichen Fachhochschul- und Universitätsstudiengängen. Deren modulare Struktur macht Fach- und Ortswechsel, aber auch individuelle zusammengestellte „Menü-Studiengänge" möglich. Erst kürzlich wurde dem IHSA dafür die Goldene Palme des VDI für innovative Studiengestaltung verliehen. Dabei wurde besonders die Tatsache gewürdigt, dass in Sachsen-Anhalt mehrere Hochschulen bei voller Wahrung ihrer Autonomie zu einer produktiven Zusammenarbeit gefunden haben.

Die vielleicht wichtigste Neuerung dieser Jahre aber war die Entscheidung aller Hochschulen, einen bestimmten Teil ihrer Haushaltmittel für den gemeinsamen Unterhalt von Interdisziplinären Forschungszentren (IFZ) bereitzustellen, die von der Landesrektorenkonferenz getragen werden. Zur Zeit gibt es sechs IFZ in Halle und Merseburg, vier in Magdeburg, je eines in Köthen und in Wernigerode. Diese Zentren werden nach strengen Leistungskriterien gegründet und regelmäßig evaluiert. Sie dienen der Forschung, dem Wissenstransfer und der Nachwuchsqualifikation. Jedem der Zentren ist ein Graduiertenkolleg zugeordnet. Den Hochschulen des Landes ist es auf diese Weise gelungen, aus eigener Kraft zehn Exzellenzzentren zu schaffen, die sich mittlerweile als Drittmittelmagnete erwiesen haben und sich großer überregionaler Anerkennung erfreuen.

Es mag sein, dass ich diese „Jahre des Realismus", die ja auch die letzten Jahre vor meiner eigenen Emeritierung gewesen sind, in einem etwas verklärenden Licht sehe. Vielleicht spielt dabei eine Rolle, dass ich des alljährlichen Streitrituals um den Landeshaushalt – mit Krisensitzungen, Katastrophenszenarien, Protestdemonstrationen – allmählich überdrüssig geworden war und mich einfach darüber freute, dass die Hochschulgremien endlich wieder zu ihrer eigentlichen akademischen Gestaltungsaufgabe zurückfinden konnten.

Natürlich hat es im Zuge der Um- und Neustrukturierungen damals auch wütende Abwehrkämpfe und schwierige Prioritätenentscheidungen gegeben. Aber man konnte doch auch bald erkennen, dass die Hochschulen wieder zu atmen begannen und ihre kreativen Kräfte neu entfalteten. Es wurden wieder Nachwuchsstellen besetzt und attraktive Berufungen ausgesprochen. Das wiegt vieles auf.

Nachhaltige Konsolidierung: 2006-2010

Die letzten Jahre, die vor allem von der Diskussion über die Gründung der Sächsischen Union als vereinigtem Bundesland geprägt waren, sind noch frisch in unserer Erinnerung. Sie müssen nicht noch einmal beschrieben werden. Für die Hochschulen in Sachsen-Anhalt waren es keine spektakulären, aber erfolgreiche Jahre. Sie konnten jetzt ernten, was in den vorangegangenen schwierigen Jahren vorbereitet worden war.

Nur ein Indiz möchte ich anführen: Nach allen Prognosen wäre in den Hochschulen von Sachsen-Anhalt vom Jahr 2008 an ein deutlicher Rückgang der Studierendenzahl zu erwarten gewesen. Davon ist aber bis heute nichts zu spüren. Im zur Zeit laufenden Wintersemester 2011/2012 sind an den Hochschulen Sachsen-Anhalts 53.000 Studierende immatrikuliert. Etwa die Hälfte kam aus anderen Bundesländern, ungefähr 12 Prozent aus dem Ausland. Die Universitäten – und sicherlich auch die Städte Halle und Magdeburg – sind besonders für Berliner Studierende immer attraktiver geworden. Als erfolgreiche Forschungsuniversitäten sind sie ein Magnet für Nachwuchswissenschaftler und Doktoranden.

Seit die Hochschulen das Recht erhalten haben, ihre Studierenden nach Leistungskriterien auszuwählen, wird erkennbar, dass Halle und Magdeburg in vielen Fachgebieten zu den gefragtesten Universitäten in Deutschland gehören. Auch unsere Fachhochschulen müssen über mangelnde Attraktivität nicht klagen. Die Hochschule für Kunst und Design Burg Giebichenstein ist sogar eine der besten in Deutschland. In der neuen Sächsischen Union werden sie alle gewiss ihren Weg machen. Man kann ihnen – und der gesamten Hochschullandschaft im neuen Bundesland – nur wünschen, dass der erstaunliche Konsolidierungsprozess der Hochschulen in Sachsen-Anhalt Maßstäbe für die künftige unionssächsische Hochschulpolitik setzen wird.

Kürzlich hatte ich einen Albtraum. Er spielte in meiner alten Alma Mater in Halle, die beklemmend aussah: Viele Universitätsgebäude waren verschlossen. Andere waren schon wieder genauso verschlissen wie damals 1991, als ich sie zum ersten Male sah. Die Studenten fehlten, die Professoren und Assistenten waren alle uralt, überall herrschte Mangel. Und der Rektor stritt sich wieder mit dem Kultusminister und den Landtagsabgeordneten über den Haushalt des nächsten Jahres. Da wachte ich schweißgebadet auf.

Mir fällt es jetzt manchmal etwas schwer, zwischen Wachen und Träumen klar zu unterscheiden. Deshalb bitte ich Sie, verehrte Leser, dies an meiner Stelle zu tun.

Zur Entwicklung der Hochschulen im Land Sachsen-Anhalt
Eine Bestandsaufnahme[1]

I. Vorbemerkungen

Man kann als Sozialwissenschaftler über die Hochschulentwicklung in Sachsen-Anhalt nicht reden, ohne den allgemeineren *hochschulpolitischen Kontext* mit zu bedenken. Er umfasst zumindest drei Ebenen:

- Zunächst einmal gehört Sachsen-Anhalt zum Kreis der Neuen Bundesländer, deren Hochschulen alle vor sehr ähnlichen Aufgaben und Problemen stehen.

- Sodann ist Sachsen-Anhalt Bestandteil der gesamtdeutschen Hochschullandschaft, in der die westdeutschen Hochschulen und ihre Themen ein deutliches Übergewicht haben.

- Schließlich ist der europäische und weltweite Kontext des deutschen Hochschulsystems zu bedenken, von dem zur Zeit ein ganz erheblicher Anpassungsdruck ausgeht.

Die Hochschulen der Neuen Bundesländer sind innerhalb Deutschlands auch im vierzehnten Jahr nach der Vereinigung noch immer in mancher Hinsicht etwas Besonderes. Für sie alle gilt zunächst die gemeinsame Grundtatsache, dass sie bald nach der deutschen Vereinigung von 1990 mit großem Nachdruck und erheblichem Finanzaufwand – aber auch unter beträchtlichen Opfern – auf das westdeutsche Hochschulmodell umgestellt worden sind. Kaum war das aber, etwa 1994/95, einigermaßen erreicht, so wurde immer deutlicher, dass das westliche Zielsystem, das für den Osten soeben noch Modell gestanden hatte, selbst bereits in der Krise war. Immer mehr machte und macht sich – unter dem Vorzeichen von Schlagworten wie „Europäisierung", „Internationalisierung", „Wettbewerbsorientierung", „Qualitätssicherung" und vor allem „Haushaltskonsolidierung" – ein neuer, von

---

[1] Originalbeitrag, der auf Vorträge zurückgeht, die in unterschiedlichen Fassungen auf dem Hochschulpolitischen Forum der Gewerkschaft Wissenschaft und Erziehung in Halle am 13.5.2000, auf der Hochschultagung von BÜNDNIS 90 / DIE GRÜNEN, „Können Hochschulen den Osten retten?" in Halle am 19.06.2001 und beim Studientag der Hochschule für Kunst und Design ‚Burg Giebichenstein' in Wittenberg am 13.01.2004 gehalten wurden.
Dem aufmerksamen Leser wird auch eine gewisse Wahlverwandtschaft auffallen, die diesen Text aus dem Jahr 2004 mit der voranstehenden „utopischen Retrospektive" von 1999 verbindet. Sie ist der Realität geschuldet

außen auf die Hochschulen einwirkender Reform- und Legitimationsdruck bemerkbar.

Um es noch einmal pointiert zu sagen: *Man hat im Osten nach der Wende unter großen Kosten und Anstrengungen ein Hochschulmodell übernommen, das selbst schon überholungsbedürftig war.* Das ist die schlechte Nachricht.

Es gibt aber auch eine bessere Nachricht. Es sind nämlich durchaus nicht alle Krisensymptome der Westhochschulen in den Osten transferiert worden:

- So waren die Hochschulen in den Neuen Bundesländern – mit Ausnahme der Humboldt-Universität und der Universität Leipzig – bis jetzt noch keine überlaufenen Massenhochschulen.

- Die Betreuungsverhältnisse zwischen Lehrenden und Studierenden sind im Osten, trotz Personalabbaus, bis jetzt noch relativ günstig geblieben.

- Die durchschnittlichen Studienzeiten sind spürbar kürzer, die Abbrecherquoten deutlich niedriger als im Westen.

- Auch die in den alten Bundesländern immer wieder kritisierte Entscheidungsschwäche der Hochschulgremien ist nach meiner Einschätzung in den ostdeutschen Flächenstaaten kein ausgeprägtes Problem.[2]

- Schließlich ist auch daran zu erinnern, dass das erhoffte wirtschaftliche Zusammenwachsen der beiden Teile Deutschlands auch anderthalb Jahrzehnte nach dem Fall der innerdeutschen Mauer noch nicht gelungen ist, sondern seit der zweiten Hälfte der neunziger Jahre stagniert.[3]

Man sieht also, die Übertragung des (von den Innovationen ebenso wie von den Hypotheken der 70er und 80er Jahre geprägten) Hochschulmodells West in den Osten Anfang der 90er Jahre hat bis heute nicht zu einer völligen Angleichung der Hochschulwirklichkeiten in Deutschland geführt.

Ich denke, auch die zur Zeit anrollende neue Hochschulreformwelle, die ebenfalls stark von Themen mit westdeutschem Erfahrungshintergrund geprägt ist, wird das nicht erreichen. Damit es aber in den Hochschulen der Neuen Bundesländer nicht doch zu einer schematischen Übernahme von ungeeigneten Reformvorgaben kommt, ist für die Hochschulen im Osten *Unterscheidungsvermögen und Rückgrat* erforderlich.

---

[2] vgl. dazu den oben abgedruckten Beitrag , „Stärkung der Hochschulleitung durch Stärkung der Selbstverwaltung. Eine Alternative zum Präsidialmodell"

[3] vgl. dazu etwa R. Kreckel: Geteilte Ungleichheit im vereinten Deutschland – 12 Jahre danach, in: M. Bayer / S. Petermann (Hg.), Soziale Struktur und wissenschaftliche Praxis im Wandel. Festschrift zum 65. Geburtstag von Heinz Sahner, Wiesbaden: Verlag für Sozialwissenschaften 2004, S. 21-55

Bloßer hinhaltender Widerstand oder gar „Ostalgie" werden jedenfalls nicht genügen, um durchzusetzen, dass die ostdeutschen Besonderheiten ausreichend respektiert werden. Es muss vielmehr sorgfältig unterschieden werden zwischen den für *alle* deutschen Hochschulen wichtigen Reformerfordernissen *einerseits*, wie sie etwa in den Erklärungen der Europäischen Bildungsminister von Paris (1998), Bologna (1999), Prag (2001) und Berlin (2003) zum Ausdruck kommen. Auf sie wird man sich aktiv einlassen müssen. *Andererseits* muss den *spezifischen* Bedürfnissen der Hochschulen in den Neuen Bundesländern Rechnung getragen werden. Insbesondere dürfen sie – angesichts der spezifischen demographischen Gegebenheiten und des ökonomischen Entwicklungsrückstandes in Ostdeutschland – nicht auf das Modell der unterfinanzierten westdeutschen „Überlasthochschulen" zurückgeschnitten werden.

Ich halte es übrigens für durchaus wahrscheinlich, dass eine solche differenzierende Herangehensweise auch mit dazu beitragen könnte, die hektischen Hochschulreformdebatten, die gegenwärtig in Deutschland stattfinden, wieder in etwas gelassenere Bahnen zu lenken.

Nach dieser ersten Präzisierung, die darauf hinauslief, dass die Hochschulentwicklung in Sachsen-Anhalt im überregionalen und internationalen Zusammenhang zu sehen ist, kann die zweite Vorbemerkung sehr viel kürzer ausfallen: Wer über Hochschul-„Entwicklung" spricht, wie ich das hier tun will, der muss gleichzeitig von Entwicklungsverläufen und -ergebnissen der *Vergangenheit* und von Gestaltungsabsichten und -möglichkeiten für die Zukunft sprechen. Dabei gilt: Wer die *Zukunft* gestalten will, muss die Gegenwart verstanden haben. Wer aber die Gegenwart verstehen will, darf die Wirkungen der Vergangenheit nicht vergessen.

Mit anderen Worten, wenn man die *geschichtliche Gebundenheit von Reformen* unterschätzt und mit Modellen „vom grünen Tisch aus" arbeitet, läuft man Gefahr, Wertvolles zu zerstören – und am Ende das Ziel doch nicht zu erreichen.

2. Zur Genese der gegenwärtigen Situation

Nach diesen beiden einführenden Vorbemerkungen möchte ich deshalb jetzt, im zweiten Teil meiner Ausführungen, am Beispiel der Hochschulen Sachsen-Anhalts einige frühere Entwicklungsetappen nachzeichnen, die bis heute wirksam geblieben sind. Vor diesem Hintergrund will ich mich dann anschließend im dritten Teil der künftigen Entwicklung zuwenden – und zwar nicht als Utopist[4] und auch nicht als einer, der konkrete Umsetzungsvorschläge machen möchte. Meine Absicht ist es vielmehr, aus dem geschichtlichen Vorlauf und den derzeitigen Kontextbedingun-

---

[4] vgl. dazu die „utopische Retrospektive" im vorhergehenden Beitrag

gen heraus einige Argumente zusammenzutragen, die bei der Planung der nächsten Schritte eine Rolle spielen sollten. In diesem Sinne möchte ich, in äußerster Verknappung, die Entwicklungsgeschichte der Hochschulen in Sachsen-Anhalt mit Hilfe von sechs Punkten zu skizzieren. Dabei stütze ich mich unter anderem auch auf unveröffentlichte Dokumenten sowie auf meine persönlichen Erfahrungen als Prorektor und Rektor der Hallenser Universität in den Jahren 1994 – 2000 und ehemaliger Präsident der Landesrektorenkonferenz von Sachsen-Anhalt.

1. Die Vergangenheit der Hochschullandschaft Sachsen-Anhalts beginnt selbstverständlich nicht erst mit dem Tag der deutschen Vereinigung, auch nicht mit der Gründung der DDR. Sie beginnt sehr viel früher: Nur wer sich bewusst ist, dass auch die DDR-Hochschulen, nicht nur die im Westen, in hohem Maße von *deutschen akademischen Traditionen* (mit ihren positiven und negativen Seiten) geprägt waren, der kann verstehen, *dass* und *warum* die versuchte Sowjetisierung der ostdeutschen Hochschulen, zumal der alten Universitäten in der DDR, nie ganz gelungen ist. D.h., die 1990 in Sachsen-Anhalt bestehenden Hochschulen hatten – trotz jahrzehntelanger Ideologisierung und politischer Kontrolle, trotz Isolation und zunehmenden materiellen Verschleißes – noch immer eine *beachtliche akademische Substanz*, vor allem auf medizinischem, natur- und technikwissenschaftlichem Gebiet, aber auch in einigen geistes- und sozialwissenschaftlichen Bereichen. Der Wissenschaftsrat hat das in seinen damaligen Stellungnahmen ausdrücklich gewürdigt und auch die in vielen Bereichen sehr beachtliche Qualität der Hochschulausbildung in der DDR hervorgehoben. Auf diesen Gegebenheiten konnte in der Folgezeit aufgebaut werden.

2. Gewissermaßen als „Eröffnungsbilanz" für die heutige Hochschullandschaft in Sachsen-Anhalt möchte ich die *Situation am 3. Oktober 1990*, dem Tag der deutschen Einheit, ins Gedächtnis zurückrufen: Damals gab es in Sachsen-Anhalt neun staatliche Hochschulen – eine klassische Universität (Halle), die Technische Hochschule und die Medizinische Akademie in Magdeburg, zwei weitere Technische Hochschulen (Köthen, Merseburg) und eine Landwirtschaftliche Hochschule (Bernburg), zwei Pädagogische Hochschulen (Halle-Köthen, Magdeburg) sowie die Kunsthochschule Burg Giebichenstein in Halle.
An diesen 9 Hochschulen des Landes waren damals insgesamt ca. 18.100 Mitarbeiterinnen und Mitarbeiter beschäftigt, davon rund 6.000 Wissenschaftler, und es gab 20.600 Studierende. D.h., die Betreuungsverhältnisse waren hervorragend. Auf einen Wissenschaftler kamen 1989/90 in Sachsen-Anhalt 3,5

Studierende, während das Betreuungsverhältnis der westdeutschen Universitäten damals bei etwa 1:14 lag. [5]

Hinter diesem günstigen Betreuungsverhältnis verbargen sich allerdings erhebliche *Probleme*: Die Hochschulen waren schon zu DDR-Zeiten personell stark überbesetzt und z. T. überaltert. Für die Infrastruktur, die Geräte- und die Literaturausstattung standen nur völlig unzureichende Mittel zur Verfügung. Der bauliche Zustand der Hochschulen war, von wenigen Ausnahmen abgesehen, verheerend.

Man muss sich also klar machen: Selbst wenn es nicht zu Entlassungen im Zuge der „Abwicklung" systemnaher Bereiche und der kompletten Neustrukturierung der Hochschulen gekommen wäre – auch dann hätte die Annäherung an das westdeutsche Einkommensniveau und an eine in westlichen Hochschulsystemen übliche Personalstruktur unweigerlich zu Bedarfskündigungen und Einstellungsstopps an den damals bestehenden ostdeutschen Hochschulen führen müssen. Vor diesem Umstand darf man die Augen nicht verschließen. Das alte DDR-Hochschulsystem war schon zu DDR-Zeiten nicht ausreichend finanziert. Leider war es das auch in den Jahren danach nicht.

3. Fünf Jahre nach der Vereinigung, *im Jahr 1995*, war der personelle und institutionelle Umstrukturierungsprozess in Sachsen-Anhalt weitgehend abgeschlossen und die heute vorhandene Hochschulstruktur stand fest. Man muss sich das einmal plastisch vorstellen: Alle 1990 vorhandenen Professorenstellen waren für vakant erklärt und neu ausgeschrieben worden. Lediglich 25% dieser Stellen waren für ihre bisherigen Inhaber reserviert. Alle anderen mussten sich nochmals um ihre Stellen bewerben und der offenen Konkurrenz stellen. Nachdem diese Prozedur zum Ende gekommen war, gab es jetzt sieben staatliche Hochschulen – zwei Landesuniversitäten (Halle, Magdeburg), eine Kunsthochschule (Halle) und vier neue Fachhochschulen (Anhalt, Harz, Magdeburg, Merseburg)[6].

    Die Zahl der Personalstellen an den Hochschulen in Sachsen-Anhalt war in den 5 Nachwendejahren gezielt verringert worden, und zwar um ca. 5.200 Stellen. 1995 waren noch insgesamt 12.858 Stellen vorhanden, davon 4.636 Stellen für wissenschaftliches und künstlerisches Personal. Andererseits gab

---

[5] Quelle: Ministerium für Wissenschaft und Forschung des Landes Sachsen-Anhalt: Empfehlungen der Hochschulstrukturkommission zur Hochschul- und Wissenschaftsentwicklung des Landes Sachsen-Anhalt, Magdeburg 1992 („Empfehlungen")

[6] Außerdem gibt es zwei kleinere nichtstaatliche Hochschulen, die Theologische Hochschule Friedensau und die Evangelische Hochschule für Kirchenmusik Halle, sowie die Fachhochschule der Polizei Sachsen-Anhalt in Aschersleben, die im Zuständigkeitsbereich des Innenministeriums liegt

es im Oktober 1995 bereits 27.100 Studierende in Sachsen-Anhalt.[7] *D.h., die Zahl der Personalstellen war um etwa 30% zurückgegangen, die Zahl der Studenten um 30% angestiegen.* Das Betreuungsverhältnis zwischen Wissenschaftlern und Studenten lag nun bei etwa 1:6, immer noch eine sehr günstige Relation.

Hinter diesen nackten Zahlen verbergen sich allerdings *gegenläufige Entwicklungen*: Gleichzeitig mit dem Ab- und Umbau des alten Hochschulsystems war ein großzügiger Neuaufbau in Gang gesetzt worden. Den materiellen Rahmen dafür lieferte das von Bund und Ländern finanzierte Hochschulentwicklungsprogramm (HEP), das von 1991 bis 1995 ca. 330 Mio. Euro nach Sachsen-Anhalt brachte. Hinzu kam ein hoher Mittelzufluss für Bau- und Sanierungsmaßnahmen, wissenschaftliche Großgeräte und Bibliotheken aufgrund des Hochschulbaufördergesetzes (HBFG).

4. Acht Jahre lang, von 1992 bis 2000, hat es für die Hochschulen in Sachsen-Anhalt eine verbindliche Planungsgrundlage gegeben. Sie stützte sich auf die „Empfehlungen der Hochschulstrukturkommission zur Hochschul- und Wissenschaftsentwicklung des Landes Sachsen-Anhalt" vom März 1992 sowie auf die sog. „Kabinettvorlage" vom 3.11.1992.[8] In diesen Texten waren – neben der bereits angesprochenen Neugliederung der sieben staatlichen Hochschulen des Landes – weitere folgenschwere Entscheidungen vorbereitet worden: So bekannte sich das Land zu zwei voll ausgebauten Medizinischen Fakultäten in Halle und Magdeburg, ebenso zu zwei ingenieurwissenschaftlichen Universitätsstandorten, außerdem zu einer Reihe von fachlichen Doppelungen und Überschneidungen.

Man ging dabei von einer Ausbauplanung für *44.000 flächenbezogene Studienplätze* mit einer Personalausstattung von etwa 14.600 Stellen aus, davon 5.441 Stellen für wissenschaftliches Personal. Nach dem Personalabbau der Wendezeit sollte also wieder zugelegt werden. Die vorgegebene Zielgröße lief dabei auf eine durchschnittliche Betreuungsrelation von etwa 1:8 hinaus – noch immer ein gutes Verhältnis im bundesdeutschen Vergleich.[9]

Zwischen Plan und Wirklichkeit lagen allerdings Welten. Man muss nur an die teils turbulente, teils euphorische Umstrukturierungsphase der frühen 90er Jahre erinnern, um die – damals wahrscheinlich unvermeidbaren – Um-

---

[7] Angaben des Statistischen Landesamtes von Sachsen-Anhalt

[8] vgl. Empfehlungen, a.a.O., sowie Kabinettvorlage „Struktur und Entwicklung der Hochschulen von Sachsen-Anhalt o. J. (3.11.19992), unveröffentlicht, im Besitz des Verfassers. Die Kernaussagen dieser beiden Dokumente wurden im April 1998 in dem „Bericht des Beirats für Wissenschaft und Forschung beim Kultusministerium", herausgegeben vom Kultusministerium des Landes Sachsen-Anhalt, Magdeburg 1998 („Bericht"), nochmals ausdrücklich bekräftigt

[9] vgl. Empfehlungen, a.a.O., S. 19ff.; Bericht, a.a.O., S. 36

setzungsprobleme zu erkennen. Einige dieser "Kinderkrankheiten", die vielfach bis heute nachwirken, seien hier benannt:

- Angesichts des erheblichen Mittelzuflusses in den ersten Nachwendejahren (HEP, HBFG usw.) konnten sich zunächst *keine realistischen Vorstellungen* über die tatsächlichen finanziellen Rahmenbedingungen für die künftige Hochschullandschaft in Sachsen-Anhalt durchsetzen.

- Die *Verwaltungen* im Wissenschafts- bzw. Kultusministerium und in den Hochschulen waren zunächst nicht eingespielt, die aus dem Westen übernommenen Regelungen oft ungeeignet, die zu bewältigenden Probleme unbekannt.

- Die damaligen *Prognosen* über die künftige Entwicklung der Studierendenzahlen erwiesen sich als unzuverlässig, da die demographischen Veränderungen und das Studierverhalten der 90er Jahre noch nicht berücksichtigt werden konnten.

- Im politischen Bereich kam es in diesen Jahren zu mehrfachen Führungs- und Regierungswechseln. Unter diesen Umständen hat sich *keine dauerhafte hochschulpolitische Perspektive* herausgebildet. Als sich Mitte der 90er Jahre die finanziellen Engpässe des Landes abzuzeichnen begannen, wurde zunächst dennoch bewusst an den Zielvorgaben der ersten Stunde festgehalten, um auf diese Weise für die Zukunft „Fakten" zu schaffen. Etwa ab 1999/2000 setzte dann ein Kurswechsel ein.

Mir geht es hier nicht um Schuldzuweisungen, sondern um Sachzusammenhänge. Unübersehbar ist, dass die wichtigsten Rahmenbedingungen für die Entwicklung (und Nicht-Entwicklung) der Hochschulen in Sachsen-Anhalt politisch gesetzt worden sind. Aus Gründen, die ich hier nicht zu bewerten habe, ist es seit Mitte der 90er Jahre dazu gekommen, dass das Land zwar das verbindliche Ausbauziel (44.000 flächenbezogene Studienplätze) und die gesetzlichen Stellenpläne beibehalten hat, aber die für ihre Verwirklichung erforderlichen Finanzmittel nicht zur Verfügung stellte.

Das bedeutete, dass die Hochschulen jahrelang in *einer in sich widersprüchlichen Planungssituation* lebten – auf der einen Seite gab es einen rechtlich verbrieften Planungsrahmen, auf der anderen Seite die diffuse, nie spezifizierte Erfahrungstatsache, dass das Land die für die Umsetzung erforderlichen Haushaltmittel nicht bereitstellte.

5. Mit dem Beginn des neuen Jahrtausends ist dann in Sachsen-Anhalt eine neue Lage entstanden, die das mehrjährige Planungsvakuum beenden und einen neuen, dieses Mal verlässlichen Planungsrahmen liefern sollte: Ende Februar

2000 wurde die Kabinettsvorlage "Weiterentwicklung der Wissenschaftsland-schaft in Sachsen-Anhalt"[10] verabschiedet und zur Grundlage für eine neue Hochschulplanung gemacht, die auch im Landeshaushalt verankert wurde. Die Zielvorgaben von 1992 wurden dabei nach unten korrigiert und den Hochschulen ab 2001 ein *neuer mittelfristiger Planungsrahmen* vorgegeben:

- Das Ausbauziel von 44.000 flächenbezogenen Studienplätzen wurde, vorerst bis zum Jahr 2010, auf 33.000 zurückgenommen, also: auf 75 Prozent.

- Das Verhältnis von Universitäten zu Fachhochschulen wurde auf 55:45 (statt bisher 50:50) festgelegt.

- Für die Fachhochschulen bedeutete das ein „Einfrieren" auf der bisher realisierten ersten Ausbaustufe, bei ca. zwei Drittel der ursprünglichen Planungen. Bei ihnen, wie auch bei der Kunsthochschule, wurde eine Haushaltsbudgetierung eingeführt.

- Die Universitäten wurden dagegen zu einem tatsächlichen Rückbau auf 80 Prozent ihrer geplanten Stellenstruktur verpflichtet.

- Bei der größten und ältesten Hochschule im Lande, der Universität Halle, die als einzige bereits voll ausgebaut war, ergab sich daraus die Notwendigkeit zu einem realen Abbau von ca. 350 besetzten Personalstellen; bei den anderen Hochschulen wurden im wesentlichen nur die noch nicht realisierten bisherigen Planungsziele nach unten korrigiert.

- Die Gegenleistung des Landes bestand in der Zusicherung, den Hochschulen über mehrere Jahre feststehende Budgets und die volle Durchfinanzierung ihrer neuen Zielstrukturen zu garantieren.

- Außerdem sollten für eine auf vier Jahre bemessene Übergangszeit Sondermittel zur Unterstützung der erforderlichen Umstrukturierungsmaßnahmen, vor allem im Personalbereich, zur Verfügung gestellt werden.

In der Konsequenz dieser Beschlüsse haben die Hochschulen ihre Zielplanungen neu justiert. In der Tat konnten sie in den Jahren 2001 und 2002 wieder etwas Luft schöpfen, wieder planmäßige Stellenbesetzungen und Berufungen durchführen, und es stand ihnen auch wieder ein einigermaßen seriöser Sachmittelhaushalt zur Verfügung.

---

[10] unveröffentlichtes Dokument, im Besitz des Verfassers

6.   Aber der Frieden und die Verlässlichkeit hielten nicht lange an. Mit der 2002 gewählten neuen CDU-FDP-Landesregierung kamen bald neue Kürzungs- und Umstrukturierungspläne in Umlauf und Festlegungen der Vorgängerregierung wurden revidiert. Es wurde für die wissenschaftlichen und künstlerischen Hochschulen des Landes eine Kürzung der Haushaltmittel um 10% (ca. 30 Millionen Euro p. a.) ab 2006 beschlossen, mit der Zusicherung einer „90%+X-Summe" für 2004 und 2005. Mit dieser Vorgabe wurden die Hochschulen im Frühjahr 2003 zur Unterzeichnung von Zielvereinbarungen mit dem Kultusminister Prof. Dr. Jan Hendrik Olbertz gebracht. Aber auch das war noch nicht alles: Nach einem weiteren Kabinettsbeschluss vom 21.10. 2003[11] hat sich die Lage erneut zugespitzt. Die Martin-Luther-Universität als größte Hochschule des Landes sieht nun sogar einer Kürzung um 12,2% ab 2006 entgegen. Die flächenbezogenen Studienplätze sollen noch einmal – auf ca. 31.500 – nach unten korrigiert werden; der Studienplatzanteil der Fachhochschulen soll vergrößert werden. Gleichzeitig hat im Wintersemester 2003/2004 die Zahl der in Sachsen-Anhalt immatrikulierten Studierenden die Rekordhöhe von 48 736 erreicht – eine fast 50%ige Steigerung gegenüber vor nur fünf Jahren.[12] Damit beginnt sich nun auch das Ende der günstigen Betreuungsverhältnisse abzuzeichnen. Das Kultusministerium nennt jedenfalls bei seinen Berechnungen die westdeutsch geprägte Durchschnittsausstattung für Hochschulen als Referenzgröße. So ist es nur konsequent, wenn Kultusminister Olbertz kürzlich eingeräumt hat, dass nun das Instrument des Numerus Clausus eingesetzt werden müsse, um ein Überlaufen der stark nachgefragten Fächer an den Hochschulen des Landes zu verhindern. Dessen ungeachtet ist aber in den Planungspapieren des Ministeriums weiterhin von einer rechnerischen Unterauslastung der Hochschulen die Rede.[13]

Wie dem auch sei: Das Ende der Zeit der guten Betreuungsrelationen an den Hochschulen Sachsen-Anhalts ist jetzt wohl bald erreicht – in Gestalt des Bundesdurchschnitts von mittlerweile 1:15, einer Kennziffer des Mangels[14].

---

[11] Kultusministerium Sachsen-Anhalt, Hochschulstrukturplanung des Landes Sachsen-Anhalt, o.J. (Kabinettsvorlage vom 21.10.20003), unveröffentlichtes Dokument, im Besitz des Verfassers

[12] im Studienjahr 1998/99 waren an den Hochschulen Sachsen-Anhalts 32.900 Studierende immatrikuliert. Die Steigerungsrate beläuft sich somit auf 48,1%. Errechnet nach Angaben des Statistischen Bundesamtes (www.destatis.de)

[13] vgl. „Zur Umsetzung der Hochschulstrukturplanung des Landes", Schreiben des zuständigen Staatssekretärs Wolfgang Böhm an die Rektoren der Hochschulen von Sachsen-Anhalt vom 1.11. 2003, im Besitz des Verfassers

[14] vgl. Statistisches Bundesamt, Hochschulstandort Deutschland 2003, Wiesbaden 2003, S. 11

Perspektiven

Damit bin ich mit meiner zeitgeschichtlichen Skizze der Hochschullandschaft Sachsen-Anhalts in der Jetzt-Zeit angekommen, an der Schwelle zur gestaltbaren Zukunft. Wenn jetzt also die Frage angeschnitten wird, was jetzt zu tun ist, so sind dabei neben den Absichten, Hoffnungen und Möglichkeiten selbstverständlich auch die restriktiven Bedingungen künftigen hochschulpolitischen Handelns mit einzubeziehen.

In dieser Hinsicht stellt sich die Ausgangslage für die Hochschulen Sachsen-Anhalts nun durchaus ambivalent dar. Verantwortlich dafür sind vor allem die folgenden drei allgemeinen Rahmenbedingungen, die einerseits deutschlandweit wirken, andererseits aber auf die besonderen Umstände in Sachsen-Anhalt hin spezifiziert werden müssen:

1. Als erstes ist das bundesweit beklagte und von keiner Seite bestrittene Faktum der *chronischen Unterfinanzierung der Hochschulen* durch die staatlichen Haushalte zu nennen. Die politischen und wirtschaftlichen Ursachen dafür stehen jetzt nicht zur Diskussion.

    Was Sachsen-Anhalt anbetrifft, so liegt es mit seinem Steueraufkommen, seiner Wirtschaftskraft, seiner Staatsverschuldung in Deutschland weit hinten. Seine finanziellen Zukunftssorgen sind ganz erheblich. Einsparungen bei den Hochschulen sind deshalb in unserem Lande ein besonders naheliegendes finanzpolitisches Ziel, dem nicht leicht zu widerstehen ist.

2. Die große Struktur- und Finanzschwäche des Landes Sachsen-Anhalt müsste andererseits aber auch das Hauptmotiv dafür sein, gerade im Hochschulbereich *ganz besondere Anstrengungen* zu machen – frei nach dem geflügelten Wort des früheren sächsischen Wissenschaftsministers Hans Joachim Meyer: „Wenn ein armes Land wieder ein reiches werden will, bleibt ihm gar nichts anderes übrig, als sich das Hochschulwesen eines reichen Landes zu leisten".[15]

    Dies gilt auch für Deutschland insgesamt, wenn man in Betracht zieht, dass in der modernen „Wissensgesellschaft" Spitzenleistungen in der Forschung und eine exzellente Ausbildung der jungen Generation zu den Grundvoraussetzungen für wirtschaftlichen und sozialen Erfolg eines rohstoffarmen Landes unter internationalen Wettbewerbsbedingungen gehören.

3. Mit dem Stichwort *Wettbewerb* bin ich beim dritten Punkt angelangt, den ich in drei Unteraspekte aufgliedern möchte:

---

[15] Leipziger Volkszeitung, 2.5.2000

- Der erste Aspekt beinhaltet eine scheinbare Patentlösung, mit deren Hilfe der soeben angesprochene Widerspruch zwischen der finanzpolitischen Notwendigkeit zum Sparen und der strukturpolitischen Notwendigkeit zum Ausbau der Hochschulen überwunden werden soll: Ausgangspunkt ist dabei das populäre Urteil (bzw. Vorurteil), dass das derzeitige Hochschulsystem zu unwirtschaftlich, zu bürokratisch und zu kostspielig sei. An seiner Stelle müsse ein kostenrational arbeitendes Hochschulmanagement und vor allem mehr Wettbewerb und mehr Leistungskontrolle eingeführt werden. Auf diesem Wege lasse sich die Effektivität von Forschung, Lehre, Verwaltung und Dienstleistungen auch ohne finanzielle Aufwüchse steigern. Man glaubt – und man muss auch daran glauben, um das Ziel für realistisch halten zu können –, dass es gleichzeitig möglich sei, Mittel für die Hochschulen einzusparen und sie dennoch zu verbessern.

- Der zweite Aspekt der für die deutschen Hochschulen propagierten neuen Wettbewerbsorientierung erwächst aus dem – z.B. durch sog. „Bologna-Prozess" symbolisierten – Europäisierungs- und Internationalisierungsdruck für die Hochschulen. Auch hier ist der Wettbewerb zwischen Hochschulen und Standorten ein Schlüsselbegriff, der zu Schwerpunktbildungen, Exzellenzzentren der Forschung und zu attraktiven, international kompatiblen Studienangeboten führen soll – allerdings auch zu internationaler Kooperation und strategischer Netzwerkbildung zwischen Hochschulen.

- Der dritte Aspekt, unter dem sich der Wettbewerbsdruck auf die Hochschulen in Deutschland auswirkt, ist der Wettbewerb um staatliche Mittel. Zum einen konkurrieren dabei die Hochschulen untereinander. Zum anderen wird aber auch die Konkurrenz der Hochschulen mit anderen gesellschaftlichen Bereichen und Interessen um Haushaltsanteile immer ausgeprägter. Da die diesbezüglichen Prioritätenentscheidungen im politischen Raum gefällt werden, sehen sich die Hochschulen heute in einem früher unbekannten Ausmaß zum öffentlichen Nachweis ihrer Leistungsfähigkeit und Nützlichkeit gezwungen. „Evaluierung" und „Akkreditierung" sind die dazugehörigen Verfahren.

Die von mir soeben angesprochenen Gesichtspunkte – also: die Finanzprobleme, die Notwendigkeit zur Stärkung der Hochschulen und der Ruf nach vermehrter Wettbewerbsorientierung in ihren verschiedenen Facetten – sind zur Zeit in aller Munde. Dabei wird die hochschulpolitische Großwetterlage in Sachsen-Anhalt allerdings ganz eindeutig von der *äußerst prekären Einnahmen- und Schuldensituation des*

Landes geprägt.[16] Folgendes Beispiel mag das illustrieren: Bei einer Stellungnahme über die Zukunft der Theaterlandschaft in Sachsen-Anhalt, die ebenfalls in seine Zuständigkeit fällt, stellte Kultusminister Olbertz in aller Öffentlichkeit die verzweifelte Frage, „wie viel Spielraum uns mit gefesselten Händen und Füßen bleibt"[17] – eine für einen Politiker ungewöhnlich offene Äußerung. Mit Blick auf die Hochschulen und die nun anstehende neue Hochschulreform dürfte er die Lage kaum anders sehen. Also – was ist unter diesen Umständen noch zu tun?

Meine Antwort lautet lapidar: Es muss das getan werden, was notwendig ist. Genauer gesagt, es muss *jetzt endlich* getan werden. Im Laufe der letzten Jahre hat es in Sachsen-Anhalt bereits drei Expertenkommissionen gegeben, die sich mit der Lage der Hochschulen befasst haben. Sie alle haben gesehen, was notwendig ist: 1997/1998 war der „Beirat für Wissenschaft und Forschung" unter der Federführung des ehemaligen Vorsitzenden des Wissenschaftsrates, Prof. Dr. Gerhard Neuweiler, tätig und hat einen ausführlichen Bericht vorgelegt[18]. 2000/2001 hat die „Arbeitsgruppe Wissenschaftsstruktur des Kultusministers des Landes Sachsen-Anhalt" unter Leitung von Frau Staatsministerin a. D. Prof. Dr. Evelies Mayer eine Expertise erstellt[19]. Im vergangenen Jahr war es dann die „Arbeitsgruppe Hochschulstrukturen", deren Vorsitzender, der ehemalige Generalsekretär des Wissenschaftsrates Dr. Winfried Benz, einen Bericht vorlegte[20]. Allen drei Kommissionen waren die folgenden Grundtatsachen bewusst, die für jeden Experten unverkennbar sind:

- Noch bis etwa zum Jahr 2010 ist – rein auf der Basis demographischer Gegebenheiten – ein weiteres Anwachsen der Zahl der aus Sachsen-Anhalt stammenden Studierenden zu erwarten. Anschließend muss dann, aufgrund des dramatischen Geburtenrückganges nach 1990, mit einer deutlichen Verringerung der Zahl der Studierenden aus Sachsen-Anhalt gerechnet werden. Der voraussichtliche Tiefpunkt um 2012/13 könnte (je nach gewähltem Prognosemodell) bei einer Größenordnung zwischen 16 000 und 25 000 Studieren-

---

[16] nach Angaben des Finanzministeriums betrug die Steuerdeckungsquote des Landeshaushaltes 2002 41,4%. Rechnet man die sonstigen Landeseinnahmen hinzu, so liegt die Eigendeckungsquote bei etwa 47,5%. Der Rest wird aus dem Länderfinanzausgleich, Bundesergänzungszuweisungen und Europa-Mitteln sowie Schulden (Nettokreditaufnahme 2002 14,6%) bestritten. Vgl. Ministerium der Finanzen des Landes Sachsen-Anhalt, Mittelfristige Finanzplanung des Landes Sachsen-Anhalt 2003-2007, Magdeburg 2003 (Homepage des Finanzministeriums, www.sachsen-anhalt.de)

[17] zitiert nach: Mitteldeutsche Zeitung, 2. 1. 2004, S. 8

[18] vgl. Bericht des Beirats, a.a.O.

[19] vgl. „Bericht und Empfehlungen der Arbeitsgruppe Wissenschaftsstruktur des Kultusministers des Landes Sachsen-Anhalt", 20. 4. 2001, unveröffentlichtes Dokument, im Besitz des Verfassers

[20] vgl. AG Hochschulstrukturen, Bericht des Vorsitzenden Dr. Winfried Benz. Endfassung vom 10. Juli 2003, unveröffentlichtes Dokument, im Besitz des Verfassers

den liegen – sofern es nicht zu Zuwächsen von Außen oder einem veränderten Studierverhalten kommt. In den Folgejahren ist dann aus demographischen Gründen wieder mit einem allmählichen Anstieg zu rechnen.

- Bekannt war auch, dass die Finanzsituation des Landes die Doppelangebote an den Universitäten und Fachhochschulen nicht tragen würde, ebenso wenig den Ausbau zweier Volluniversitäten.

- Des weiteren war es seit Mitte der 90er Jahre für jeden mit der Situation der deutschen Hochschulen Vertrauten klar, dass die interne Studienstrukturreform, die auf ein gestuftes Studiensystem hinauslaufen muss, überfällig ist.[21] Im Zeichen des sog. Bologna-Prozesses ist die Dringlichkeit dieser Aufgabe mittlerweile für jeden erkennbar und in aller Munde.

- Und schließlich war es auch in allen Kommissionen bekannt, dass eine Stärkung der Hochschulautonomie und in Verbindung damit neue Formen der Qualitätssicherung und leistungsbezogenen Mittelvergabe unerlässlich waren.

Die erste der drei genannten Kommissionen konnte sich allerdings noch nicht dazu durchringen, diese Einsichten in ihrem Bericht klar zum Ausdruck zu bringen. Die zweite Kommission hat dann alles Nötige bereits deutlich gesagt; aber es wurde nicht umgesetzt. Die dritte, die Benz-Kommission, hat nun noch einmal alles das gesagt. Unterdessen ist aber viel Zeit verloren gegangen und eine neue Gefahr entstanden – der unzumutbare Zeitdruck.

Jedem ist klar: innerhalb von nur zwei Jahren, bis Anfang 2006, lassen sich alle die anstehenden Umstrukturierungen nicht durchführen – zumal dann nicht, wenn die Hochschulen ständig befürchten müssen, dass sich die Erfahrung wiederholt, die sie nach dem Einschnitt des Jahres 2000 machen mussten – dass nämlich nach 2006 gleich wieder die nächste Kürzungs- und Umstrukturierungsphase beginnen könnte.

Insofern ist es richtig und wichtig, dass die Hochschulen in Sachsen-Anhalt sich jetzt aktiv auf die Reformerfordernisse einlassen und den notwendigen Reformprozess einleiten, aber unter einer Bedingung: *Sie sollten alles daran setzen, um für sich eine Verlängerung des Planungszeitraumes bis mindestens 2012 zu erwirken* – und zwar vor allem aus folgenden Gründen. Zum einen lässt sich nur so sicherstellen, dass die erheblichen Werte, die in den letzten Jahren in den Hochschulen kostspielig und unter Opfern aufgebaut wurden, nicht wieder verloren gehen. Und zum zweiten ist es für die Hochschulen notwendig, schon jetzt damit zu beginnen, eine Brücke über das demographische Tal zu schlagen, das im zweiten Jahrzehnt zu über-

---

21 vgl. dazu auch mein „Blaues Papier" vom März 1997: Reinhard Kreckel, Anstöße zur Hochschulreform in Sachsen-Anhalt, Halle 1997, in diesem Band, S. 53-70

winden sein wird. Es sollte das Ziel sein, eine Grundversorgung mit intakten Hochschuleinrichtungen im Lande auch dann zu erhalten, wenn vorübergehend die Studierendenzahlen abnehmen. Denn die Gefahr ist groß, dass das, was einmal abgebaut wird, unwiederbringlich verloren sein wird.

Vordergründig betrachtet könnte also angesichts der demografischen und finanziellen Zukunftsaussichten einiges für eine deutliche Schrumpfung der Hochschullandschaft Sachsen-Anhalts sprechen. Aber dabei würde der zuvor skizzierte entwicklungsgeschichtliche Hintergrund außer Acht gelassen, außerdem auch der gerade genannte Umstand, dass eine unter erheblichen Kosten aufgebaute und leistungsfähige Hochschulstruktur im Lande existiert, deren Vernachlässigung sträflich wäre.

Deshalb sollte die vorübergehende demographische Entlastung der Hochschulen Sachsen-Anhalts im zweiten Jahrzehnt des 21. Jahrhunderts in erster Linie als Chance verstanden werden – und zwar *nicht* als Chance für Haushaltskürzungen, sondern als *Chance, die Hochschulen-Sachsen-Anhalts mit Augenmaß zu reformieren und erstmals nachhaltig zu stabilisieren.*

IV. Hochschulpolitische Anstöße und Vorstöße

Vielfalt als Stärke
Forschung an einer klassischen Volluniversität[1]

I. Vorbemerkung

„Wie bleiben Universitäten Stätten der Forschung?" Die Leitfrage, die dieser Arbeitskonferenz vorangestellt ist, klingt beklommen. In ihr schwingt die Besorgnis mit, dass – im Zeichen zunehmender Finanzknappheit und steigender Studentenzahlen – das Humboldtsche Gleichgewicht von Lehre und Forschung an den Universitäten immer mehr zu ungunsten der Forschung verschoben wird. In der Tat, betrachtet man etwa den letzten Bewilligungsbericht der DFG, so wird deutlich, dass von den zwischen 1991 und 1995 vergebenen 7,2 Mrd. DM ein Drittel auf nur 10 Hochschulen entfallen ist, 90 Prozent auf die Hälfte. Die andere Hälfte der insgesamt 89 DFG-geförderten Hochschulen (fast durchweg Universitäten) teilten sich die restlichen 10 Prozent. Dort findet, mit anderen Worten, so gut wie keine nach DFG-Kriterien begutachtete Drittmittelforschung statt.[2] Sind wir also schon längst auf dem Weg der Ausdifferenzierung zwischen Forschungsuniversitäten und Lehruniversitäten?

Vieles spricht dafür. Will man diese Entwicklung nicht hinnehmen, so muss etwas dagegen getan werden. Im Folgenden soll geklärt werden, was eine alte Volluniversität in einem neuen Bundesland, die Martin-Luther-Universität Halle-Wittenberg, tun kann, um Forschungsuniversität zu bleiben. Zuvor werden aber 7 allgemeine Prämissen benannt, die erkennbar machen sollen, wie differenziert die

---

[1] Beitrag zum Workshop der Darmstadt-Kassel-Runde „Wie bleiben Universitäten Stätten der Forschung?" Darmstadt, 28.5.1999. Eine gekürzte Fassung ist erschienen in: Deutsche Universitätszeitung (DUZ) 24/1999, S. 14-15

[2] DFG, Bewilligungen nach Hochschulen. Bewilligungsvolumen 1991 bis 1995. Anzahl kooperativer Projekte im Jahr 1996. Bonn - Bad Godesberg o. J.

Ausgangsbedingungen für die Universitäten sind, die als Stätten der Forschung bestehen wollen.

2. Allgemeine Prämissen

2.1 „Forschung ist nicht gleich Forschung"

Idealtypisch lässt sich zwischen „Gelehrtenforschung" und „Experimentalforschung" unterscheiden, zwischen „scholars" und „scientists" (Hans Maier). Ausgeprägter Drittmittelbedarf besteht nur bei letzteren. Im Zeichen allgemeiner Finanzknappheit wird jetzt an den Universitäten allenthalben die Drittmittelforschung besonders bevorzugt und prämiert. Damit gerät die „Gelehrtenforschung" ins Hintertreffen, die vor allem in den studentenstarken philosophischen und juristischen Fakultäten und auch in der Theologie zu Hause ist. Denn: "The humanities don't raise research grants" (Michael Shattock). Universitäten, die das nicht genügend berücksichtigen und die bei der Förderung von Schwerpunkten die drittmittelstarken Disziplinen zu stark bevorzugen, verhelfen damit dem szientistischen Forschungsparadigma zur Vorherrschaft, zum Schaden der Gelehrsamkeit.

2.2 „Universitäten sind nicht gleich Universitäten"

Es ist zweckmäßig, zwischen „klassischen Volluniversitäten" und „modernen Schwerpunktuniversitäten" zu unterscheiden. Etwa ein Viertel der deutschen Universitäten, darunter viele sehr alte, gehören zur ersten Kategorie. Neben den traditionellen „oberen Fakultäten" (Theologie, Jura, Medizin) haben sie typischerweise ein breites natur-, sozial- und geisteswissenschaftliches Fächerspektrum, häufig auch ein ingenieurwissenschaftliches Standbein. Sie sind auch der Ort für die sogenannten „kleinen Fächer". Die Schwerpunktuniversitäten dagegen verfügen nur über eine begrenzte Fächerpalette, meist sind es Neugründungen. Ihnen fällt eine klare Profilbildung und Prioritätensetzung deshalb leichter. Das ist gut so. Dennoch sollte der Umstand, dass die große Mehrzahl der deutschen Universitäten heute Schwerpunktuniversitäten sind, nicht dazu führen, deren Profilierungsstrategien auf alle Universitäten auszudehnen. Insofern ist Gabriele Behlers Aussage, „die Volluniversität ist als Leitbild nicht mehr zeitgemäß" (Die Welt, 19.5.1999) oder Klaus Landfrieds Berliner These, „die Universität der Zukunft ist eine unvollständige Universität" (HRK-Jahresversammlung, 7.5.1998), zu relativieren: Richtig ist, dass man auch an den klassischen Universitäten die Kräfte konzentrieren sollte und dass „nicht alle alles haben" müssen.

Aber einige – eben die klassischen Volluniversitäten – sollten doch „fast alles haben", also: ein breites Angebot an Fächern und Forschungsfeldern. Innerhalb dieser Fächer müssen sie dann freilich Schwerpunkte und Prioritäten setzen, da in der Tat nirgendwo „alles" auf höchstem Forschungsniveau vertreten werden kann.

Freilich lässt sich die Existenz von Volluniversitäten nicht mehr allein aus ihrer Tradition heraus rechtfertigen, die oft zu einem unverbundenen Nebeneinander der Fakultäten erstarrt ist. Heute sind sie gefordert, ihren Vorteil voll auszuspielen, der in den vielen Möglichkeiten interdisziplinärer Forschungs- und Lehrkooperation „unter einem Dach" liegt. Nur wenn sich die Idee der „universitas litterarum et scholarum" auch heute noch als leistungsfähig erweist, verdient sie es, ihre Leitbildfunktion für das Hochschulwesen zu behalten.

2.3 Studium für ein Drittel der Bevölkerung bei wachsender Unterfinanzierung

Anfang der 60er Jahre studierten rund 5 Prozent eines Altersjahrgangs. Heute sind es über 30 Prozent, mit steigender Tendenz. Die Hochschulfinanzierung hält damit nicht Schritt. Während die Studierendenzahlen in den alten Bundesländern von 1977 bis 1997 um 78 Prozent gestiegen sind, hat der Lehrkörper nur um 10 Prozent zugenommen, und der reale Finanzaufwand pro Studierenden ist sogar um ein Drittel gesunken (Josef Lange). Mit dieser Entwicklung rückt die Ausbildungsaufgabe der Universitäten zwangsläufig immer mehr in den Vordergrund. Numerus-Clausus-Bestimmungen und die Kapazitätsverordnung tun ihr übriges, um die sogenannten „Überlast" zur Norm werden zu lassen. Während immer weitere Bevölkerungskreise ein Hochschulstudium ergreifen, wird der Anteil der Studierenden an der Gesamtstudierendenschaft, für die Forschung und Wissenschaft ein plausibles Studien- und Berufsziel sind, immer geringer. Das Humboldtsche Ideal der forschungsnahen Lehre gerät unter doppelten Druck. Es fehlen die Mittel, und die Studienmotive verschieben sich.

2.4 Konzentration von Forschung im außeruniversitären Bereich

Angesichts der chronischen Unterfinanzierung und Ausbildungsüberlastung der Universitäten liegt es nahe, die Mittel für die öffentlich finanzierte Grundlagen- und Großforschung auf wenige reine Forschungsinstitutionen zu konzentrieren: Max-Planck-Institute, Institute der Leibniz- und der Helmholtz-Gemeinschaft, Fraunhofer-Institute. Dort ist die infrastrukturelle, finanzielle und personelle Ausstattung schon heute unvergleichlich günstiger als an den Universitäten. In dieser Lage sind Missgunst und Konkurrenzkämpfe der Universitäten gegen die „Außeruniversitären" jedoch fehl am Platze. Das Motto kann nur lauten: „If you can't beat them, join them". Das heißt, überall dort, wo außeruniversitäre Forschungsressourcen vorhanden sind, sind die Universitäten gut beraten, komplementäre Forschungsprioritäten zu setzen und in Kooperation mit den außeruniversitären Institutionen wirklich konkurrenzfähige Leistungsschwerpunkte zu bilden.

2.5 Nachwuchsqualifizierung als Erfolgsdeterminante des Forschungssystems

Seit der Gründung der Fachhochschulen haben die Universitäten (einschließlich der technischen, pädagogischen und künstlerischen Hochschulen) ihre Graduierungsmonopole im tertiären Bildungsbereich verloren. Ebenso ist ihre Monopolstellung in der Grundlagenforschung angesichts des Bedeutungsgewinns der außeruniversitären Forschungseinrichtungen schon seit langem nicht mehr vorhanden. Geblieben ist aber das Monopol für die Qualifikation (Promotion und Habilitation) des Nachwuchses. Hier hat man sich nach der deutschen Vereinigung bewusst gegen das DDR-Modell entschieden, das auch den Akademien der Wissenschaften das Promotions- und Habilitationsrecht zubilligte. In dem soeben veröffentlichten Bericht der internationalen Kommission zur Systemevaluation der Deutschen Forschungsgemeinschaft und der Max-Planck-Gesellschaft wird deutlich, dass die „forschungsbasierte Nachwuchsqualifizierung eine wichtige Erfolgsdeterminante für das gesamte deutsche Forschungssystem" ist.[3]

So gesehen, ist die einzige Kernfunktion der Universitäten, die sie mit niemandem teilen, die kontinuierliche Heranbildung wissenschaftlichen Nachwuchses. Wissenschaftlicher Nachwuchs aber kann nur in einem hochklassischen Forschungsumfeld gedeihen. Universitäten müssen folglich Forschungsuniversitäten sein.

2.6 Disziplinäre Lehre, interdisziplinäre Forschung

Generell gilt, dass wichtige Neuentdeckungen und wissenschaftliche Durchbrüche vor allem in inter- und transdisziplinärer Forschung erzielt werden. Disziplinäre Forschung ist „normal science" (Thomas Kuhn). Dennoch ist es unerlässlich, dass junge Studierende und künftige NachwuchswissenschaftlerInnen zunächst in einer „normalen" Disziplin ausgebildet werden, dass sie ihren Geist und ihr methodisches Instrumentarium erst einmal „disziplinieren", bevor sie sich auf das Wagnis der forschenden Grenzüberschreitungen einlassen können. Sicherlich sollte interdisziplinäre Offenheit in jedem Studium angelegt sein, aber die Identität des Fa-

---

[3] W. Krull (Hg.): Forschungsförderung in Deutschland. Bericht der internationalen Kommission zur Systemevaluation der Deutschen Forschungsgemeinschaft und der Max-Planck-Gesellschaft. Hannover 1999, S. 15

ches darf nicht von Anfang an zerfließen. Das bedeutet, dass Forschungsuniversitäten strukturelle Vorkehrungen dafür treffen müssen, dass disziplinäre Lehre *und* interdisziplinäre Forschung günstige Voraussetzungen finden.

2.7 Strukturelle Verwerfungen zwischen Universitäten der alten und der neuen Bundesländer

Noch sind die Studierendenzahlen im Osten deutlich geringer als im Westen, obwohl sie sich dem gesamtdeutschen Niveau zusehends annähern. Die durchschnittliche Studiendauer ist noch immer merklich kürzer. Die Studienzufriedenheit ist deshalb, wie Umfragen immer wieder belegen, in den neuen Bundesländern vergleichsweise hoch. Der personelle Neuaufbau der Ostuniversitäten ist angesichts knapper Kassen noch nicht abgeschlossen, und ein Teil der Stellen des wissenschaftlichen Mittelbaus ist nach wie vor mit mehr lehr- als forschungsorientiertem Personal belegt. Die chronische Unterfinanzierung wird besonders in dem noch immer extrem sanierungsbedürftigen Hochschulbaubereich und bei der Erneuerung von Geräten spürbar – also: in Bereichen mit großer Forschungsrelevanz.

Der Universitätsforschung kommt aber gerade in den neuen Bundesländern besondere Bedeutung zu, weil die Industrieforschung, in der zu DDR-Zeiten ein großer Teil der Grundlagenforschung und der Nachwuchsqualifizierung mitbetrieben wurde, fast völlig verschwunden ist. Springen die Universitäten hier nicht in die Bresche, kommt es zu einem dauerhaften wissenschaftlichen Substanzverlust.

3. Die Universität Halle-Wittenberg als Forschungsuniversität

Die Martin-Luther-Universität Halle-Wittenberg ist eine klassische Volluniversität mit zur Zeit ca. 13.000 Studierenden und 7 Fakultäten (Theologische, Juristische, Wirtschaftswissenschaftliche, Landwirtschaftliche, Medizinische, Philosophische und Mathematisch-Naturwissenschaftlich-Technische Fakultät mit eigenem ingenieurwissenschaftlichem Fachbereich). Sie versteht sich als Forschungsuniversität, die bereits unmittelbar nach der Wende daran ging, Rückstände wettzumachen. Ideologisch belastete Bereiche (Jura, Wirtschaftswissenschaften, Teile der Philosophischen Fakultät) wurden völlig neu aufgebaut, die anderen Bereiche neu strukturiert. Zusätzliche Turbulenzen entstanden durch die Integration der PH Halle-Köthen sowie von Teilen der TH Merseburg.

Die Martin-Luther-Universität als eine Forschungsuniversität mit einem breiten Spektrum von „Experimental"- und „Gelehrten"-Disziplinen ist zu konturenreich, um sich als „Schwerpunktuniversität" mit nur wenigen Forschungsprioritäten verstehen zu können. Stromlinienförmigkeit kann nicht ihr Ziel sein. Ihre Fächerkonturen sind ihr Profil. Das heißt aber nicht, dass auf die Bündelung von

Kräften verzichtet werden kann. Dabei hat das von Evelies Mayer zitierte Merton-sche „Matthäus-Prinzip" durchaus seine Geltung: „Wer hat, dem wird gegeben." Oder genauer: Dort, wo – innerhalb oder außerhalb der Universität – bereits besondere Leistungsträger und Ressourcen vorhanden sind, dort wird weiter verstärkt, um das Entstehen von wirklichen Exzellenzknotenpunkten zu fördern.

Mit anderen Worten, Forschungsaktivität auf hohem Niveau muss in allen Bereichen der Universität erwartet und auch ermöglicht werden, um die besondere Kernaufgabe der Universität, die Reproduktion der Wissenschaften durch die Heranbildung von hochqualifiziertem Nachwuchs, wirklich erfüllen zu können. Die Martin-Luther-Universität – als einzige Volluniversität in Sachsen-Anhalt – trägt hier auch auf Landesebene eine besondere Verantwortung. Sie muss in der Nachwuchsqualifizierung und in der Forschung national und international voll mithalten können.

Will man aber das Wort „Spitzenforschung" nicht inflationär gebrauchen, sondern nur solchen Forschungsleistungen und Forscherpersönlichkeiten vorbehalten, die in der Fachwelt allerhöchstes Renommee erreichen, dann muss echte Spitzenforschung stets die Ausnahme bleiben. Den Boden für solche Ausnahmeleistungen zu bereiten ist freilich die Aufgabe der Universität.

Die Universität Halle-Wittenberg hat sich hierfür u.a. das Instrument der *interdisziplinären wissenschaftlichen Zentren* (IWZ) geschaffen. Sie folgt damit dem Motto, dass die grundständige Lehre disziplinär, die Forschungs- und Nachwuchsqualifizierung aber möglichst interdisziplinär stattfinden soll und dass die vielen unter ihrem Dach vorhandenen Fachdisziplinen fruchtbar zusammengeführt werden.

Der Akademische Senat der Universität hat sich bereitgefunden, 8 Prozent der Haushaltsmittel für Forschung und Lehre und 25 Planstellen für zur Zeit 8 interdisziplinäre wissenschaftliche Zentren bereitzustellen. Die Zuweisung der Mittel und Stellen ist grundsätzlich zeitlich befristet, die Zentren werden nach 4 Jahren einer externen Evaluation durch DFG-benannte Gutachter unterzogen. Sie werden von einem internationalen Beirat begleitet. Die beiden ersten Zentren (Zentrum für Europäische Aufklärung, Zentrum für Schulforschung und Lehrerbildung) sind schon mit Erfolg evaluiert worden. Ein Zentrum wurde vom Senat bereits vor der Evaluation wegen fehlender Entwicklungsperspektiven suspendiert. Da die verfügbaren Mittel begrenzt sind, entsteht ein Wettbewerbsdruck in der Universität. Zwei relativ konkrete Gründungsabsichten stehen schon in Wartestellung.

Das Gründungsprinzip bei der Etablierung von IWZ ist es, wie gesagt, auf vorhandenen Ressourcen aufzubauen und sie zu verstärken. Zur Zeit gibt es an der Universität Halle-Wittenberg drei experimentalwissenschaftliche und vier geisteswissenschaftliche Zentren sowie das in beiden Bereichen verankerte Universitätszentrum für Umweltwissenschaften. Zwei der drei experimentalwissenschaftlichen

IWZ stützen sich auf große Forschungsverfügungsbauten, die mit EU-Mitteln errichtet wurden bzw. errichtet werden:

3.1 Biozentrum

Das Biozentrum ist die Stätte gemeinsamer Forschungen für Wissenschaftler aus den Bereichen der Biologie, Biochemie, Pharmazie und Chemie, Bioverfahrenstechnik, Landwirtschaft und Medizin. Das Innovationskolleg „Signaltransfer" und der SFB 363 (Molekulare Zellbiologie pflanzlicher Systeme) sind hier verankert, ebenso ein Graduiertenkolleg. Das Biozentrum ist die Drehscheibe des biowissenschaftlichen Leistungskerns im Raum Halle, dem auch die beiden Blaue-Liste-Institute für Pflanzenbiochemie (IPB) und für Pflanzengenetik und Kulturpflanzenforschung (IPK) sowie die Max-Planck-Forschungsstelle „Enzymologie der Proteinfaltung" angehören.

3.2 Interdisziplinäres Zentrum für Angewandte Medizinische und Humanbiologische Forschung (ZAMED)

Dieses Zentrum ist zur Zeit noch im Aufbau, der Forschungsverfügungsbau ist im Entstehen. Es werden dort Forschungen aus der Medizin, der Biologie und Biochemie/Biotechnologie sowie der Medizintechnik ihren Standort haben und damit den biowissenschaftlichen Forschungsschwerpunkt der Universität weiter verstärken und mit den Forschungsschwerpunkten der Medizinischen Fakultät (Onkologie, Herz-Kreislauf-Forschung, Umweltmedizin) in Verbindung bringen.

3.3 Zentrum für Materialwissenschaften

Beteiligt sind hier WissenschaftlerInnen der Physik, der Chemie und der Ingenieurwissenschaften/Werkstoffwissenschaft sowie der Medizintechnik, die zusammen mit dem Max-Planck-Institut für Festkörperphysik und in enger Kooperation mit dem Fraunhofer-Institut für Werkstoffmechanik für eine materialwissenschaftliche Schwerpunktbildung in Halle sorgen. Hier werden auch die Forschungsarbeiten des Innovationskollegs „Neue Polymermaterialien" fortgeführt. Das Forschungsumfeld wird durch den SFB 418 „Struktur und Dynamik nanoskopischer Inhomogenitäten in kondensierter Materie" und zwei Graduiertenkollegs verstärkt.

3.4 Universitätszentrum für Umweltwissenschaften (UZU)

Das UZU steht in enger Kooperation mit dem Umweltforschungszentrum Leipzig-Halle, einer Großforschungseinrichtung. Es wird zur Zeit von Geowissen-

---

schaftlern und Angehörigen der Landwirtschaftlichen Fakultät geprägt, hat aber auch rechts- und sozialwissenschaftliche sowie umwelttoxikologische Interessen.

3.5 Interdisziplinäres Zentrum für die Erforschung der Europäischen Aufklärung (IZEA)

In diesem Zentrum sind vor allem Historiker, Literaturwissenschaftler und Politologen tätig. Arbeitsgrundlagen sind die reichen Quellen und Buchbestände der Franckeschen Stiftungen und der Universitäts- und Landesbibliothek, die in einer eigenen, mit erheblichen Mitteln der VW-Stiftung geförderten Sonderbibliothek zusammengefasst sind. Hauptforschungsgebiete sind die hallesche Frühaufklärung im europäischen Zusammenhang sowie die europäische Spätaufklärung. Im IZEA ist die DFG-Forschergruppe „Selbstaufklärung der Aufklärung" mit mehreren interdisziplinären Teilprojekten verankert. Nach der erfolgreichen externen Evaluierung ist dieses Zentrum bereits in seiner zweiten Phase.

3.6 Interdisziplinäres Zentrum für Pietismusforschung in Verbindung mit den Franckeschen Stiftungen

Das Pietismuszentrum hat jetzt, mit Abschluss der Rekonstruktionsarbeiten an der historischen Bibliothek der Franckeschen Stiftungen, eine angemessene Arbeitsstätte gefunden, in der Theologen, Historiker und Literaturwissenschaftler den traditionellen halleschen Forschungsschwerpunkt wieder neu aufbauen können. Ein umfangreiches bibliographisches und editorisches Arbeitsprogramm ist bereits in Gang gekommen. Größere historische und religionswissenschaftliche Forschungsprojekte sind in Vorbereitung.

3.7 Zentrum für Schulforschung und Fragen der Lehrerbildung

In diesem Zentrum wurde die externe Evaluation bereits vollzogen, mit sehr positivem Ergebnis. Die Besonderheit ist hier, dass sich neben Mitgliedern des erziehungswissenschaftlichen Fachbereiches auch die in den verschiedenen natur-, geistes- und sozialwissenschaftlichen Lehrerbildungsstudiengängen verankerten Fachdidaktiker zu gemeinsamen Forschungen zusammenfinden. Das Zentrum wirkt als eine wichtige unabhängige Forschungs- und Beratungsinstanz für das Kultusministerium des Landes Sachsen-Anhalt. Vor allem aber ist hier eine größere Anzahl von DFG-Projekten verankert. Sie sorgen, so der Evaluationsbericht, dafür, dass Halle zu einem überregional anerkannten Zentrum der Schulforschung und der hochschuldidaktischen Forschung geworden ist.

3.8 Orientwissenschaftliches Zentrum (OWZ)

An der Martin-Luther-Universität Halle-Wittenberg besteht ein traditioneller Forschungsschwerpunkt in der Islamistik und Orientarchäologie. Die wertvolle Bibliothek der Deutschen Morgenländischen Gesellschaft konnte zurückgewonnen werden, und das Sondersammelgebiet „Vorderer Orient/Nordafrika" der DFG ist an die Universitäts- und Landesbibliothek in Halle verlagert worden. Im Jahr 1999 beginnt auch der Aufbau des neuen Max-Planck-Institutes für ethnologische Forschung in Halle. Komplementär dazu entsteht ein Universitätsinstitut für Ethnologie. Der Bündelung all dieser neuen Ressourcen dient das Orientwissenschaftliche Zentrum, das Ende 1999 eröffnet wird. Von ihm werden vor allen Dingen auch verstärkte Impulse zu einer gegenwartsbezogenen Orientforschung auf breiter methodischer Grundlage erwartet.

4. Schlussbemerkung

Das Beispiel der interdisziplinären wissenschaftlichen Zentren soll zeigen, wie sich die Martin-Luther-Universität Halle-Wittenberg trotz streng begrenzter Mittel dafür einsetzt, die in der Vielfalt ihrer Disziplinen liegende Stärke voll zur Entfaltung zu bringen. Interne interdisziplinäre Kooperation und ein intensives Aufeinanderzugehen von Universität und außeruniversitären Forschungseinrichtungen sind dabei der eingeschlagene Weg.

Daneben gibt es, im Universitätendreibund Halle-Jena-Leipzig, auch erste erfolgreiche Bemühungen zu einer überregionalen Kräftebündelung. Sie ist besonders in den sog. „kleinen Fächern" erfolgversprechend, wie etwa in der Japanologie und der Ethnologie, wo bereits Berufungen aufeinander abgestimmt wurden. Die Universitäten Leipzig, Jena und Halle – drei alte Universitäten, die in Konkurrenz zu den neuen Schwerpunktuniversitäten in ihren jeweiligen Landeshauptstätten stehen – sind sich auch in dem Ziel einig, dass sie die Leistungsfähigkeit klassischer Volluniversitäten unter heutigen Bedingungen unter Beweis stellen wollen. Wenn es ihnen gelingt, den Vereinseitigungstendenzen entgegenzuwirken, die das heutige Forschungsförderungssystem mit sich bringt, und wenn sie ihre Vielfalt so nutzen, dass dabei neue Kombinationen und weiterführende Forschungsperspektiven entstehen, so wird die Volluniversität ihre Rolle als Leitbild für die deutsche Hochschullandschaft auch weiterhin behalten können.

Volluniversitäten sind nicht nur Stätten der Lehre, der Forschung und der Nachwuchsqualifikation. Sie sind auch geistige Zentren. Werden sie durch kurzfristige Sparzwänge in Mitleidenschaft gezogen, nimmt das wirtschaftliche und das kulturelle Potential einer ganzen Region langfristig Schaden. Eine gewachsene Struktur wie die 500jährige Martin-Luther-Universität Halle-Wittenberg, die sich bis heute immer wieder als anpassungs- und leistungsfähig erwiesen hat, ist ein kostbares Erbe. Stutzt man sie auf ein Einheitsmaß zurück, verliert sie ihre besondere Stärke, die gerade in ihrer Vielfalt liegt.

Bachelor- und Masterstudiengänge im internationalen Vergleich
Umsetzungsorientierte Überlegungen am Beispiel von Soziologie und Politikwissenschaft[1]

Die sachliche Grundlage für dieses Referat liefert die Studie „*Bachelor – und Master-studiengänge in Geschichte, Politikwissenschaft und Soziologie an ausgewählten britischen und US-amerikanischen Hochschulen im Vergleich mit deutschen Beispielen*", die Heidrun Jahn vom Institut für Hochschulforschung Wittenberg zusammen mit mir im Oktober 1998 im Auftrag des DAAD angefertigt hat. Ich werde den Inhalt dieser Studie, die im Konferenzband veröffentlicht wird[2], jetzt nicht noch einmal zusammenfassen, sondern versuchen, einige weiterführende Folgerungen und Anregungen zu formulieren. Es wäre meines Erachtens für dieses Auditorium auch nicht sehr instruktiv, nun zum wiederholten Male den Umstand darzulegen, wie unterschiedlich die Bachelor- und Masterstudiengänge für Politologen und Soziologen der britischen und US-amerikanischen Universitäten sind und wie sehr die dortigen Rahmenbedingungen sich von den hiesigen unterscheiden. Das kann ich mittlerweile als sattsam bekannt voraussetzen.

Noch etwas Zweites, Positives hindert mich daran, mich allzu sehr auf unsere vor einem Jahr fertiggestellte Vergleichsstudie zu beziehen: In der Tat hat sich nämlich die Bachelor-/Master-Diskussion so rasant entwickelt, dass vieles, was vor 12 Monaten noch interessant zu sein schien, heute schon wieder überholt ist – unter anderem auch Dank der von DAAD, HRK und Stifterverband vorangetriebenen Bachelor-Master-Konferenzen.

Meine folgenden Ausführungen beziehen sich primär auf zwei Studienfächer – die Politikwissenschaft und die Soziologie. Die Hauptkennzeichen dieser beiden benachbarten Fächer in Deutschland möchte ich so kennzeichnen:

---

[1] Vortrag auf der Konferenz „Bachelor und Master als Hochschulabschlüsse in den Wirtschafs, Rechts- und Sozialwissenschaften" im Wissenschaftszentrum Bonn, 3.11.1999; leicht veränderte Fassung des Erstabdrucks in: Deutscher Akademischer Austauschdienst (Hg.), Bachelor und Master in den Wirtschafts-, Rechts- und Sozialwissenschaften, Bonn: Bundesdruckerei 2000, S. 169-176. Heute, 5 Jahre später, ist der sog. „Bologna-Prozess" in aller Munde, und die Einrichtung gestufter Studiengänge beginnt auch in Deutschland Fahrt aufzunehmen. Dennoch hat sich nach meiner Einschätzung an den grundlegenden Fragen, die ich damals angesprochen habe, kaum etwas geändert.

[2] vgl. Jahn, Heidrun / Kreckel, Reinhard, „Bachelor- und Masterstudiengänge in Geschichte, Politikwissenschaft und Soziologie an ausgewählten britischen und US-amerikanischen Hochschulen im Vergleich mit deutschen Beispielen". In: Deutscher Akademischer Austauschdienst (Hg.), Bachelor und Master in den Wirtschafts-, Rechts- und Sozialwissenschaften, Bonn: Bundesdruckerei 2000, S. 177-243

- hohe studentische Nachfrage,
- geringer Professionalisierungsgrad der Berufsfelder (womit sie die allgemeine Tendenz zur „Entberuflichung" der Arbeit in der heutigen Gesellschaft bereits vorweggenommen haben),
- Nebeneinander von Diplom-, Magister- und Staatsexamensabschlüssen,
- relativ geringe interne Ausdifferenzierung der Fächer (4-5 Professuren gelten als ausreichend für einen Hauptfachstudiengang),
- beide Fächer liegen im Übergangsbereich zwischen hermeneutischen Geistes- und experimentellen Sozialwissenschaften, und sie sind nach beiden Seiten hin offen,
- ihre Curricula sind primär wissenschafts-, weniger praxisorientiert,
- es handelt sich durchweg um Universitätsstudiengänge,
- und abschließend noch: Beide Fächer sind in den neuen Bundesländern nahezu völlig neu aufgebaut worden, da ihre Vorläufer in der DDR stark belastet waren. Das gilt für die Politikwissenschaft noch stärker als für die Soziologie.[3]

Für die weitere Diskussion setze ich nun eine Reihe von *Prämissen* als gegeben voraus, die ich kurz zusammenfasse und nicht mehr stärker diskutieren möchte:

1. Prämisse

Wie ich schon angedeutet habe, kann man inzwischen voraussetzen (und auch unsere eigene Vergleichsstudie belegt das), dass von einem einheitlichen angelsächsischen System der Bachelor-Master-Abschlüsse nicht die Rede sein kann. Sowohl innerhalb als auch zwischen der britischen und der nordamerikanischen Variante sind die inhaltlichen und die qualitativen Unterschiede dafür viel zu groß.

2. Prämisse

Was immerhin erkennbar ist, ist die internationale Tendenz zur dreigliedrigen Stufung der akademischen Abschlüsse. Dafür haben sich, bei aller inhaltlichen und qualitativen Divergenz, standardisierte Bezeichnungen durchgesetzt, nämlich: Bachelor/Bakkalaureus; Master/Magister; Ph.D./Doktor. Die Haupt-„Ausreißer" sind die Franzosen mit einem vielstufigen System – und eben die Deutschen, die immer noch auf einem ungegliederten vier- bis fünfjährigen Regelstudium beharren.

---

[3] vgl. dazu etwa: Kreckel, Reinhard, „Soziologie an den ostdeutschen Universitäten. Abbau und Neubeginn". In: B. Schäfers (Hg.), Soziologie in Deutschland, Opladen: Leske & Budrich 1995, S. 219-236

3. Prämisse

Wenn nun die Übernahme des dreigliedrigen Schemas in Deutschland in letzter Zeit immer häufiger propagiert wird, so werden regelmäßig zwei Argumente vorgebracht – *Internationalisierung* und *Studienreform*:

- Das *Internationalisierungsargument* kann, angesichts der qualitativen Diversität ausländischer Abschlüsse, nur auf ein Streben nach Angleichung von Etiketten hinauslaufen. Eine solche semantische Standardisierung mag aus pragmatischen Gründen zweckmäßig sein. In ihrer Wirkung sollte sie aber nicht überschätzt werden. Wahrscheinlich ist hier die Einbindung der deutschen Hochschulen in ein allgemein anerkanntes Credit-Point-System sogar vordringlicher und schwieriger.

- Das *Studienreformargument* ist dagegen gewichtiger: Bekanntlich nehmen in Deutschland heute nicht mehr 5 Prozent, sondern über 30 Prozent eines Altersjahrganges ein Studium auf, davon etwa zwei Drittel an Universitäten. Niemand kann mehr davon ausgehen, dass die meisten dieser Studentinnen und Studenten eine forschungsnahe berufliche Karriere anstreben. Diesem Umstand, so lautet das Argument, müsse durch eine Y-förmige Gliederung der Studiengänge Rechnung getragen werden: Auf einem eher wissensvermittelnden Bachelorstudium soll ein Masterstudium aufbauen, das die Möglichkeit der Entscheidung zwischen einer primären Forschungsorientierung und einer primären Praxisorientierung in der 2. Stufe eröffnet.

4. Prämisse

Das Für und Wider dieser neuen Zielsetzung muss jetzt nicht mehr weiter diskutiert werden. Im novellierten Hochschulrahmengesetz ist der in der letzten Prämisse skizzierte Diskussionsstand nämlich bereits ins geltende Recht eingeflossen, und die KMK-Beschlüsse vom 3.12.98 und 5.3.99 haben weitere Konturen hinzugefügt. Davon kann im Folgenden ausgegangen werden:

1. Bachelor- und Mastergrade gelten als „erster" und „weiterer" berufsqualifizierender Abschluss. Die maximale Gesamtregelstudienzeit für beide Abschlüsse beträgt bei konsekutiven Studiengängen 5 Jahre (§ 19 HRG). Wie die BA-/MA-Stufung aussehen soll, ist damit formell vorentschieden.

2. Bachelor- und Masterstudium werden als konsekutive Studiengänge beide in die Ausbildungsförderung einbezogen (KMK 5.3.99). Die Frage, ob MA-Studiengänge aus der Bafög-Förderung ausgenommen bleiben, unterstelle ich folglich als bereits entschieden.

3. Diplom- und Magisterabschlüsse an Universitäten entsprechen dem Master, Fachhochschuldiplome dem Bachelor (KMK 5.3.99). Auch die Äquivalenz –

und die Universitäts-/Fachhochschulfrage ist damit meines Erachtens bereits weitgehend vorentschieden. An meiner Universität Halle-Wittenberg hat der Akademische Senat übrigens daraus bereits die Konsequenz gezogen und beschlossen, dass allen Diplom- und Magisterzeugnissen ein englischsprachiges „Supplement" beigegeben wird, das die Äquivalenz mit dem angelsächsischen Mastergrad bescheinigt.

4.   Im HRK-Beschluss vom 5.3.99 wird auch die Unterscheidung getroffen zwischen „stärker theorieorientierten Studiengängen", für die die Grade B.A./M.A. bzw. BSc./MSc. verliehen werden, und „stärker anwendungsorientierten Studiengängen", für die komplexere Grade (z. B. MBA) vergeben werden sollen (KMK 5.3.99).

5.   Des weiteren wird die Einführung neuer Bachelor- und Masterstudiengänge an ein Akkreditierungsverfahren gebunden (KMK 3.12.98).

6.   Schließlich ist auch noch wichtig, dass die Zulassung zum Masterstudium von besonderen Zulassungs- und Leistungsvoraussetzungen abhängig gemacht werden kann (KMK 5.3.99).

Vor diesem Hintergrund ist nun unsere vor einem Jahr durchgeführte internationale Vergleichsstudie für die Fächer Soziologie und Politikwissenschaft zu sehen. Wir hatten damals 6 britische und US-amerikanische Fallbeispiele nach dem Prinzip größtmöglicher Kontrastierung ausgewählt: zwei traditionelle Eliteuniversitäten (London School of Economics und Yale), zwei Reformuniversitäten mit hoher Reputation (Warwick und Berkeley), ein ehemaliges Polytechnic (Nottingham Trent) und eine anwendungsorientierte State University (South Carolina).

Die Quintessenz der Studie war damals vielleicht erstaunlich, heute ist sie es nicht mehr. Sie lautet: *Vielfalt*. Auf der Bachelorebene findet man an den ausgewählten Universitäten nahezu alles – generalistische Studiengänge mit vielen Wahlmöglichkeiten, Spezialstudiengänge (z. B. Social Policy and Population Studies) und viele Joint Degree Courses (z.B. Politics and Geography). Auf der Masterebene gibt es ebenfalls so ziemlich alles – vom einjährigen „tought course" in „Voluntary Sector Organisation" oder „Housing" bis zum zweijährigen „Research Degree in Politics" mit Dissertation im Einzugsbereich der Politikwissenschaften. Ähnliche Beispiele finden sich für die Soziologie.

Wer also die Erwartung hegt, dass sich die vergleichsweise kohärenten und international standardisierten Inhalte der akademischen Disziplinen Soziologie und Politikwissenschaft in Großbritannien und den USA in ein relativ einheitliches curriculares Modell übersetzen, der wird eines anderen belehrt. Allerdings – es gibt auch keinen Hinweis darauf, dass diese curriculare Vielfalt der Substanz der gelehrten Fächer abträglich sei. Überall findet man gewisse Kernbausteine: Erhebungsmethoden, Statistik, Theorie und Theoriegeschichte, bestimmte Spezialgebiete. Aber die Reihenfolge und die Kombination variieren von Fall zu Fall beträchtlich. Es gibt viele Wege zur Soziologie und Politologie.

Folgendes lässt sich aus diesem scheinbar unübersichtlichen Mosaik aber dennoch festhalten:

1. Der Übergang von der Bachelor- zur Masterstufe beinhaltet stets eine nochmalige Wahlmöglichkeit. Die Notwendigkeit, von Anfang bis Ende dasselbe Fach zu studieren, besteht in der Regel nicht.

2. Der Erwerb des Bachelor- und des Mastergrades in einem konsekutiven Studium ist nicht die Regel. Aus-, Um- und auch Wiedereinstiege nach einer Zeit der Berufstätigkeit sowie Ortswechsel sind häufig.

3. Der Übergang zur Masterstufe ist regelmäßig mit einem Bewerbungsverfahren und einer Leistungsauswahl verbunden, besonders bei den forschungsorientierten Masterstudiengängen.

4. Die Differenzierung zwischen eher praxis- und eher theorieorientierten Studiengängen findet sich auf beiden Stufen, da es die horizontale Unterscheidung zwischen Fachhochschulen mit praxisorientierten und Universitäten mit theorieorientierten Erststudiumsangeboten ja nicht (bzw. in GB: nicht mehr) gibt.

In Deutschland, dem Land der Rahmenprüfungsordnungen und des tiefsitzenden Glaubens an die Aussagekraft von akademischen Graden, ist eine solche Vielfalt von soziologischen und politologischen Studiengängen nur schwer vorstellbar. Gerade die deutschen Diplomstudiengänge in Soziologie und Politologie weisen ja einen relativ hohen Standardisierungsgrad auf. Von dieser Errungenschaft wird man so leicht nicht abgehen wollen.

Was lässt sich aber dennoch aus dem kontrastierenden Vergleich mit angelsächsischen Beispielen lernen?

Bis vor kurzem – nämlich: bis zum KMK-Beschluss vom 5.3.99, der die Differenzierung zwischen primär theorie- und primär anwendungsorientierten Studiengängen eingeführt hat – ist in Deutschland nicht ausdrücklich zwischen research degrees und professional degrees unterschieden worden, sondern nur zwischen Universitäts- und Fachhochschulabschlüssen. Jetzt aber ist eine interne Differenzierung auch innerhalb der Universitäten möglich. Meines Erachtens ist sie auch unumgänglich – zumindest in den stark nachgefragten geistes- und sozialwissenschaftlichen Diplom- und Magisterstudiengängen, zu denen Soziologie und Politikwissenschaft gehören.

Geht man außerdem davon aus, dass die politische Entscheidung zugunsten eines offenen Hochschulzuganges sowie für Gebührenfreiheit und Bafög-Förderung bis zum Diplom- oder Magisterabschluss gefallen ist, wird man – zumindest in den „großen Fächern" – eine stärkere Strukturierung und Differenzierung der Studiengänge nicht länger vermeiden können. Es entspricht weder den Absichten der Mehrzahl der Studierenden noch den Möglichkeiten der Universitäten, alle ihre Absolventinnen und Absolventen zu wirklichen Forschern heranzubilden. Was allen geboten werden kann, ist eine von forschungserfahrenen Hochschullehrern getragene, an wissenschaftliche Standards gebundene Lehre. Das für deutsche Universitäten kennzeichnende Prinzip der Einheit von Forschung und Lehre bleibt auf diese Weise gewahrt. Für eine eigentliche Forschungslaufbahn kann und will sich aber nur ein kleiner Teil der Studierenden qualifizieren. Das heißt, angesichts großer Studierendenzahlen und kostbarer Ressourcen ist die Differenzierung zwischen forschungsorientierten und praxisbezogenen Studiengängen jetzt unumgänglich.

Die Frage, ob es zu empfehlen wäre, bereits auf der Bachelorebene zwischen stärker theorie- und stärker anwendungsorientierten Studiengängen zu unterscheiden, möchte ich im Falle der Soziologie und Politikwissenschaft eher skeptisch beurteilen.

Anders sieht es auf der Masterebene aus. An der Universität, aber auch an der Fachhochschule sind (nach entsprechender Akkreditierung) sicherlich berufspraktisch ausgerichtete Masterstudiengänge vorstellbar. Warum sollte nicht jemand, der zunächst an einer Universität im Bachelorstudiengang Politikwissenschaft oder Soziologie studiert hat, anschließend einen weiteren Studienabschluss als Museumspädagoge/-pädagogin, Tourismusmanager oder Sozialarbeiter an einer Fachhochschule ebenso attraktiv finden können wie einen Master für Umweltplanung, Kriminologie, Verwaltungswissenschaft, Demoskopie o. ä. an einer Universität? In den USA und in Großbritannien sind derartige „Umstiege" innerhalb und zwischen Hochschulen gang und gäbe, wie wir gesehen haben.

Freilich ist eines unabdingbar: Die forschungsorientierten Masterabschlüsse und insbesondere die darauf aufbauende *Promotion* müssen die Domäne der Universität bleiben, wenn die Arbeitsteilung zwischen Universitäten und Fachhochschulen ihren Sinn behalten soll. Ich denke, sie hat einen guten Sinn. Gerade bei der Zulassung zu diesen forschungsorientierten Studiengängen muss dann in besonderem Maße auf Leistungskriterien geachtet werden. Das lehren uns auch die Beispiele aus den USA und Großbritannien.

Die logische und praktische Voraussetzung für die Unterscheidung von forschungsorientierten und praxisorientierten Abschlüssen auf dem Masterniveau ist folglich die Einführung einer *Zäsur im Studium*, wie sie der angelsächsische Bachelorgrad bietet. Mit dieser Zäsur wird eine Entscheidungs- und Umstiegsmöglichkeit geschaffen, die in traditionell Magister- und Diplomstudiengängen fehlt, die wir aber jetzt brauchen.

Im Unterschied zu den angelsächsischen Ländern, wo der Übergang zwischen Bachelor- und Masterstudiengang eine Selektionsstufe ist, bei der eine Leistungs*auslese* stattfindet, wird er in Deutschland stärker auf Leistungs*differenzierung* abzielen müssen. Aufgrund der hochschulrechtlichen Lage in Deutschland ist nämlich zu erwarten, dass das Muster der dänischen und schwedischen Hochschulen mit ihrer Übergangsquote von fast 90 Prozent von der Bachelor- zur Masterstufe sich auch bei uns durchsetzen wird. Denn in Deutschland, wie in den beiden skandinavischen Ländern, ist der Hochschulbesuch unentgeltlich bis zur Erreichung des Magister bzw. Diplom- oder Mastergrades und kann durch Bafög gefördert werden. Nur eine Minderheit der künftigen Bachelors dürfte deshalb in Deutschland direkt ins Erwerbsleben übertreten. Der Praxisbezug muss folglich nicht unbedingt der allein dominierende Gesichtspunkt bei der Einführung von Bachelorstudiengängen an Universitäten sein. Dafür gibt es die Fachhochschulen.

Eine schwierige Zukunftsaufgabe wird es somit sein, für die Geistes- und Sozialwissenschaften sinnvolle Konzeptionen zu entwickeln, die einen ersten Abschluss mit BA-Grad (oder Bakkalaureat) nach sechs Semestern ermöglicht. Widerstand gegen Bachelorabschlüsse wird dabei vermutlich von den so genannten „kleinen Fächern" mit geringen Studentenzahlen ausgehen, weil dort ein forschungsorientiertes Studium vom ersten Semester an noch eher durchführbar zu sein scheint. Deshalb sollte man sich zunächst auf „große Fächer" – wie Politikwissenschaft und Soziologie – konzentrieren. Auch in diesen Disziplinen werden forschungsbefähigende Grundlagenfächer (insbesondere Statistik und ausgefeilte Methodenausbildung) typischerweise bereits in den ersten Semestern gelehrt. Sicherlich werden aber viele Studierende diese Kenntnisse niemals selbst in der Forschung anwenden. Deshalb wird man, in Anknüpfung an angelsächsische Vorbilder, darüber nachdenken müssen, ob nicht der Hauptteil der vertieften forschungsmethodischen und -praktischen Ausbildung denjenigen Studierenden vorbehalten werden soll, die in ihrer zweiten Studienphase ein forschungsorientiertes Masterstudium absolvieren.

Das grundständige Bachelorstudium könnte damit eher auf die Vermittlung der Grundkenntnisse des Faches und auf exemplarische Vertiefungen abzielen. Falls überhaupt die Anfertigung einer Abschlussarbeit verlangt werden soll, so darf sie auf keinen Fall den Rahmen einer begrenzten Hausarbeit („10.000 words" nach britischem Muster) sprengen.

Das heißt, in der Bachelorphase des Studiums der Soziologie und Politikwissenschaft an Universitäten sollte das Wissens- und Fähigkeitsniveau erreicht werden, das erforderlich ist, bevor eine eigenständige wissenschaftliche Arbeit in Angriff genommen werden kann. In der Tat werden ja Magister- und Diplomarbeiten in den Fächern Politikwissenschaft und Soziologie in Deutschland typischerweise als kleine Dissertationen verstanden, die oft weit über 100 Seiten umfassen. Damit wird die Diplom- oder Magisterarbeit für viele Studierende zu einer Last, deren Fertigstellung immer weiter hinausgezögert wird.

Ein erster Abschluss *vor* der ersten eigenständigen Forschungsleistung, der zugleich die Möglichkeit der Entscheidung für einen stärker praxisorientierten Studienabschluss oder für den Übergang ins Erwerbsleben böte, wäre deshalb für die Studierenden ein Vorteil.

Es wird somit deutlich, dass gerade für die „großen", stark nachgefragten geistes- und sozialwissenschaftlichen Studiengänge eine interne Stufung und Differenzierung überfällig ist.

Es wird auch deutlich, dass eine völlig neue und separate Entwicklung eigener Bachelor- und Masterstudiengänge dafür *nicht* unbedingt erforderlich ist. Das würde „bei laufendem Betrieb" wahrscheinlich auch gar nicht gelingen. Vielmehr ist eine Umakzentuierung der bereits existierenden Studiengänge nötig, wobei die ohnehin schon einsetzende Entwicklung hin zur allmählichen „Modularisierung" von bewährten Lehreinheiten und zur Einführung von interuniversitär konvertiblen Credit Points nutzbar gemacht werden kann.

Und es wird schließlich deutlich, dass kein Einheitsrezept gesucht werden darf. Die Vielfalt der britischen und US-amerikanischen Studiengänge und Wahlmöglichkeiten lehrt uns, dass Variabilität keinen Schaden anrichtet. Das gilt sicherlich auch für die Vielfalt der Fächer, deren gewachsene Studien- und Lehrkulturen nicht einer Einheitsrahmenordnung für gestufte Bachelor- und Masterstudiengänge zum Opfer fallen dürfen. Möglicherweise ist das Verfahren der Akkreditierung von Studiengängen durch unabhängige Fachgremien, das zur Zeit in Vorbereitung ist, hier der angemessene Weg.

Bei all dem sollte das Hauptziel nicht aus dem Auge verloren werden, das für alle „großen", studentenstarken Fächer gilt, die nicht auf ein klar umrissenes Berufsbild ausgerichtet sind – also auch für Soziologie und Politikwissenschaft: Sie müssen künftig ihrer heterogen zusammengesetzten, nur teilweise forschungsorientierten und forschungsgeeigneten Studentenschaft ein differenziertes Lehrangebot machen, das den Studierenden Entscheidungs- und Umstiegsmöglichkeiten bietet und gleichzeitig dem Leitbild einer forschungsnahen Lehre folgt. Denn nur wenn letzteres gewährleistet bleibt, kann die Universität auch weiterhin ihrer besonderen Aufgabe, der Auswahl und Ausbildung des wissenschaftlichen Nachwuchses, gerecht werden.

Anmerkungen zum Berliner Wahlmodell und zur Demokratisierung von Hochschulen[1]

Vorbemerkungen

Im Januar 1998 wurde auf dem bundesweiten Studentenkongress „Bildung und Gesellschaft" in Berlin das sog. „Berliner Wahlmodell" für Hochschulen vorgestellt. Dessen Grundidee ist es, die Hochschulselbstverwaltung zu demokratisieren und dabei gleichzeitig die verfassungsrechtlich gebotene Professorenmehrheit bei akademischen Gremienentscheidungen zu respektieren. D.h., das vom Bundesverfassungsgericht in seiner Entscheidung aus dem Jahre 1973 sanktionierte Übergewicht der Professorenschaft in den akademischen Gremien soll *nicht* angetastet werden. Das „Berliner Wahlmodell" versucht statt dessen, auf die Zusammensetzung der Professorenmehrheit Einfluss zu nehmen: Über die Frage, *welche* Professorinnen oder Professoren in den Wahlgremien Sitz und Stimme haben, sollen nicht mehr nur die Angehörigen dieser Statusgruppe entscheiden. Wenn beispielsweise eine Sitzverteilung von 7 Professoren, 2 wissenschaftlichen MitarbeiterInnen, 2 sonstigen MitarbeiterInnen und 2 Studierenden vorgesehen ist, wie es in vielen Fachbereichen an den Hochschulen in Sachsen-Anhalt der Fall ist, so würden nach dem „Berliner Wahlmodell" aus der Gruppe der Professoren lediglich 2 Vertreter als sog. „Standesvertreter" direkt von der Professorenschaft gewählt – ebenso viele wie von jeder der drei anderen Statusgruppen auch. Die verbleibenden 5 Professoren würden hingegen in allgemeiner Wahl von *allen* Hochschulmitgliedern nach dem Prinzip „one person – one vote" gewählt, als sog. „Hochschulrepräsentanten".

Für die heutige parlamentarische Anhörung sind vom Ausschuss für Bildung und Wissenschaft die folgenden Fragen zum Berliner Wahlmodell vorgegeben worden, auf die sich die anschließende Stellungnahme bezieht.

- Geht dieses Modell mit dem Hochschulrahmengesetz konform?

- Welche Auswirkungen erwarten Sie bei Einführung dieses Modells an den Hochschulen?

---

[1] Stellungnahme zur Anhörung vor dem Ausschuss für Bildung und Wissenschaft des Landtages von Sachsen-Anhalt zum „Berliner Wahlmodell", Magdeburg, 25. November 1998. Der Text wird hier aufgenommen, weil er einige meines Erachtens nach wie vor notwendige Klarstellungen zur Frage der „Demokratie" an Hochschulen enthält.

- Wie wird in den anderen Bundesländern reagiert, wenn dieses Modell ausschließlich in Sachsen-Anhalt eingeführt wird?

- Wenn dieses Modell eingeführt wird, soll es flächendeckend oder modellhaft eingeführt werden?

- Inwieweit sehen Sie Zusammenhänge zwischen Gremienzusammensetzungen und Qualität von Wissenschaft und Forschung an den Hochschulen?

- Wie stehen Sie zu dem Verfahren „Alle (Gruppen) wählen alle (Gruppenvertreter)?"

Darüber hinaus: Wie stehen Sie zu anderen alternativen Wahlmodellen zur Besetzung von Hochschulgremien?

Stellungnahme

Für die Einladung zur Anhörung des Ausschusses für Bildung und Wissenschaft bedanke ich mich sehr herzlich. Mit einer gewissen Verwunderung stelle ich allerdings fest, dass die Vertreter der Hochschulen des Landes in einer ungewohnten Zusammensetzung eingeladen worden sind. Es sind nämlich, entgegen dem ausdrücklichen Landtagsbeschluss vom 16.7.1998, *nicht* alle Mitgliedergruppen der Hochschulen repräsentiert: Der akademische Mittelbau und die Studierenden der einzelnen Hochschulen sind vertreten; das sonstige Personal wird (über den Personalrat) immerhin mittelbar repräsentiert; Vertreter der Gruppe der HochschullehrerInnen in den einzelnen Hochschulen – also: die Hauptbetroffenen von einer Einführung des Berliner Wahlmodells – sollen dagegen *nicht* angehört werden. Stattdessen sind die Rektorinnen und Rektoren der Hochschulen gebeten worden. Sie werden aber bekanntlich nicht nur von den Professoren, sondern von den Angehörigen aller Statusgruppen gewählt. Ihr gesetzlicher Auftrag ist es, ihre Hochschule als ganze zu vertreten, nicht nur die Interessen der Professoren. Diesem Auftrag und der damit verbundenen Gesamtverantwortung möchte ich mit diesem Beitrag gerecht werden.

Ich spreche dabei zugleich auch im Namen der Landesrektorenkonferenz, jedoch ausdrücklich *nicht* im Namen der Professorenschaft, von der ich nur so viel sagen möchte, dass ich weiß, dass sie das „Berliner Wahlmodell" in der großen Mehrheit scharf ablehnt.

Das „Berliner Wahlmodell" unterscheidet ausdrücklich zwischen *StatusgruppenvertreterInnen* und RepräsentantInnen der *Gesamtinteressen* einer Hochschule. Wenn man über seine Einführung nachdenkt, ist es sehr bedenklich, dass gerade die Statusgruppe nicht gehört wird, deren Einfluss beschnitten werden soll. Mit anderen Worten: die Auswahl der vom Ausschuss geladenen Berater und Sachverständigen ist unausgewogen.

Nun zu den vom Ausschuss gestellten Fragen zum „Berliner Wahlmodell":

Zu Frage 1:   *Konformität mit dem Hochschulgesetz?*

Zur Beantwortung dieser Frage, ebenso wie zur Einschätzung der Verfassungsmäßigkeit des Berliner Wahlmodells überhaupt, bedarf es einer juristischen Würdigung der vorliegenden kontroversen Rechtsauffassungen. Sie kann letztlich wohl nur vom Bundesverfassungsgericht geleistet werden, nicht im Rahmen dieser Anhörung.

Nach Rücksprache mit sachkundigen Juristen meiner Universität halte ich es aber für sehr unwahrscheinlich, dass das „Berliner Wahlmodell" verfassungskonform ist. Um die weiteren vom Ausschuss gestellten Fragen überhaupt beantworten zu können, unterstelle ich dennoch ohne weitere Prüfung, dass das „Berliner Modell" als eine verfassungsrechtliche Möglichkeit betrachtet werden könnte.

Damit sage ich indirekt freilich auch, dass gesetzgeberische Experimente in Sachen Hochschulwahlen auf verfassungsrechtlich ungesichertem Boden besser nicht versucht werden sollten. Sie würden zu langwierigen verfassungsgerichtlichen Streitereien führen, die die Qualität der Entscheidungen in den Hochschulen gewiss nicht fördern würden.

Zu Frage 2:   *Erwartete Auswirkungen bei Einführung des „Berliner Modells"?*

Für mich sind zwei mögliche Zielstellungen erkennbar, die die Einführung des Berliner Modells rechtfertigen könnten: a) *die Verbesserung der Leistungsfähigkeit* der Entscheidungsprozesse in den Hochschulen und b) *die bessere Partizipation der Hochschulmitglieder* an den sie betreffenden Entscheidungen.

Zu a)
In Bezug auf welche Aufgaben kann die Leistungsfähigkeit der Hochschulen durch die Anwendung des „Berliner Modells" erhöht werden? Das „Berliner Modell" selbst sagt über Aufgaben nichts aus. Auf sie muss aber eingegangen werden, wenn die Effektivität der Bewältigung dieser Aufgaben abgeschätzt werden soll. Denn ich habe manchmal den Eindruck, dass die Diskussion über Wahlmodelle so abstrakt geführt wird, dass die alltägliche Wirklichkeit der Hochschulgremien ganz vergessen wird. Deshalb nenne ich zunächst einfach einmal einige der wichtigsten Aufgaben der Hochschulgremien. Die Gremien wählen ihre Repräsentanten (Rektor, Dekane, Ausschussmitglieder usw.); sie erarbeiten und verabschieden Beru-

fungsvorschläge für die Besetzung von Professuren; sie entscheiden über Vorschläge für strukturelle Veränderungen und Prioritätensetzungen (also auch: über Stellenpläne, Fakultätsgründungen oder Institutsschließungen); sie befinden über Studienordnungen, über neu einzurichtende Studiengänge, über Prüfungsordnungen; sie stellen den Haushaltsplanentwurf auf und verteilen die verfügbaren Finanzmittel; sie führen Promotionen und Habilitationen durch usw. Bei allen diesen und ähnlichen Entscheidungen sind die Gremien nur begrenzt autonom. Sie sind an rechtliche und finanzielle Vorgaben gebunden. In vielen Fällen sind sie von Entscheidungen des Parlaments, der Landesregierung und der zuständigen Kultusverwaltung abhängig.

Es ist nun nur schwer zu erkennen, wie der mühselige und stark verrechtlichte Prozess der Entscheidungsfindung der Hochschulgremien dadurch leistungsfähiger werden soll, dass die Mehrheit der gewählten Repräsentanten der HochschullehrerInnen von allen Hochschulmitgliedern gewählt wird. Die Aufgaben bleiben die gleichen, und auch die Schwerfälligkeiten des Gremienbetriebes bleiben unverändert bestehen. Ja, ich erwarte sogar in mancherlei Hinsicht eher eine erhöhte Ineffektivität bei der Bewältigung der Aufgaben:

1. Durch das „Berliner Wahlmodell" werden zwei unterschiedliche Arten von Hochschullehrern in den Gremien hervorgebracht – die sog. „Standesvertreter" und die sog. „VertreterInnen der Allgemeinheit". Davon sind eher zusätzliche Spannungen und Spaltungen innerhalb der Gruppe der HochschullehrerInnen zu erwarten als eine Steigerung der Rationalität der Entscheidungsfindung.

2. Es ist nicht sicher, dass das „Berliner Wahlmodell" den Studierenden dazu verhelfen würde, aus dem z. Zt. üblichen 10-Prozent-Bereich der studentischen Wahlbeteiligung herauszukommen. Die Konsequenz davon wäre: Die Legitimitätsgrundlage der sog. allgemeinen „Hochschulrepräsentanten" unter den Hochschullehrern wäre wegen unausgewogener Wahlbeteiligung fragwürdig. Legt man das gegenwärtige Wahlverhalten zugrunde, so würden die beiden als „Standesvertreter" gewählten Hochschullehrer oder Hochschullehrerinnen mit einer Wahlbeteiligung von vielleicht 75 Prozent gewählt, während die Wahl der sog. „Vertreter der Allgemeinheit" nur durch die Beteiligung eines Viertels oder Fünftels der Wählerschaft legitimiert wäre.

3. Eine besondere Gefahr ergibt sich aus der sehr unterschiedlichen Größe der Fächer: Möchte ein Professor, vom Fach her vielleicht Archäologe, als „Vertreter der Allgemeinheit" gewählt werden, so werden ihn an meiner eigenen Universität Halle vermutlich nur die wenigsten der über 5.000 wissenschaftlichen und technischen MitarbeiterInnen und der rund 13.000 Studierenden

überhaupt kennen. Sie machen aber das Gros seiner potentiellen Wählerschaft aus und reduzieren die rund 400 HochschullehrerInnen zu einer verschwindenden Minderheit. Was wird ein Archäologe also tun müssen, wenn er dennoch als „Vertreter der Allgemeinheit" gewählt werden möchte? Es gibt wohl nur die folgenden drei Möglichkeiten:

- Entweder es bilden sich, ganz wie im politischen Leben, politische oder quasi-politische Gruppierungen, die Listen aufstellen und Kandidaten nominieren. Die Wähler wählen dann diejenigen, die auf der Liste ihrer Wahl stehen also: Gewerkschafts-Kandidaten, PDS- oder CDU-KandidatInnen, Vertreter des Hochschulverbandes o. ä. Unabhängige Köpfe wären dabei wahrscheinlich Mangelware. Auf jeden Fall aber käme es zu einer völlig unangemessenen Politisierung der Gremienzusammensetzung, was der Rationalität und Effektivität der Entscheidungsfindung in akademischen Selbstverwaltungsangelegenheiten wohl kaum zuträglich wäre.

- Oder aber, das wäre die zweite denkmögliche Entwicklung, es käme nicht zu einer Strukturierung des Wählerverhaltens durch politisierte Listen. In diesem Falle hätten diejenigen KandidatInnen die besten Aussichten, gewählt zu werden, die besonders vielen potenziellen Wählerinnen und Wählern bereits bekannt sind. Beste Wahlchancen hätten dann z.B. an der Universität Halle, so meine Prognose, die Betriebswirte und die Juristen mit ihren riesigen Studierendenzahlen, vor allem aber die Mediziner, die nicht nur von den zahlreichen Studierenden der Medizin, sondern auch von den vielen tausend Beschäftigten der Kliniken gewählt würden. Ein Archäologe mit seinen wenigen Studenten hätte da wohl kaum eine Chance. Ob das im Sinne der Erfinder des „Berliner Wahlmodells" wäre? Ein unstrukturiertes Mehrheitswahlsystem mit fehlendem Minderheitenschutz führt nämlich mit großer Wahrscheinlichkeit zu unbeabsichtigten Folgen und schädlichen Nebenwirkungen: Es begünstigt die jeweils größten Gruppen. Das viel geschmähte akademische Proporzsystem hätte zumindest diesen Nachteil nicht.

- Schließlich wäre aber auch noch die dritte Möglichkeit denkbar, dass es auch künftig nicht gelingen wird, größere Wählerzahlen zu mobilisieren. Dann würde alles faktisch mehr oder weniger beim Alten bleiben. Was wäre damit gewonnen?

Zu b)

Was nun das Ziel der *Verbesserung der Partizipation* bei den Entscheidungsvorgängen in den Hochschulen angeht, die zweite mögliche Aufgabe der Einführung des Berliner Modells, so hat hier das Verfassungsgerichtsurteil von 1973 die Linien gezogen. Es besagt, dass das Demokratieprinzip – das ja beinhaltet, dass alle Mitglieder gleiche Rechte und Pflichten, also auch gleiches Stimmrecht haben – für die Hochschulen nicht gilt, sondern das Prinzip der gestuften Verantwortlichkeit der verschiedenen Mitgliedergruppen.

Hochschulen sind nämlich keine Orte der politischen Konfliktaustragung und Entscheidung, für die das Demokratieprinzip unverzichtbar ist. Ihre Hauptaufgaben sind Forschung und Lehre. Sie sind dabei dem Prinzip der kritischen Rationalität und der Kollegialität als Garanten des Erkenntnisfortschrittes verpflichtet, *nicht* dem allgemeinen Mehrheitsprinzip. D.h., es geht in den Hochschulen primär um die Gewinnung und die Weitergabe von wissenschaftlichen Erkenntnissen und Fähigkeiten, nicht um die Austragung von gesellschaftlichen Interessenkonflikten. Niemand wird ernstlich bestreiten, dass auch diese in die Hochschulen hineinspielen, aber sie dürfen den Erkenntnisprozess nicht beeinträchtigen. Insbesondere ist das Qualifikationsgefälle zwischen den Angehörigen der verschiedenen Gruppen für eine Hochschule konstitutiv. Leistungsgesichtspunkte dürfen nicht durch die Anwendung des Mehrheitsprinzips oder sonstiger Interessengesichtspunkte beschnitten werden.

Wissenschaftliche Erkenntnis ist also keine Sache des Stimmzettels, sondern des besseren Argumentes, das sich immer wieder gegenüber methodisch kontrollierter Kritik bewähren muss. Deshalb ist „Mitsprache" die angemessene Form der Beteiligung aller Hochschulmitglieder an den sie gemeinsam betreffenden Angelegenheiten. Es ist nicht recht zu erkennen, inwieweit das „Berliner Modell" hierbei von Vorteil sein könnte. Prima facie scheint es eher die Interessenkonflikte als das gemeinsame Interesse an einer leistungsfähigen Hochschule zu fördern.

Was hingegen die Entscheidung über die *politischen Rahmenbedingungen* für die Hochschulen anbetrifft, so ist die Zuständigkeit demokratischer Entscheidungs- und Kontrollverfahren unerlässlich. Sie werden – im Rahmen der Verfassung und geltenden Rechts – durch die demokratisch gewählten Parlamente und die ihnen verantwortlichen Regierungen und Verwaltungen wahrgenommen. Auch wenn diese parlamentarisch-demokratische Einbettung der Hochschulen nicht immer nur Entscheidungen hervorbringt, die diese entzücken, so haben sie deren rechtmäßiges, demokratisch legitimiertes Zustandekommen doch zu respektieren.

Zu Frage 3:   Voraussichtliche Reaktionen in anderen Bundesländern?

Das ist schwer zu sagen. Je nach parteipolitischer Ausrichtung der jeweiligen Landesregierungen und Wissenschaftsministerien dürften die Reaktionen wohl unterschiedlich ausfallen.

Zu Frage 4:   Flächendeckende oder modellhafte Einführung des „Berliner Modells"?

Die Martin-Luther-Universität hat mit der Novellierung ihrer Grundordnung soeben einen eigenen Weg zur kollegialen Stärkung der Entscheidungsstrukturen eingeschlagen und dabei die Erprobungsklausel nach § 123 HSG-LSA in Anspruch genommen. Sie sollte schon deshalb von einer modellhaften Einführung des Berliner Modells verschont werden und erst einmal die Möglichkeit erhalten, ihr eigenes Modell zu erproben.[2]

In der Landesrektorenkonferenz ist die Frage der modellhaften Einführung uneinheitlich diskutiert worden. Es hat sich die Auffassung durchgesetzt, dass einer Hochschule, die sich einem Modellversuch unterziehen möchte, dies nicht verwehrt werden sollte – vorausgesetzt, ein derartiger Versuch wäre verfassungsrechtlich zulässig.

Meine Meinung als Rektor und Präsident der Landesrektorenkonferenz, nicht als Professorenvertreter ist: Wenn eine Hochschule es wünscht und wenn es verfassungsrechtlich unbedenklich sein sollte, das „Berliner Modell" zu erproben, warum sollte man es ihr dann verwehren? Das ist, wie gesagt, Rektoren-, nicht Professorenmeinung. Für sehr vielversprechend würde ich persönlich einen solchen Modellversuch allerdings nicht halten.

Zu Frage 5:   Zusammenhänge zwischen Gremienzusammensetzungen und der Qualität von Wissenschaft und Forschung?

Artikel 5 Abs. 3 GG stellt klar, dass es solche Zusammenhänge nicht geben darf, denn: „Wissenschaft, Forschung und Lehre sind frei." Gremienzusammensetzungen, die erwarten lassen, dass durch sie der Einfluss von wissenschaftsfremden Interessenlagen und Interessenkonflikten verstärkt wird, dürfen deshalb nicht eingeführt werden.

Es ist bis jetzt nicht überzeugend dargelegt worden, dass die zur Zeit geltende Form der Gremienzusammensetzung sich in irgendeiner Weise negativ auf die Qualität von Wissenschaft, Forschung und Lehre auswirkt und aus diesem Grunde

---

[2] vgl. dazu oben, S. 27-34, „Stärkung der Hochschulleitung durch Stärkung der Selbstverwaltung. Eine Alternative zum Präsidialmodell"

---

verändert werden müsste. Im Umkehrschluss wird man deshalb – frei nach Fritz Teufel – wohl bezweifeln dürfen, ob es der Wahrheitsfindung denn dient, wenn man das „Berliner Wahlmodell" einführt.

Zu Frage 6:   *Wahl der Gruppenvertreter durch die Gesamtheit der Hochschulmitglieder?*

Das ist eine abwegige Vorstellung: Entweder gilt das Prinzip der Gruppenvertretung; dann wählen nur die Mitglieder einer Gruppe ihre Repräsentanten. Oder es gilt „one person – one vote" wie im politischen Bereich, wo das allgemeine demokratische Prinzip hingehört. An den Hochschulen hat dieses Prinzip nichts verloren. Die Hochschulen sind Orte der Freiheit und der Mitsprache. Ihre Mitglieder – die ProfessorInnen, StudentInnen, wissenschaftlichen und sonstigen MitarbeiterInnen – partizipieren gemäß ihrer unterschiedlichen Qualifikationen und Aufgaben an den kollegialen Entscheidungsprozessen. Die Universitäten und Fachhochschulen sind selbst keine Demokratien – und sie dürfen es auch nicht werden, wenn sie ihre Aufgaben angemessen wahrnehmen sollen. Selbstverständlich sind die Hochschulen aber an demokratisch zustande gekommene Gesetze und ihre im Grundgesetz verbrieften Rechte und Pflichten gebunden. Sie sind gegenüber ihrem gewählten Souverain, dem Landesparlament, rechenschaftspflichtig und bemühen sich, ihm mit ihrem Rat zur Seite zu stehen, wenn es Entscheidungen vorbereitet, die die Hochschulen betreffen. So verstehe ich auch diese Anhörung.

Abgesehen von dieser grundsätzlichen Erwägung ist aber zu dem Vorschlag „Alle Gruppen wählen alle Gruppenvertreter" auch noch folgendes zu sagen: Verfahrensregeln, die die jeweilige Wählerschaft zwingen, ihre Stimme für KandidatInnen mit bestimmten Sondereigenschaften (z.B. Geschlecht, Rasse, Mitgliedschaftsstatus) abzugeben, sind auf jeden Fall ein Verstoß gegen das Demokratie-Prinzip. Sie können zur Fremdbestimmung der jeweiligen Sondergruppen führen.

Wenn darüber hinaus auch noch die Mitgliederzahl der einzelnen Statusgruppen und die Wahlbeteiligung der einzelnen Gruppen sehr unterschiedlich ist – wie es in den Hochschulen typischerweise der Fall ist –, dann kann es zu völlig bizarren Verzerrungen kommen. So haben z.B. bei den letzten Senatswahlen an der Martin-Luther-Universität ihre Stimme abgegeben: 388 HochschullehrerInnen (88,4 Prozent), 1044 wissenschaftliche MitarbeiterInnen (51,2 Prozent), 1580 sonstige Mitarbeiter bzw. Mitarbeiterinnen (34,5 Prozent), aber nur 953 Studierende (8,4 Prozent). Man male sich die Konfusion aus, die bei einem Überkreuz-Wahlsystem entstanden wäre. Dann hätte sich eine nichtstudentische Wählermehrheit von Universitätsbeschäftigten „ihre" studentischen Repräsentanten gewählt!

Aber, wie schon gesagt: Mit Demokratie hat das alles nur wenig zu tun. Und man wird auch bezweifeln dürfen, ob es der akademischen Freiheit und der Leistungsfähigkeit der Hochschulen dienlich ist.

Das im soeben novellierten Hochschulgesetz des Landes Sachsen-Anhalt festgeleg-te Wahlmodell ist sicherlich nicht das einzig mögliche. Die Gremienzusammenset-zungen sind dort im Zuge der Novellierung gerade erst verändert worden. Nun sollte man die Hochschulen einmal eine Zeit lang mit diesem Gesetz arbeiten las-sen. Das wichtigste Problem der Hochschulen in Sachsen-Anhalt ist momentan ganz sicher nicht der Modus der Gremienwahlen.

Man kann uns Hochschulen nur wünschen, dass wir mit unseren eigentlichen Problemen – der zunehmenden Unterfinanzierung, der mangelnden Planungssi-cherheit und der erforderlichen Studienreform – zu Rande kommen und unsere Kräfte nicht auf Nebenschauplätzen aufzehren müssen. Ich würde mir erhoffen, dass unsere gewählten Volksvertreterinnen und Volksvertreter uns dabei behilflich sind. Hätten wir unsere Zeit heute für eine Anhörung zum Thema „Hochschul-haushalt und Planungssicherheit" verwendet, wäre das nach meiner Meinung vor-dringlicher gewesen. Aber andererseits ist es ja vielleicht auch einmal ganz gut, wenn das Landesparlament sich langfristig Gedanken über eine Grundsatzfrage wie den Wahlmodus an Hochschulen macht.

Universitätsreform – warum und zu welchem Ende?
Zwölf Wittenberger Thesen[1]

Die 1502 gegründete Universität Wittenberg, der Ort der humanistischen Bildungsreform Philipp Melanchthons, war die deutsche Reformuniversität des frühen 16. Jahrhunderts. Knapp zwei Jahrhunderte später, 1694, wurde unter dem Einfluss des Frühaufklärers Christian Thomasius die Universität Halle gegründet. Sie wurde zur deutschen Reformuniversität des frühen 18. Jahrhunderts.

Die heutige Martin-Luther-Universität Halle-Wittenberg trägt somit das Erbe zweier Reformuniversitäten in sich. Seit ihren Anfängen gehört es zu ihrer historischen Erfahrung, dass Universitäten sich – angesichts veränderter externer Umstände und interner Erstarrungstendenzen – immer wieder erneuern müssen und dass sie dazu auch fähig sind. Im 20. Jahrhundert hat sie dann allerdings auch die Erfahrung gemacht, dass radikale Reformversuche, die alles „auf einmal und gleichzeitig" verändern wollten, vieles Erhaltenswerte gefährdet haben.

Seit einiger Zeit findet in Deutschland eine intensive öffentliche Hochschuldiskussion statt. Verfolgt man diese Diskussion, so scheint große Einhelligkeit darüber zu bestehen, dass es für die deutschen Hochschulen einen dringenden „Reformbedarf" gebe. Fast ebenso breit ist aber auch der öffentliche Konsens darüber, dass die Hochschulen nicht selbst dazu in der Lage seien, die erforderlichen Reformen aus eigener Kraft auf den Weg zu bringen.

Das heißt, man ist sich einig, *dass* die Hochschulen einer Reform unterzogen werden müssen und dass es dazu eines Anstoßes von außen bedarf. *Was* aber zu reformieren sei und *wie* man dabei vorzugehen habe, darüber gehen die Auffassungen weit auseinander. Zwar ist nicht zu verkennen, dass Ansätze aus dem Umkreis des „New Public Management" in der heutigen Hochschulreformdiskussion eine gewisse Meinungsführerschaft erlangt haben und dass gelegentlich sogar ein radikaler „Systemwechsel" propagiert wird. Dennoch bleibt aber der vorherrschende Eindruck einer unübersichtlichen Vielfalt von Krisendiagnosen, von punktuellen Reformvorschlägen und divergierenden Zielsetzungen. Ebenso fällt auf, dass Personen und Organisationen mit höchst unterschiedlicher Sachkompetenz und Interessenlage in die Debatte eingreifen – und Gehör finden.

Ich denke deshalb nicht, dass unsere Disputation sich einfach nur in diese Stimmenvielfalt einmischen sollte. Ich schlage vielmehr vor, die ganze verzweigte

---

[1] dieses Thesenpapier diente als Diskussionsgrundlage für die öffentliche Disputation des Akademischen Senats der Martin-Luther-Universität Halle-Wittenberg am 31. Oktober 2001 in Wittenberg. Erstdruck in: die hochschule 2/2002, S. 4-15. Dort finden sich auch zwei Repliken auf diese Thesen von Detlef Müller-Böling und Johanna Wanka

hochschulpolitische Diskussion mit ihren punktuellen Lösungsvorschlägen und Aufgeregtheiten zunächst einmal beiseite zu lassen. Stattdessen möchte ich, als feste Grundlage unseres Gespräches und als Ausgangspunkt für die anschließend zu entwickelnden Disputationsthesen, die folgenden *drei allgemeinen Strukturtatsachen* hervorheben:

- die Vervielfachung der Studierendenzahlen in den letzten Jahrzehnten,
- die andauernde Unterfinanzierung der Hochschulen,
- die beginnende Internationalisierung des Hochschulsystems.

Das gemeinsame Kennzeichen dieser drei Ausgangstatsachen ist es, dass sie einen spürbaren und dauerhaften *Handlungsdruck* auf die deutsche Hochschullandschaft ausüben: Die Tatsache, dass das auf die Ausbildung von etwa 5 Prozent eines Alterjahrganges ausgelegte traditionelle deutsche Hochschulsystem mittlerweile vor der Aufgabe steht, einen Jahrgangsanteil von ca. 30 Prozent (und künftig evtl. mehr) Studierenden angemessen zu betreuen, ist unbezweifelbar eine solche Handlungsdruck erzeugende Strukturtatsache.

Ebenso unstrittig ist auch die zweite Tatsache, die langandauernde Unterfinanzierung der deutschen Hochschulen – sei es wegen allgemeiner Haushaltsprobleme von Bund und Ländern, sei es aufgrund der gestiegenen Studierendenzahlen und der damit verbundenen Folgekosten. Schätzungen schwanken zwischen einem zusätzlichen Finanzbedarf von 6 bis 9 Milliarden DM. Das für die Hochschulen entscheidende Novum ist hier, dass sie nicht mehr länger mit einer verlässlichen Ausfinanzierung ihrer Stellenpläne und ihrer sächlichen Erfordernisse rechnen können.

Dass als dritte Strukturtatsache neben diesen beiden auch die Internationalisierung der Hochschulen genannt wird, mag überraschen. Die Internationalität von Forschung und Lehre ist bekanntlich schon immer ein Merkmal der Hochschulen gewesen. Neu ist aber, dass Hochschulen zunehmend in einen direkten internationalen Wettbewerb um Studierende, um Forscher und um Mittel geraten. Neu ist auch, dass es mittlerweile einen politischen Internationalisierungsdruck für die Hochschulen gibt, der sich etwa in den Deklarationen der Wissenschaftsminister von Paris, Bologna und Prag und in der neueren Hochschulgesetzgebung von Bund und Ländern niederschlägt.

Die drei genannten allgemeinen Strukturtatsachen werden im Rahmen dieser Disputation besonders hervorgehoben, weil sich ihnen eine Reihe von generellen hochschulpolitischen Folgeproblemen zuordnen lassen, auf die Antworten gefunden werden müssen. Spezifische Strukturtatsachen – wie etwa die Einbindung der Hochschulen der Neuen Bundesländer in das westdeutsch geprägte gesamtdeutsche Hochschulsystem – werden deshalb in diesem Zusammenhang nicht angesprochen. Bei meinen nun folgenden 12 Thesen geht es vielmehr um den Umgang mit dem allgemeinen „strukturbedingten Handlungsdruck", dem das *ganze* deutsche Hochschulsystem sich heute gegenüber sieht. Ihm gilt jetzt auch meine erste These:

These 1:   *Durch die Veränderung von strukturellen Rahmenbedingungen werden bewährte Handlungsmuster der Hochschulen problematisch.*

Durch die Vervielfachung der Studierendenzahlen, die Unterfinanzierung und die Internationalisierung haben sich die Rahmenbedingungen für die deutschen Hochschulen verändert. Was immer sie tun oder unterlassen, immer ist es eine Antwort auf diese Gegebenheiten. Das heißt, nicht nur gezielte Reformaktivitäten und Bemühungen, die Rahmenbedingungen aktiv zu beeinflussen, auch das bewusste Nicht-Handeln oder das beharrliche Beibehalten bewährter Formen sind Verhaltensweisen mit Auswirkungen, ob gewollt oder nicht. Für diese tragen die zuständigen Akteure in den Hochschulen und in der Hochschulpolitik Verantwortung.

These 2:   *Das deutsche Hochschulsystem hat auf die Expansion der Studierendenzahlen mit der Ausprägung von drei Hochschultypen reagiert.*

Als Antwort auf die erste allgemeine Strukturtatsache, die wachsende Studienplatznachfrage seit Anfang der 70er Jahre, hat das (seit 1990 für Gesamtdeutschland verbindliche) westdeutsche Hochschulsystem eine bis heute gültige Ausdifferenzierung in die folgenden drei strukturprägende Hochschultypen vollzogen:

(1)   die klassischen *Volluniversitäten*, die daran zu erkennen sind, dass sie neben den traditionellen „oberen Fakultäten" (Theologie, Jura und Medizin) über ein breites natur-, sozial- und geisteswissenschaftliches Fächerspektrum mit vielen so genannten „kleinen Fächern" verfügen,

(2)   die modernen *Schwerpunktuniversitäten*, meistens Neugründungen oder ausgebaute technische oder pädagogische Hochschulen, in denen es nur eine begrenzte Palette von Fächern gibt,

(3)   der neu entwickelte Typus der *Fachhochschulen*, die ebenfalls nur ein sehr begrenztes Fächerspektrum anbieten. Ihre Hauptaufgabe ist die berufsnahe Ausbildung von Studierenden, hinzu kommt die anwendungsorientierte Forschung. Die Grundlagenforschung und die Nachwuchsqualifikation durch Promotion und Habilitation bleiben den Universitäten vorbehalten

[(4)   ein vierter Typus, die *Gesamthochschule*, der den Typus der modernen Schwerpunktuniversität mit dem der Fachhochschule verbinden sollte, hat sich nicht durchgesetzt.]

These 3:   *Die klassischen Volluniversitäten sind durch die zahlreichen Hochschulneugrün-*
            dungen in die Minderheit geraten.

Von den heute in der Hochschulrektorenkonferenz zusammengeschlossenen 258
Hochschulen sind nur noch etwa 10 Prozent dem Typus der klassischen Vollumi-
versität zuzuordnen, ca. 20 Prozent dem Typus der modernen Schwerpunktuniversität, knapp 50 Prozent sind Fachhochschulen. (Die restlichen Hochschulen sind
spezialisierte Kunsthochschulen, pädagogische oder theologische Hochschulen
u.ä.). Das bedeutet, dass für die übergroße Mehrzahl der heute existierenden
Hochschulen die zur Zeit gängige Forderung nach „Prioritätensetzung, Profil- und
Schwerpunktbildung" genau das ist, was sie ohnehin praktizieren. Ihre Problemsicht scheint sich also durchzusetzen; die klassischen Volluniversitäten mit breit ge-
fächerten Konturen sind in die Minderheit geraten. Um 1965, vor dem Beginn der
großen Hochschulgründungswelle, verhielt sich das noch anders. Damals bestimmten 22 Volluniversitäten (16 im Westen, 6 im Osten) das Bild; daneben gab es 15
technische Hochschulen und eine Reihe von Spezialhochschulen in Deutschland.

These 4:   *Die Volluniversität ist als Regelhochschule überholt, nicht aber als Leitbild für*
            die deutsche Hochschullandschaft.

Der weithin akzeptierte Satz der nordrhein-westfälischen Wissenschaftsministerin
Gabriele Behler: „Die Volluniversität ist als Leitbild nicht mehr zeitgemäß." (Die
Welt, 19.5.99) beschreibt die Entwicklung der Zahlenverhältnisse im Hochschulbereich im Sinne der vorherigen These zwar richtig. Als normative Aussage ist er
aber unangemessen. Denn die klassische „universitas litterarum et scholarum" erfüllt weiterhin eine wichtige Leitbildfunktion, gerade auch für die neuen Schwerpunktuniversitäten und die Fachhochschulen. Auch wenn eine Volluniversität
selbstverständlich keine „Komplettuniversität" sein kann, in der alles angeboten
wird, so ist sie doch der einzige Ort, wo die in der modernen Forschung so uner-
lässliche Interdisziplinarität auf solider disziplinärer Grundlage und unter einem
gemeinsamen Dach gepflegt werden kann. Vielfalt ist ihre Stärke. Sie ist auch der
einzige Ort, wo die so genannten „kleinen Fächer" eine Entwicklungschance finden. So kann sie ein Gegengewicht zu den Vereinseitigungstendenzen bilden, die
im heutigen Forschungsförderungssystem und in der ausgeprägten Berufsorientie-
rung des Ausbildungssystems angelegt sind. Aufgrund ihrer strukturellen Komplexität bieten die klassischen Volluniversitäten auch eine gewisse Gewähr dafür, dass
nicht jeder Modeschwenk umstandslos mitvollzogen wird. Trotz – oder vielleicht
gerade wegen – ihres ausgeprägten institutionellen Eigensinns sollte man nicht versuchen, sie auf ein Einheitsmaß zurückzuschneiden.

Wie soeben angedeutet, hat die Ausbildungsfunktion der Hochschulen in den letzten Jahrzehnten stetig an Gewicht gewonnen. Das Humboldt'sche Ideal der forschungsnahen Bildung wurde gerade in den studentenstarken Fächern von der immer dringlicheren Aufgabe der berufsbezogenen Ausbildung in den Hintergrund gedrängt. Wegen des starken Anstiegs der absoluten Zahl und des relativen Bevölkerungsanteils der Studierenden war dies unvermeidlich. Zugleich war die kontinuierliche Expansion der Studentenschaft auch eine der Wurzeln der chronischen Unterfinanzierung der Hochschulen. Man hat versucht, dieses Problem durch die Einrichtung und den Ausbau der primär ausbildungsorientierten und relativ kostengünstigen Fachhochschulen zu bewältigen. Bis heute schreiben sich aber nur knapp ein Drittel der Studienanfänger an Fachhochschulen ein, zwei Drittel gehen an die sehr viel kostenintensiveren Universitäten.

These 5:   *Die funktionale Differenzierung zwischen Fachhochschulen und Universitäten ist nur unvollkommen vollzogen worden.*

Den auf die berufsnahe wissenschaftliche Ausbildung spezialisierten, relativ kostengünstig arbeitenden Fachhochschulen wurde nur ein relativ enges Fächerspektrum (vor allem im Wirtschafts-, Sozial- und Ingenieurbereich) eröffnet. Das hatte zur Konsequenz, dass auch die Universitäten einen großen Teil der steigenden Ausbildungsaufgaben zu übernehmen hatten. Dem diente der Auf- und Ausbau von zahlreichen neuen Schwerpunktuniversitäten. Für diese galt (und gilt) aber, wie für alle Universitäten, das Primat der Forschungsorientierung. Das ist zum einen kostspielig, zum anderen führt es zu dem Dilemma, dass angesichts hoher Studierendenzahlen die Forschungs- und die Lehraufgaben miteinander in Konflikt geraten. Die bekannten Klagen über Ausbildungsdefizite und über Forschungsschwächen an den Universitäten sind eine wenig überraschende Folgeerscheinung dieser Entwicklung – eine Folgeerscheinung, die eben nicht nur der Finanzknappheit zuzurechnen ist, sondern auch dem Umstand, dass die funktionale Differenzierung zwischen Fachhochschulen und Universitäten auf halbem Wege stehen geblieben ist.

These 6:   *Eine klare funktionale Differenzierung zwischen „praktischen" Fachhochschulen und „theoretischen" Universitäten ist heute nicht mehr zu verwirklichen.*

Es ist immer wieder vorgeschlagen worden, klare Verhältnisse zu schaffen und die anwendungsorientierten Studiengänge der Universitäten an die Fachhochschulen zu überführen, die damit zur „Regelhochschule" für die große Mehrzahl der Studierenden würde. Den Universitäten bliebe dann die Funktion der Elitenbildung und der Grundlagenforschung vorbehalten, ihrer schleichenden „Verfachhochschulung" wäre Einhalt geboten. Dieser Vorschlag ist konsequent, aber wenig realistisch – einmal sicherlich wegen des zu erwartenden Widerstandes der auszulagernden Universitätsfächer, vor allem aber, weil dann auch der Universitätsstatus vieler neu gegründeter Schwerpunktuniversitäten wieder in Frage gestellt werden müsste.

These 7:   *Der Übergang von der funktionalen zur vertikalen Differenzierung durch „Verwettbewerblichung" des Hochschulsystems ist eine gefährliche Alternative.*

Funktionale Differenzierung erschwert den Verdrängungswettbewerb und schont deshalb Kräfte. Wenn die funktionale Differenzierung der deutschen Hochschullandschaft aber, wie in These 5 behauptet, ohnehin auf halbem Wege stehen geblieben ist, liegt es nahe, sie ganz aufzugeben und – nach britischem Vorbild – alle Fachhochschulen zu Universitäten zu machen. In die gleiche Richtung zielt auch der zunehmende Internationalisierungs- bzw. Europäisierungsdruck, der auf die Angleichung der Studiengangsstrukturen und die internationale Vergleichbarkeit der Hochschultypen drängt. Nicht von ungefähr lautet die offizielle englische Bezeichnung der deutschen Fachhochschulen schon heute: „University of Applied Sciences". Die neuen, auf Internationalisierung abzielenden Bachelor- und Masterstudiengänge können bereits unterschiedslos an Universitäten und Fachhochschulen eingerichtet werden.

Sobald man aber die Demarkationslinien zwischen den unterschiedlichen Hochschultypen völlig beseitigt, wird ein Verdrängungswettbewerb aller gegen alle um gute Studierende, knappe Mittel und berühmte Forscher oder Forscherinnen in Gang gesetzt. An die Stelle der funktionalen Differenzierung tritt dann – wie bei jedem offenen Wettbewerb – eine vertikale Differenzierung zwischen den im Wettbewerb Erfolgreichen und den weniger Erfolgreichen. In dem seit Jahrhunderten staatlich finanzierten deutschen Hochschulsystem kann man sich allerdings nur schwer ein marktwirtschaftliches Wettbewerbssystem (mit kostendeckenden Studiengebühren und Marktpreisen für Forschungsleistungen) vorstellen. Deshalb ist eher damit zu rechnen, dass es in einer funktional entdifferenzierten deutschen Hochschullandschaft zu einem weiteren Bedeutungszuwachs von marktsimulierenden Leistungsindikatoren, Evaluierungen oder Akkreditierungen als Entscheidungsgrundlage für die Zuweisung von Mitteln kommen müsste. Der dysfunktionale Energieaufwand, die Bürokratisierungsgefahren und die hohen Kosten derartiger Verfahren sind von Fachleuten häufig kritisiert worden.

Wenn man – wie hier in der 500jährigen Reformuniversität Halle-Wittenberg – die konturenreiche Geschichte und Struktur einer klassischen Volluniversität vor Augen hat, wird man abrupten Änderungsvisionen wie der gerade skizzierten mit besonderer Skepsis begegnen. Andererseits aber darf sich keine Universität den sie betreffenden allgemeinen Strukturtatsachen verschließen. Hier bei uns ist zwar die Nachfrage nach Studienplätzen geringer, dafür ist aber die Unterfinanzierung deutlich größer als in vergleichbaren westlichen Universitäten. Und der Internationalisierungsdruck, der uns die Einführung von Bachelor- und Mastergraden, die Modularisierung der Studiengänge und die Einführung von Credit-Point-Systemen auferlegt, gilt für alle Hochschulen in Deutschland. Vor diesem Hintergrund ist meine vermittelnde achte These zu sehen:

These 8:   *Universitäten und Fachhochschulen können durch das Angebot von theorie- und von anwendungsorientierten Bachelor- und Masterstudiengängen zu einer komplementären Arbeitsteilung kommen.*

Auch wenn man mit gutem Grunde bezweifelt, ob die generelle Einführung des Bachelor- und Mastergrades für die weitere internationale Öffnung der deutschen Hochschulen wirklich erforderlich ist – sie wird kommen. Darauf sollte man sich schon aus pragmatischen Gründen einstellen. Man sollte sich zum einen darauf konzentrieren, keine nur „hochschulpolitisch korrekten", sondern fachlich seriöse Bachelor- und Masterstudiengänge einzuführen. Zum anderen sollte man die damit verbundene Chance zur Studienreform nutzen. Sie liegt darin, dass man auch an der Universität Abschied von der Illusion nehmen muss, alle ihre Studierenden strebten ein forschungsorientiertes Studium an. Überall dort, wo es sachlich sinnvoll ist, sollte zunächst in einem etwa 6-semestrigen Bachelorstudium das erforderliche fachliche Rüstzeug erworben werden. Anschließend sollte die Möglichkeit zur Entscheidung zwischen drei Wahlmöglichkeiten geben: Übergang ins Berufsleben, praxisorientiertes Masterstudium oder forschungsorientiertes Masterstudium. Vor dem Masterstudium könnte selbstverständlich auch eine Berufs- oder Familienphase eingeschoben werden.

Wichtig ist, dass an der „Scharnierstelle" zwischen Bachelor und Master problemlose Hin- und Herbewegungen zwischen Universitäten und Fachhochschulen möglich sind. Dabei sollte der KMK-Beschluss vom März 1999 zur Geltung gebracht werden, der die theorie- und forschungsorientierten Masterstudiengänge den Universitäten vorbehält, weil nur sie Grundlagenforschung betreiben und über eine entsprechende Forschungsinfrastruktur verfügen. Das heißt, eine Beibehaltung der funktionalen Differenzierung zwischen Universitäten und Fachhochschulen mit hoher Durchlässigkeit, komplementären Aufgaben und begrenztem Wettbewerb im Bereich der praxisnahen Studiengänge sollte das Ziel sein.

These 9: *Die Gleichheitsfiktion zwischen Universitäten und zwischen Fachhochschulen trägt auch zur Qualitätssicherung bei.*

Qualitätsunterschiede zwischen deutschen Universitäten, zwischen einzelnen Fakultäten und Wissenschaftlern hat es immer gegeben. Für Fachleute waren sie nie ein Geheimnis. In Gestalt der Institutionalisierung des Prinzips der wissenschaftlichen Kritik, durch Begutachtungsverfahren und peer-review-Prozeduren hat es auch einen funktionierenden Modus der Qualitätssicherung gegeben – allerdings vornehmlich im Bereich der Forschung. Schließlich ist auch der Wettbewerb um akademische Reputation, um Forschungsmittel oder um die besten Schüler schon immer ein wichtiges Prinzip gewesen.

Dennoch haben sich die Universitäten (und auch die Fachhochschulen) in Deutschland bisher gegen offizielle Rangordnungen verwahrt und eine Gleichheitsfiktion praktiziert. Ihr wirft man gerne vor, sie sei völlig realitätsfern, sie wirke sich für Forschung und Lehre leistungshemmend und lähmend aus. Allerdings sollte man sich auch klar machen, dass die Gleichheitsfiktion mit dazu beigetragen hat, dass das Niveau von Forschung und Lehre – und damit das internationale Ansehen der deutschen Universitäten und ihrer Absolventen – insgesamt sehr beachtlich war und ist. Echte Spitzenleistungen kamen immer vor, sind aber selten. Gegenwärtig deutet nun vieles darauf hin, dass in der Hoffnung, eine allgemeine Leistungssteigerung erwirken zu können, ein offener Wettlauf zwischen den Hochschulen um wenige Spitzenplätze inszeniert werden soll. Hat dieser Wettlauf erst einmal begonnen, so werden nicht nur Gewinner, sondern vor allem viele Verlierer daraus hervorgehen. Sollten dereinst in einer funktional entdifferenzierten deutschen Hochschullandschaft auch die Fachhochschulen zu Universitäten werden und sich an dem allgemeinen Wettlauf beteiligen, dann wird die Zahl der Verlierer noch größer werden. Die eine oder andere Fachhochschule würde sich dann vielleicht nach vorne arbeiten. Die meisten anderen würden dann aber – statt einer ehrenwerten Fachhochschule – zu einer fünftrangigen Universität.

These 10: *Reformbedarf besteht – aber vor revolutionärer Ungeduld wird gewarnt.*

Die großen strukturellen Herausforderungen für die deutschen Hochschulen können nicht ignoriert werden, auch von den klassischen Volluniversitäten nicht. Aber angesichts ihrer Fächervielfalt und institutionellen Erfahrung wird die Einseitigkeit und Vordergründigkeit vieler punktueller Reformversuche und -vorschläge der letzten Zeit für sie besonders deutlich spürbar. Sollte man sich wirklich ungeprüft darauf verlassen, dass die Abschaffung der Habilitation zu einer nachhaltigen Verjüngung und Qualitätsverbesserung der Professorenschaft führt? Oder dass sich Forschungs- und Lehrleistungen durch Prämienzahlungen steigern lassen? Oder soll man von der Einführung eines „Probejahres für Studierende" wirklich eine nachhaltige Effektivierung und Beschleunigung des Studiums erwarten? Oder sollte man sich eine solche Wirkung eher von Studiengebühren für Langzeitstudierende erhoffen? Und wie sieht es mit der intellektuellen Qualität von englischsprachigen Studiengängen aus, die von primär deutschsprachigen Dozenten gelehrt werden?

Angesichts solcher und ähnlicher – keineswegs erfundener – Beispiele wäre ein sehr behutsamer Umgang mit dem auf uns zu kommenden Reformdruck klug. Die deutschen Hochschulen, zumal die klassischen Volluniversitäten, sind wertvolle, in vielen Zeitläufen erfahrene und trotz vieler Widrigkeiten leistungsfähige Institutionen. Sie waren immer wieder zu Reformen in der Lage, ohne dabei ihre Besonderheit aufzugeben.

These 11:   *An den drei Hochschultypen „klassische Volluniversität", „moderne Schwerpunktuniversität" und „Fachhochschule" soll festgehalten werden.*

Wenn man nicht „alles auf einmal und gleichzeitig" verändern will, ist es sicherlich auch klug, sich jetzt eindeutig für den Erhalt des etablierten dreigliedrigen Hochschulwesens in Deutschland zu entscheiden – also: (1) für den Typus der „klassischen Volluniversitäten", die ihre Stärke aus ihrer Vielfalt ziehen und die die Leitidee der „universitas litterarum et scholarum" am besten verkörpern, (2) für den Typus der „modernen Schwerpunktuniversitäten", die mit ihrer zuspitzenden Profilbildung und größeren Unbefangenheit eine wirkliche Alternative zu den Volluniversitäten sind und ihnen da und dort den Rang ablaufen, und (3) für den Typus der „Fachhochschulen", die in komplementärer Arbeitsteilung mit den Universitäten eine wissenschaftlich fundierte anwendungsbezogene Ausbildung bieten und mit entsprechenden Forschungen unterstützen. Zur Existenz dieser drei Hochschultypen sollte man sich bekennen, trotz aller internationaler Vereinheitlichungstendenzen. Ihre Konkurrenz um Studierende sollte man ermutigen. Und der Notwendigkeit, die Qualität ihrer Forschungs- und Lehrleistungen und die Rationalität ihres Umgangs mit öffentlichen Mitteln offen nachzuweisen, um ihren Finanzbedarf zu legitimieren, kann sich mittlerweile ohnehin keine Hochschule mehr entziehen. Insofern stehen sie alle – nolens volens – im Leistungswettbewerb miteinander. Gerade deshalb ist ein gewisser institutioneller Schutz für sie ein Gebot der Klugheit.

These 12:   *Ohne eine von allen respektierte innere Gliederung wird das deutsche Hochschul-*
                         system nicht zu einer Reform aus eigener Kraft kommen.

Man könnte sich wundern, warum im Rahmen dieser Disputation die ordnungspolitische Frage so sehr in den Vordergrund gestellt werden soll. Aber wer seit Jahren die zerfahrene Hochschulreformdiskussion in Deutschland verfolgt hat, oder die Debatten in der Hochschulrektorenkonferenz, die von uneingestandenen Statusrivalitäten und dem Ringen um strategische Vorteile geprägt sind, der weiß, dass die innere Zerrissenheit der deutschen Hochschullandschaft ein Hindernis für selbstbewusste Reformen ist. Dem kann abgeholfen werden.

V. | Im Spannungsfeld von Hoch-
schulpolitik und Hochschulforschung

Zur Standortbestimmung der Hochschulforschung in Wittenberg[1]

Hochschulreform und Hochschulforschung

Das Prinzip „Einheit von Forschung und Lehre" ist das Leitmotiv der deutschen Hochschulen, zumal der deutschen Universitäten. Wilhelm von Humboldt ist dabei ihr viel berufener Kronzeuge.

Nun trifft es sich aber, dass vor nicht allzu langer Zeit ein verantwortlicher Bundesminister in aller Öffentlichkeit der deutschen Professorenschaft den Fehdehandschuh hinwarf und äußerte, Humboldts Universität sei tot[2]. Ich denke, der Minister wollte sich mit diesem provokativen Satz zum Sprecher einer breiten, parteienübergreifenden Grundströmung machen. Das ist ihm gelungen. Die von ihm beschworene Grundströmung ist auch durch den letzten Regierungswechsel nicht schwächer geworden.

Diese Strömung geht davon aus, dass das deutsche Hochschulwesen antiquiert sei und eine tiefgreifende Hochschulreform unabdingbar wäre. Die Hochschulen hätten in Forschung und Lehre ihre internationale Wettbewerbsfähigkeit und Attraktivität verloren. Sie seien insgesamt zu ineffektiv, zu praxisfern und zu teuer. Das müsse grundlegend geändert und das Kosten-Nutzen-Verhältnis ins Lot gebracht werden.

Im Zeitalter chronischer Finanzknappheit und großer Studentenzahlen klingt das für viele Ohren verführerisch. Andererseits ist es aber auch nicht verwunder-

---

[1] leicht überarbeitete Antrittsrede als Direktor des Instituts für Hochschulforschung Wittenberg (HoF), Wittenberg, 2. Februar 2001; zuerst veröffentlicht in: Olbertz, Jan Hendrik / Pasternack, Peer / Kreckel, Reinhard: Qualität – Schlüsselfrage der Hochschulreform. Weinheim/Basel: Beltz Verlag 2001, S. 300-312

[2] Bundesforschungsminister *Jürgen Rüttgers* äußerte dies im Rahmen einer Ansprache anlässlich der Jahresversammlung der Hochschulrektorenkonferenz am 24.4.1997 in Siegen

---

lich, dass die von derartigen Reformvorstellungen betroffenen Hochschullehrer und ihre Interessenvertretungen (etwa: der Deutsche Hochschulverband oder der neu gegründete Allgemeine Deutsche Fakultätentag) vehement dagegenhalten. Sie sehen akademische Kernaufgaben in Gefahr, wenn die Hochschulen, vor allem die Universitäten, wegen ihrer andauernden Unterfinanzierung zur Überbetonung der Lehre und zur Schwächung der Forschung gezwungen würden. Dadurch müsse nicht nur die Forschung leiden, auch die wissenschaftliche Qualität der akademischen Lehre und die Qualifikation des wissenschaftlichen Nachwuchses würden gefährdet. Als Beleg verweisen sie dabei gerne auf das gescheiterte sowjetische Modell, das zwischen forschenden Akademien einerseits und nur noch lehrenden Hochschulen andererseits unterschieden habe – mit bedauerlichen Konsequenzen für die Qualität der Lehre, aber auch der Forschung.

Die Minister wechseln, aber die Konfliktlinien bleiben: Auf der einen Seite stehen die Kritiker der Hochschulen, die deren Leistungen bemängeln, auf der anderen die Vertreter von Hochschulinteressen, die sich über Unterfinanzierung und Fremdbestimmung beklagen und Gefahren für die Qualität der Forschung sehen. Die konkreten Streitthemen ändern sich – zur Zeit geht es hauptsächlich um die geplante „Hochschuldienstrechtsreform".[3] Aber die grundlegende Kontroverse geht weiter. Immerhin scheint mittlerweile auf allen Seiten Einigkeit zu bestehen, *dass* in Deutschland eine grundlegende Hochschulreform notwendig sei. Uneinigkeit herrscht aber weiterhin darüber, *was* getan werden müsse und welche konkreten Ziele, Mittel und Wege für die Hochschulreform erforderlich seien.

Dies sind die groben Konturen des hochschulpolitischen Umfeldes, in dem das HoF Wittenberg sich bewegt – ein umkämpftes, aber spürbar von Veränderungsdruck gekennzeichnetes Feld. Die Aufgabe des HoF als Hochschul*forschungs*institut kann es freilich nicht sein, in den hochschulpolitischen Kontroversen Partei zu ergreifen. Sie sind vielmehr Teil seines Forschungs*gegenstandes*, ebenso wie die bereits stattfindenden Hochschulreformaktivitäten. Mit wissenschaftlichen Methoden und *sine ira et studio* hat die Hochschulforschung den Reformprozess zu begleiten und Sachargumente beizusteuern.

---

[3] vgl. dazu etwa die Unterschriftensammlungen für und gegen die von der Bundesregierung geplante Dienstrechtsreform – auf der einen Seite die vom Deutschen Hochschulverband initiierte Protestaktion „Schützt die Universitäten vor der Abwanderung ihrer Spitzenkräfte" (FAZ, 28.3.2001), die von mehreren Tausend Hochschullehrerinnen und Hochschullehrern unterzeichnet wurde, auf der anderen Seite die befürwortende „Erklärung von 464 deutschen Wissenschaftlerinnen und Wissenschaftlern im Ausland" (http://www.geocities.com/hochschulreform/).
Die Dienstrechtsreform ist mittlerweile, in Gestalt des Gesetzes zur Reform der Professorenbesoldung vom 16.2.2002, bundesrechtlich verankert

Typen von Hochschulforschung

Nun ist aber die wissenschaftliche Orts- und Aufgabenbestimmung der „Hochschulforschung" nicht so ohne weiteres gegeben, wie es auf den ersten Blick scheinen mag. Eine empirisch fundierte Übersicht des Kasseler Hochschulforschers *Ulrich Teichler* kann hier gute Dienste leisten. Im Rahmen eines international vergleichenden Projektes über Formen der Hochschulforschung schlägt er die Unterscheidung von *sechs Typen von Hochschulforschung* vor, die ich kurz vorstellen möchte[4]:

1. Der erste Typus umfasst reine Fachwissenschaftler – häufig Professoren oder Professorinnen geistes- und sozialwissenschaftlicher Fächer – die sich, gestützt auf ihre Primärerfahrung als Hochschullehrer, aber ohne vertieften Bezug zur professionellen Hochschulforschung, dem Thema „Hochschule" als einem Anwendungsbeispiel für ihre eigenen theoretischen Fragestellungen zuwenden.

2. Dem zweiten Typus gehören Sozialwissenschaftler (z.B. Hochschulpädagogen, Wissenschaftssoziologen, Universitätshistoriker, Verwaltungswissenschaftler, Hochschulrechtler, Bildungsökonomen usw.) an, die sich mehr oder weniger ausschließlich auf den Forschungsgegenstand „Hochschule" spezialisiert haben, ohne aber Hochschulforscher im umfassenden Sinne sein zu wollen. D.h. diese Forscher orientieren sich primär an ihrer eigenen Fachdisziplin, nicht an der Hochschulforschung.

3. Genau das aber kennzeichnet den dritten Typus – also: die institutionell verankerten akademischen Hochschulforscher. Sie arbeiten interdisziplinär, in der Regel im Rahmen eines speziellen Hochschulforschungsinstituts. Ihre wesentliche wissenschaftliche Bezugsgruppe sind andere Hochschulforscher im In- und Ausland, und sie unterstützen häufig auch Bestrebungen, der Hochschulforschung ein eigenständiges professionelles Profil zu geben.

4./5. Beim vierten und fünften Typus geht es um angewandte Forschung, um Auftragsforschung, Ressortforschung, professionelle Hochschulplanung und -beratung, Evaluations- und Akkreditierungsagenturen u. ä. Kennzeichen dieses Typus von praxisnaher Hochschulforschung ist die enge Bindung an thematische und oft auch methodische Vorgaben ihrer Auftraggeber – vor allem Ministerien, Stiftungen, Verbände, Wissenschaftsorganisationen, Gewerkschaften, aber auch die Hochschulen selbst.

---

[4] Teichler, U.: Higher Education Research and its Institutional Basis. In: Schwarz, S. / Teichler, U. (eds.), The Institutional Basis of Higher Education Research, Dordrecht/Boston/London: Kluwer 2000, S. 13-24, bes. S. 19f.

---

6.   Der sechste Typus sind erfahrene hochschulpolitische Akteure, „reflektieren-
     de Hochschulpraktiker", wie *Teichler* sie nennt. Er denkt dabei an Hochschul-
     rektoren, Präsidenten, Kanzler, hochschulpolitisch versierte Abgeordnete,
     Ministerialbeamte, Wissenschaftsjournalisten u.ä., die sich mit eigenen Publi-
     kationen und Analysen an der Hochschulreformdiskussion beteiligen.

Lässt man diese Typologie nun auf sich wirken, so erkennt man sofort, dass die
Hochschulforschung im engeren Sinne – also: *Ulrich Teichlers* Typus 3, dem ja auch
das Wittenberger Institut für Hochschulforschung angehört – eine Reihe von ernst
zu nehmenden Konkurrenten hat, die ihr das Feld streitig machen.

So ist es fast unumgänglich, dass institutionelle Hochschulforscher des Typus
3 immer wieder mit dem Vorwurf der interdisziplinären Oberflächlichkeit konfrontiert werden, der vor allem von thematisch einschlägig arbeitenden Fachwis-
senschaftlern des Typus 1 und 2 ausgeht. Wenn es der Hochschulforschung allerdings gelingt, diese Feuerprobe zu bestehen und fachwissenschaftliche Einwände
durch die Qualität ihrer Arbeit auszuräumen, dann ist der Vorteil ganz auf ihrer
Seite. Es ist der Vorteil ihrer *interdisziplinären Offenheit*, der den reinen Fachwissenschaften oftmals fehlt.

Aus dem Munde von praxisnahen Forschern und Forscherinnen des Typus 4
und 5 hingegen, deren Forschung mehr oder weniger stark auf hochschulpolitische
Vorgaben und Interessenbindungen Rücksicht zu nehmen hat, muss die akademische Hochschulforschung mit einem ganz anderen Einwand rechnen: Man qualifi-
ziert ihre Forschungen vielfach als blauäugig und realitätsfremd ab – oder ganz einfach als „zu akademisch". Gelingt es ihr freilich, auch diesen Einwand durch die
fachliche Qualität ihrer Arbeit zu entkräften, dann hat die akademische Hochschulforschung wiederum einen großen Vorzug: Ihre Ergebnisse sind *unabhängig* zu
Stande gekommen und können deshalb als genuin wissenschaftliche Befunde gelten. Außerdem ist es für sie auch von Vorteil, sich ständig im Kreuzfeuer der Kritik politiknaher Hochschulexperten bewähren zu müssen und dadurch den Praxisbezug nie aus den Augen zu verlieren.

In diesem Sinne ließe sich also geradezu sagen: „Konkurrenz macht stark" –
kein schlechtes Markenzeichen für die institutionelle Hochschulforschung. Aber
sie hat es noch mit einem weiteren Typus von Konkurrenz zu tun, vielleicht dem
schwierigsten: Das sind die Konkurrenten des Typus 6 – also die über hochschulpolitische Themen publizierenden Akteure der Hochschulpolitik. Ihnen sollte man
vielleicht noch einen Typus 7 zur Seite stellen – nämlich: die Hochschulangehörigen selbst, insbesondere Professoren, die sich zwar in der Regel nicht gründlich
mit Hochschulpolitik, geschweige denn mit den Ergebnissen der Hochschulforschung befassen. Unter Berufung auf ihre fachwissenschaftliche Kompetenz und
ihre persönliche Hochschulerfahrung sehen sie sich aber gewissermaßen als „na-

türliche" Hochschulexperten, die es allemal besser wissen als „abgehobene" fach- und ortsfremde Hochschulforscher, die nur vom „grünen Tisch" aus argumentieren könnten.

Die Spezies 7 – mit ihrem ständigen Hinweis auf ihre unhintergehbare Primärerfahrung und den „gesunden Menschenverstand" – ist der Schrecken aller empirisch arbeitenden Sozialforscher. In verfeinerter Form nimmt sie aber auch die Gestalt des Typus 6 an – womöglich gar die eines Altrektors, der vermeintlich „alle Schliche kennt". Indessen, so irritierend es für gestandene Hochschulforscherinnen und Hochschulforscher auch sein mag: Ihre Forschungsergebnisse müssen doch durch das Nadelöhr der Kritik vom Typus 6 und 7 hindurch. Denn nur wenn es gelingt, auch der Binnenperspektive der Hochschulangehörigen und ihrer Repräsentanten Rechnung zu tragen, besteht für die Hochschulforschung die Aussicht, dass ihre – ja oft unbequemen – Befunde auch in den Hochschulen selbst verstanden und akzeptiert werden können.

Das HoF Wittenberg ordnet sich eindeutig dem Typus 3 der Teichlerschen Klassifikation zu – allerdings mit einigen Besonderheiten: Zum einen hat es, als An-Institut der Martin-Luther-Universität Halle-Wittenberg mit einem Universitätsprofessor als Direktor, eine direkte Anbindung an die Hochschulwirklichkeit im Sinne der Typen 6 und 7. Zum andern unterhält es aufgrund der faktischen Grundfinanzierung durch Bund und Land Sachsen-Anhalt auch eine besondere Beziehung zur politischen Handlungsebene und zu den eher politiknahen Forschungs- und Serviceeinrichtungen des Typus 4 und 5.

Insofern sind dem HoF Wittenberg, schon aufgrund seiner eigenen Position innerhalb des hochschulpolitischen Feldes, die Balanceakte zwischen Wissenschaftsfreiheit und politischen Erfordernissen, zwischen Partikularinteressen und universitärer Gesamtperspektive nicht fremd. Und auch das akademische Grundverständnis ist ihm nicht abhanden gekommen, dass gehaltvolle und langfristig nützliche Forschung nur dort gedeihen kann, wo sie von Interessenbindungen frei ist. Das gilt auch für die Hochschulforschung.

Qualität als „essentially contested concept"

Das Institut für Hochschulforschung Wittenberg, obwohl erst 1996 gegründet, fußt auf einer langen Tradition professioneller Hochschulforschung. Es geht zurück auf das nach der deutschen Vereinigung aufgelöste „Zentralinstitut für Hochschulbildung" der DDR (ZHB) und die daraus entstandene „Projektgruppe Hochschulforschung Berlin-Karlshorst". Die wertvollen Bibliotheksbestände dieser Einrichtungen werden im HoF weiter gepflegt.

Das HoF hat im Herbst 1996 seine Forschungstätigkeit in Wittenberg zunächst unter dem allgemeinen Rahmenthema „Hochschule im gesellschaftlichen

Wandel" aufgenommen. Bald wurde diese Thematik jedoch weiter zugespitzt – auf die noch heute verbindliche Forschungsperspektive des Instituts, „Qualitätsentwicklung an Hochschulen in akteurszentrierter Perspektive".

Zur Zeit wird für die Reihe „Wittenberger Hochschulforschung" ein Aufsatzband vorbereitet, der der Bilanzierung der bisher geleisteten Arbeit des HoF dienen soll. Sein Arbeitstitel lautet: „Qualität – Essential von Hochschulreformen?"[5]. Mit dieser Wortwahl ist zweierlei beabsichtigt:

- Zum einen soll damit verdeutlicht werden, wie die unterschiedlichen Forschungslinien, die in den letzten Jahren im Institut verfolgt worden sind, sich in das gemeinsame Oberthema „Qualitätsentwicklung" einfügen.

- Zum anderen ist das Fragezeichen bei der Themenstellung ernst zu nehmen: Inwieweit trifft die häufig wiederholte Behauptung tatsächlich zu, dass „Qualität", „Qualitätssicherung", „Qualitätsverbesserung" usw. wirklich ein „essentieller" Bestandteil der Hochschulreformaktivitäten sind, die wir zur Zeit überall erleben.

Das Streben nach „Qualität", im Sinne eines andauernden Bemühens um exzellente Studien-, Lehr- und Forschungsleistungen, ist für die Hochschulen ja nichts Neues. In der Geschichte des Abendlandes ist die Universität nach meiner Einschätzung *die* Institution gewesen, die den Gesichtspunkt der „Qualität" als erste systematisch zu ihrem Leitmotiv gemacht hat. *Disputationes, examina* oder *rigorosa* waren Verfahren, in denen sich seit alters her das Bestreben der Universitäten manifestiert hat, Qualität und Leistung einzufordern und zu kontrollieren. Nur wer in Wort und Schrift die Qualität seines Wissens und seiner Gelehrsamkeit unter Beweis stellte, gewann die Anerkennung der Fakultäten und der gelehrten Welt. Zumindest war das die Norm – gegen die, wie gegen alle Normen, freilich auch verstoßen wurde.

Aber trotzdem galt und gilt: Qualitätssicherung ist schon seit langer Zeit, mindestens seit der Zeit der Renaissance und Aufklärung, ein fester Bestandteil des Selbstverständnisses der Hohen Schulen und der dort gepflegten Wissenschaften. Das bewährte Verfahren der Qualitätssicherung war die kollegiale Kritik, also: die freie öffentliche Auseinandersetzung in Wort und Schrift über die Qualität wissenschaftlicher Leistungen. Mit anderen Worten, die *wissenschaftliche Methode selbst*, die jede Aussage prüft und nur das gelten lässt, was kompetenter Kritik standhält, diese wissenschaftliche Methode *war und ist die anerkannte Methode der Qualitätssicherung*

---

[5] für die endgültige Buchveröffentlichung wurde dann, um der besseren Verständlichkeit willen, der Titel "Qualität – Schlüsselfrage der Hochschulreform" gewählt (vgl. Olbertz / Pasternack / Kreckel, a.a.O.)

an den Hochschulen. Man wird sogar mit gutem Grunde behaupten können, dass das methodenkritische Instrumentarium der Fachwissenschaften im Laufe der Wissenschaftsgeschichte immer weiter geschärft worden ist. Es sorgt dafür, dass der Erkenntnisfortschritt nicht zum Stillstand kommt.

Wenn das nun aber der Fall ist, dann wird die Dramatik der Situation, in der sich die Hochschulen heute zu befinden scheinen, erst richtig spürbar:

- Einerseits gehören Qualität und Qualitätssicherung schon immer zum „essentiellen Kern" des Selbstverständnisses der Hochschulen. Darüber herrscht in den gegenwärtigen hochschulpolitischen Auseinandersetzungen unter allen Beteiligten breiter Konsens.

- Andererseits aber wird öffentlich – und ebenfalls mit breiter Zustimmung – vorgetragen, dass die Hochschulen mittlerweile gar nicht mehr wirklich in der Lage seien, ihre Qualität aus eigener Kraft sichern zu können.

Sollte sich diese Diagnose als gerechtfertigt erweisen, dann wäre es um den „Kern" der Hochschulen tatsächlich schlecht bestellt[6]. Sie hätten dann nämlich ihre Fähigkeit verloren, ihre ureigenste Aufgabe angemessen zu erfüllen. Viele ihrer Kritiker behaupten das ja auch.

Allerdings, es könnte auch noch etwas ganz anderes der Fall sein. Es lässt sich nämlich auch argumentieren, dass Qualität nicht nur ein „essentielles" Merkmal von Wissenschaft und Hochschule sei, sondern auch ein *„essentially contested concept".* Damit beziehe ich mich auf den britischen Politikwissenschaftler *Steven Lukes*[7]. Folgt man ihm, so muss man „Qualität" als ein zwar unverzichtbares, aber prinzipiell umstrittenes Leitmotiv der Hochschulen verstehen. Das heißt, „Qualität" wäre demnach nicht nur als ein objektivier- und messbares, letztlich aber unkontroverses Leistungsziel der Hochschulen zu begreifen, sondern immer auch als ein Gegenstand von Auseinandersetzungen über hochschul- und gesellschaftspolitische Prioritäten.

---

[6] Hier wird auf die seit den zwanziger Jahren immer wieder geführte rituelle Diskussion der Frage angespielt, ob „die" deutsche Universität „im Kern gesund" (C. H. Becker) oder „im Kern verrottet" (D. Simon) sei. Vgl. dazu etwa: Glotz, P.: Im Kern verrottet? Fünf vor zwölf an Deutschlands Universitäten, Stuttgart: DVA 1996; Daxner, M.: Weder ‚gesund' noch ‚verrottet', in: Ders.: Ist die Uni noch zu retten?, Reinbek: Rowohlt 1996, S. 11-26; W. Frühwald: „Im Kern gesund"? Zur Situation der Universität am Ende des 20. Jahrhunderts, Basel: Schwabe 1998

[7] vgl. Lukes, S.: Power. A Radical View. London: Macmillan, 1974. In dieser vielgelesenen Schrift diskutiert Lukes - unter Berufung auf den Wissenschaftstheoretiker W. B. Gallie - den Begriff der „Macht" als ein unverzichtbares, aber „ineradicably value-dependent (and) essentially contested concept - one of those concepts which ‚inevitably involve endless disputes about their proper uses on the part of their users' (Gallie). Indeed, to engage in such disputes is itself to engage in politics." (ebda, S. 26)

Nimmt man diese Gedanken ernst, so muss man davon ausgehen, dass bei der Debatte über die Sicherung der Qualität von Forschung und Lehre an den Hochschulen immer *auch* ein Interessenkonflikt mit im Spiele ist. In diesem Interessenkonflikt geht es darum, welche Qualitätsstandards gelten sollen und wer über ihre Einhaltung wacht.

Oben wurde bereits hervorgehoben, dass sich die Hochschulforschung in einem hochschulpolitisch umkämpften Feld bewegt – ein Umstand, der gerade jetzt, in einer Periode starker Hochschulreformdynamik, besonders spürbar wird. Dass heißt, über die Leitvorstellung, *dass* Qualitätsorientierung und Erkenntnisfortschritt immer „essentielle" Merkmale von Hochschulen gewesen sind und dass dies auch weiterhin so bleiben soll, darüber besteht auf allen Seiten Einverständnis – in Ministerien und Parlamenten, bei Unternehmern und Gewerkschaften, in den Medien und selbstverständlich auch in den Hochschulen selbst. *Was* aber Qualität genau sei, welche Qualitäten in den Hochschulen gepflegt und gefördert werden sollten, darüber wird heute öffentlich gestritten. Man ist sich also über die Aufgabe der Qualitätssicherung an Hochschulen einig, nicht aber darüber, *wie* diese aussehen und wer sie garantieren soll.

Der Umstand allerdings, dass Qualität und Qualitätssicherung in einem solchen Maße *öffentlich* umstritten sind, wie das heute der Fall ist, ist neu. Lange Zeit lag die Verantwortung für die Definition und Kontrolle dessen, was als wissenschaftliche „Qualität" zu gelten hatte, fest in den Händen der Hochschulen und der *scientific community.*

Hier ist nun in den letzten Jahrzehnten eine deutliche Öffnung des Diskussionsfeldes eingetreten. Die Prozesse der „Demokratisierung" und der „Ökonomisierung" sind dafür wohl die wichtigsten Stichworte. Es treten jetzt Akteure und Argumente in der Qualitätssicherungsdebatte auf den Plan, die noch vor kurzem unvorstellbar gewesen wären. Man denke etwa daran, dass der Grad der Erfüllung des Gleichstellungsauftrages zwischen den Geschlechtern als Qualitätsmerkmal von Hochschulen diskutiert wird, oder dass Hochschulqualität an der Internationalität, Interdisziplinarität oder auch Praxisnähe von Studiengängen und Forschungsaktivitäten bemessen werden soll. Für Verfechter herkömmlicher Bewertungsmaßstäbe, die die methodisch geschulte Kritik durch die *scientific community* nach wie vor für das beste Verfahren der Qualitätssicherung halten, ist dergleichen im wahrsten Sinne des Wortes „unerhört". Evaluierungsverfahren, die nicht mindestens das methodologische Niveau der zu evaluierenden Fachwissenschaften erreichen, sind für sie nicht akzeptabel.

Aber was einst als illegitime Zumutung verstanden worden wäre, ist heute legitim geworden. Die Hochschulen können sich dem Rechtfertigungsverlangen, dass ihnen von Staat und Gesellschaft entgegengebracht wird, nicht mehr entziehen und im Elfenbeinturm verharren. Das heißt, das bisher faktisch gegebene Monopol von Hochschule und Wissenschaft in Sachen Qualitätsdefinition und Qualitätssicherung gilt nicht mehr unhinterfragt. Es ist zu einem umstrittenen Thema geworden, bei dem es keine „objektiven", sondern nur noch ausgehandelte Lösungen geben kann.

Lassen Sie mich noch einmal kurz auf die Geschichte der europäischen Hochschulen zurückblicken: Mitten in einer mittelalterlichen und frühneuzeitlichen Welt, die von Tradition, Religion und Gewalt geprägt war, ist mit den Universitäten ein Brückenkopf (oder vielleicht auch: eine Insel) entstanden, wo besondere Spielregeln galten. Dort setzten sich Rationalität, Qualität, Leistung als handlungsorientierende Prinzipien zuerst durch. Oder, um mit *Jürgen Habermas* zu sprechen, die Universitäten und Akademien waren Vorreiter in dem Prozess der „Rationalisierung der Lebenswelt", der für die Gesellschafts- und Kulturgeschichte des Abendlandes kennzeichnend ist. Jetzt aber dringen in diese in hohem Maße selbstbestimmte akademische Lebenswelt neue Imperative ein. Für die Hochschulforschung stellt sich somit die Frage, wie es den Hochschulen gelingt und gelingen kann, mit diesen neuen Imperativen umzugehen[8].

Hochschulforschung in akteurszentrierter Perspektive

Aus dem bisher Gesagten dürfte schon ziemlich klar geworden sein, was unter der vom HoF Wittenberg verfolgten „akteurszentrierten" Perspektive zu verstehen ist: Wenn man anerkennt, dass man Hochschulentwicklung und Hochschulreform nicht ohne Bezug auf das soziale Kräftefeld erforschen kann, in dem sie sich vollziehen, dann muss die besondere Aufmerksamkeit den beteiligten und betroffenen Akteuren gelten – also denjenigen, die durch ihr „Tun, Unterlassen oder Dulden"[9] an den Reform- und Entwicklungsprozessen ebenso wie an den Nicht-Entwicklungen im Hochschulbereich beteiligt sind. Demnach richtet sich die akteurszentrierte Forschungsperspektive des HoF, in Anknüpfung an neuere Entwicklungen in der sozialwissenschaftlichen Handlungstheorie über die Verknüpfung von gesellschaftlicher Mikro- und Makroebene[10], gleichermaßen auf das Han-

---

[8] vgl. dazu auch den Eröffnungsaufsatz und die beiden abschließenden Beiträge in diesem Band

[9] das ist der Kern von Max Webers klassischem Handlungsbegriff. Vgl. Weber, M.: Wirtschaft und Gesellschaft, 4. Aufl., Köln/Berlin: Kiepenheuer & Witsch 1964, S. 3

[10] vgl. dazu etwa: Archer, M. S.: Realist Social Theory. Cambridge: University Press 1995; Coleman, J. S.: Foundations of Social Theory, Cambridge/Mass.: Harvard University Press, 1990; Esser, H.: Soziologie. Allgemeine Grundlagen, Frankfurt/New York: Campus1993; Giddens, A.: The Constitution of Society, Cambridge: Polity Press 1984; Kreckel, R.: Politische Soziologie der sozialen Ungleichheit, Frankfurt/New York: Campus, 1992; Scharpf, F.W.: Interaktionsformen. Akteurszentrierter Institutionalismus in der Politikforschung, Opladen: Leske & Budrich 2002; Schimank, U.: Handeln und Strukturen. Weinheim/München: Juventa 2000

---

deln konkreter Individuen *und* auf das Wirken von „kollektiven" und „korporativen" Akteuren.

▪ Auf der *Mikro-Ebene* gilt das Augenmerk vornehmlich den am Hochschulgeschehen beteiligten oder von ihm betroffenen Menschen selbst. Das ist beispielsweise bei der Untersuchung der Studierwilligkeit von Abiturienten, bei der Erforschung des Verhaltens von Studierenden oder von Wertorientierungen der Hochschulangehörigen, bei der Analyse von pädagogischen Orientierungen oder Lernprozessen in den Hochschulen, bei der Begleitung konkreter Reformversuche der Fall. Es gilt ebenso für Studien, die sich vornehmlich auf Umfragen und hochschulstatistische Materialien stützen, bei denen es sich ja überwiegend um aggregierte Individualdaten handelt.

▪ In dem Maße aber, wie es um hochschulübergreifende Entwicklungen und Reformen geht, sind *makro*gesellschaftliche Rahmenbedingungen und das Wirken von kollektiven Akteuren – Hochschulen, Verwaltungen, Verbänden, Regierungen, Parteien, Medien etc. – immer stärker mit in Rechnung zu stellen.

▪ Dazwischen liegt die *Meso-*Ebene des hochschulischen Alltages. Hier geht es um die konkrete Aushandlung und Umsetzung von hochschulpolitischen Vorgaben, um innerhochschulische Entwicklungen, um den praktischen Umgang mit Reformkonzepten u.a.m.

Diese wenigen Hinweise sollen kenntlich machen, unter welchen methodischen und forschungsstrategischen Gesichtspunkten die bisherigen Forschungslinien des HoF weitergeführt werden sollen, die in dem vorliegenden Band[11] bereits an vielen Beispielen eindrucksvoll dokumentiert sind. Im einzelnen sollten dabei die folgenden Gesichtspunkte besonders zum Tragen kommen:

1. Eine Einrichtung wie das HoF Wittenberg, dessen Aufgabe es ist, unterschiedlichen hochschulpolitischen Akteuren entscheidungsrelevantes Wissen und Beratungskapazität zur Verfügung zu stellen, muss wissenschaftlich unabhängig sein. Seine vordringlichste Pflicht ist es deshalb, seine *überregionale und letztlich internationale Reputation als unabhängiges Hochschulforschungsinstitut* zu festigen.

2. Das Institut hat die besondere Verpflichtung, *das Hochschulgeschehen im Standortland Sachsen-Anhalt forschend und beratend zu begleiten.* Dieser Aufgabe hat es sich schon bisher erfolgreich gestellt, und es wird sie auch weiterhin verantwortungsbewusst wahrnehmen. Damit das HoF in Sachsen-Anhalt seine For-

---

[11] vgl. Olbertz/Pasternack/Kreckel, a.a.O.

schungsergebnisse und Argumente mit dem notwendigen fachlichen Gewicht und der erforderlichen Souveränität zur Geltung bringen kann, muss es gleichzeitig über den Hochschulalltag vor der eigenen Haustüre hinausblicken.

3. Es ist deshalb unabdingbar, die schon bisher erfolgreich geübte Praxis weiterzuführen, *überregionale und vor allem auch vergleichende Hochschulforschung über die Landesgrenzen hinaus* zu betreiben. Dies ist zum einen deshalb erforderlich, weil damit Engführungen und Modeabhängigkeiten in der hochschulpolitischen Realität besser sichtbar werden. Zum anderen kann nur so der Anschluss an den nationalen und internationalen Forschungsstand gewahrt werden.

4. Eine besondere Daueraufgabe erwächst dem HoF Wittenberg aus dem Umstand, dass es das einzige Hochschulforschungsinstitut in den Neuen Bundesländern ist. Deshalb sollte es die *DDR-bezogene Hochschulforschung* weiter pflegen, für die es über vorzügliche Kompetenzen verfügt. In den vergangenen Jahren hat es dazu bereits wichtige Beiträge geleistet.[12]

5. Außerdem sollte das HoF auch die bereits von der Karlshorster Projektgruppe begonnene Aufgabe weiterführen[13] und den *Fortgang des Transformationsgeschehens im Hochschulbereich der Neuen Bundesländer systematisch dokumentieren und untersuchen.* Aufgrund der günstigen Bibliothekssituation und der im HoF versammelten Fachkompetenz ist das eine besondere Verpflichtung. In der gegenwärtig anlaufenden zweiten Phase der sozialwissenschaftlichen Transformationsforschung[14] und auch im Kontext der vom BMBF initiierten „problemorientierten regionalen Sozialberichterstattung" könnte das HoF Wittenberg für den Hochschulbereich einen wichtigen Part übernehmen. Es geht dabei unter anderem auch darum, eine solide Datenbasis verfügbar zu machen, um die innovativen Potentiale zu erfassen, die im Hochschulwesen der Neuen Bundesländer erhalten geblieben oder neu entstanden sind.

---

[12] vgl. dazu die Sammlung von Forschungstexten aus dem HoF: Pasternack, P. (Hg.): DDR-bezogene Hochschulforschung. Eine thematische Eröffnungsbilanz aus dem HoF Wittenberg, Weinheim und Basel: Beltz 2001

[13] Buck-Bechler, Gertraude / Schäfer, Hans-Dieter / Wagemann, Carl-Hellmut (Hg.): Hochschulen in den neuen Ländern der Bundesrepublik Deutschland. Ein Handbuch zur Hochschulerneuerung, Weinheim: Deutscher Studienverlag 1997

[14] vgl. dazu den positiv begutachteten Antrag der Universitäten Jena und Halle-Wittenberg zur Einrichtung des DFG-Sonderforschungsbereiches 580 „Gesellschaftliche Entwicklungen nach dem Systemumbruch" vom September 2000

6. Der unmittelbare Orientierungs- und Aktionsrahmen für die Forschungen des HoF ist und bleibt freilich das *Hochschulgeschehen in der Bundesrepublik Deutschland* insgesamt. Im Einklang mit deren neuerer sozialwissenschaftlicher Transformationsforschung geht das HoF davon aus, dass ostdeutsche Spezifika heute immer im gesamtdeutschen Kontext gesehen werden müssen.

7. Der weitere Rahmen für die Forschungstätigkeit des HoF ist die internationale Hochschullandschaft und das internationale Hochschulreformgeschehen. *International angelegte Forschungen,* wie die Studien über lebenslanges Lernen, gestufte Abschlüsse oder die Wirkungsweise des SOCRATES-Programms, sollen weiterhin durchgeführt werden. Ein wichtiger Aspekt ist dabei, durch den Kontakt mit der internationalen Hochschulforschung und der internationalen Hochschulwirklichkeit den Gefahren theoretischer und empirischer „Betriebsblindheit" entgegen zu wirken, von denen „Hochschulforschung in einem Lande" immer bedroht ist. Auch hier gilt: Wissenschaftliche Distanznahme erhöht die Beratungs- und Einsichtsfähigkeit vor Ort.

8. Der weltweite Internationalisierungsschub, von dem das gesamte Hochschulwesen zur Zeit betroffen ist, wird in Deutschland vor allem in Gestalt eines allmählichen Europäisierungsprozesses im Bereich der höheren Bildung spürbar. Man denke nur an die gemeinsame „Erklärung von Bologna" der 25 europäischen Bildungsminister vom 19. Juni 1999. Aufgrund seines spezifischen historischen und geographischen Standortes und im Hinblick auf die bevorstehende Osterweiterung der EU wird das HoF Wittenberg sich künftig verstärkt mit dem *Hochschulreformgeschehen in den Ländern Mittel- und Osteuropas* und mit deren Verbindungen zu den deutschen Hochschulen befassen.

9. Eine weitere, zunächst noch national angelegte, aber für eine spätere internationale Öffnung vorgesehenen Daueraufgabe mit eigenem wissenschaftlichem Anspruch stützt sich ebenfalls auf die guten Bibliotheksressourcen des HoF. Das Institut hat, unterstützt durch Mittel der Volkswagenstiftung, damit begonnen, ein *Informations- und Dokumentationssystem Hochschulen (ids)* aufzubauen. Dabei handelt es sich um ein Internet-gestütztes Datenbanksystem, das Online-Zugang zu allen für die Hochschulpolitik und die Hochschulforschung relevanten Texten und Daten eröffnen wird.

10. Alle diese Aktivitäten werden nur dann auf dem erforderlichen wissenschaftlichen Niveau und mit einem problemangemessenen Komplexitätsgrad gelingen, wenn ständig an den *theoretischen Grundlagen der Hochschulforschung* weiter gearbeitet wird. Das projektübergreifende Oberthema „Qualitätsorientierung in akteursorientierter Perspektive", über das in diesem Beitrag schon einiges

gesagt wurde, liefert dafür den heuristischen Rahmen. Mit ihrer Publikation über „Hochschulentwicklung als Komplexitätsproblem"[15] haben *Barbara M. Kehm* und *Peer Pasternack* bereits erste Maßstäbe gesetzt.

Die hier zusammengestellten zehn forschungsleitenden Gesichtspunkte sind mittelfristige Orientierungsgrößen, keine Dogmata. Solange das HoF Wittenberg ein lebendiges und geistig bewegliches Forschungsinstitut bleibt, werden seine Mitglieder mit diesen Vorgaben kreativ umzugehen wissen.

Die in diesem Beitrag vorgestellten Überlegungen dokumentieren, dass sich das HoF Wittenberg primär als ein Hochschul*forschungs*institut versteht und verstehen muss – allerdings als ein Forschungsinstitut mit deutlichem Anwendungsbezug. Auf solider wissenschaftlicher Grundlage hat das Institut sich Kompetenz für seriöse Beratungstätigkeit im hochschulpolitischen und hochschulpraktischen Bereich und auch für die Durchführung entsprechender Schulungs- und Weiterbildungsaktivitäten erworben. Auf diesem Gebiet wird das HoF weiterhin tätig bleiben.

---

[15] Kehm, Barbara M. / Pasternack, Peer: Hochschulentwicklung als Komplexitätsproblem. Fallstudien des Wandels, Weinheim/Basel: Beltz 2001

Externe und interne Impulse zur Erneuerung der Qualitätssicherung in den Hochschulen[1]

Das Thema „Qualitätssicherung an Hochschulen" hat in Deutschland zur Zeit Konjunktur. Die Tätigkeit der Hochschulrektorenkonferenz und das von ihr ins Leben gerufene „Projekt Qualitätssicherung" haben sicherlich einiges dazu beigetragen, dass die Aufmerksamkeit gegenüber diesem Thema in den letzten Jahren so sichtbar zugenommen hat. Lange Zeit waren förmliche Qualitätssicherungsverfahren – wie Akkreditierung und Evaluierung – vor allem ein Gegenstand für Spezialisten, für Hochschuldidaktiker und Gremienmitglieder. Das Interesse der betroffenen Hochschullehrer blieb dagegen meist recht verhalten.

Der Umstand, dass Hochschulen in Deutschland sich mit einem Mal so intensiv und so wortreich mit der Sicherung ihrer Qualität zu befassen beginnen, ist sicherlich nicht nur eine Modesache. Er hat tiefer liegende Ursachen. Denn im Grunde ist ja das Thema, um das es hier geht, für die Hochschulen nichts Neues: Die Sicherung von Qualität, im Sinne eines andauernden Bemühens um exzellente Studien-, Lehr- und Forschungsleistungen, gehört von je her zum ureigensten Selbstverständnis der Hochschulen. Wenn also jetzt das bisher Selbstverständliche in Frage gestellt wird und Veränderungen eingefordert werden, und wenn diese Forderungen auch bei den Betroffenen selbst breites Gehör finden, dann besteht dafür einiger Erklärungsbedarf.

Immerhin ist die Universität in der Geschichte des Abendlandes wohl *die* Institution gewesen, die den Gesichtspunkt der „Qualität" als erste systematisch zu ihrem Leitmotiv gemacht hat. Schon immer haben die Hohen Schulen Qualität und Leistung eingefordert und durch formelle Prüfungen kontrolliert und zertifiziert. Nur wer in Wort und Schrift die Qualität seines Wissens und seiner Gelehrsamkeit nachgewiesen hatte, galt als Akademiker und ausgewiesener Wissenschaftler. Das ist bis heute so geblieben. Man muss sich nur die geballte Anhäufung von wissenschaftlicher Qualität vor Augen führen, mit denen es die Mitglieder von Berufungskommissionen an deutschen Universitäten immer wieder zu tun bekommen, wenn sie die eingegangenen Bewerbungsunterlagen sichten.

Meines Wissens gibt es in der gegenwärtigen Qualitätssicherungsdiskussion niemanden, der die hohen Qualitätsmaßstäbe ernstlich in Frage stellt, die an deutschen Hochschulen nach wie vor praktiziert werden. Dennoch wird mit Nachdruck die Einführung von besonderen Verfahren zur *systematischen* Qualitätssiche-

[1] Einführungsvortrag auf der Tagung „Qualitätssicherung in der Hochschule", Wittenberg, 18. März 2002. Leicht überarbeitete Fassung des Erstabdrucks in: Reil, T. / Winter, M. (Hg.): Qualitätssicherung an Hochschulen; Theorie und Praxis. Bielefeld: Bertelsmann 2002, S. 16-20

rung an den Hochschulen angemahnt – also vor allem: von Evaluierungs- und Akkreditierungsverfahren. Man müsste eigentlich vermuten, dass hinter einer derartigen Forderung eine massive Kritik an der wissenschaftlichen Leistungsfähigkeit der Hochschulen steht. Doch nach meiner Einschätzung ist das kaum der Fall. Sicherlich, es gibt immer wieder Kritik an manchen Auswüchsen, Eitelkeiten und Ineffizienzen und an vielerlei strukturellen Problemen in den Hochschulen. Insbesondere gibt es auch berechtigte Kritik an der strukturell bedingten Geringschätzung der Lehre. Andererseits machen sich auch Ressentiments und schrille Töne bemerkbar, die Humboldt für „tot", die Professoren für „faul" oder die Hochschulen für „im Kern verrottet" erklären. Aber so ganz ernst nimmt das unter den Betroffenen kaum jemand. Wenn ich recht sehe, unterscheidet sich die heute gängige Kritik an den Hochschulen in Deutschland im Grunde nur recht wenig von dem, was in früheren Zeiten auch schon in ähnlicher Form vorgebracht worden ist – und immer wieder zu punktuellen Reformen geführt hat.

Zugespitzt gesagt: Der wissenschaftliche Ruf der deutschen Hochschulen ist so schlecht nicht. Immer wieder wird den Hochschulen ja auch voller Hochachtung attestiert, dass es ihnen in den letzten Jahrzehnten sehr gut gelungen ist, die wachsenden Studierendenzahlen bei stagnierenden Haushalten angemessen auszubilden und dabei insgesamt solide Forschungsleistungen zu erbringen.

Mit anderen Worten, die Aufforderung zur Etablierung neuer und transparenter „Qualitätssicherungsverfahren" wird *nicht primär* von tatsächlichen (oder vermuteten) Qualitätsmängeln des deutschen Hochschulsystems ausgelöst. Das ist meine Ausgangsthese. Nach meiner Einschätzung sind es vor allem *extrinsische* Erfordernisse, die die Hochschulen veranlassen, sich des Themas „Qualitätssicherung" aktiv anzunehmen. Vor allem auf zwei Gebieten haben sich die Anforderungen an die Hochschulen deutlich verändert: Sie stehen unter neuen *Legitimations-* und unter neuen *Internationalisierungserfordernissen*.

1. Zunächst zur Internationalisierung: Man muss dabei von der unübersehbaren Tatsache ausgehen, dass das deutsche Hochschulsystem zur Zeit von einem neuen Internationalisierungsschub erfasst wird und dass – im Zuge des „Bologna-Prozesses" – ein neuer europäischer Hochschulraum im Entstehen ist. Tatsache ist auch, dass sich die internationalen Wettbewerbsverhältnisse im tertiären Bildungsbereich tiefgreifend verändern. Ehedem haben die Reputation von Wissenschaftlerpersönlichkeiten und der Nimbus von Hochschulen dafür gesorgt, dass akademische Grade und Titel als Qualitätsausweise anerkannt wurden. Oxford, Sorbonne, Stanford, Al Akhsa, M.I.T., Heidelberg, Berlin – und natürlich auch Wittenberg und Halle – waren Adressen, die für Qualität bürgten. Wer wollte sie evaluieren oder akkreditieren?

Das ist heute nicht mehr so. Tausende von Hochschulen, Hunderttausende von Wissenschaftler und Wissenschaftlerinnen, Millionen von Studierenden konkurrieren auf einem gemeinsamen internationalen Forschungs-, Bildungs- und zunehmend auch Akademikerarbeitsmarkt. Die Verhältnisse sind dadurch anonymisiert und unübersichtlich geworden. Will man ein Mindestmaß an Markttransparenz für alle Beteiligten erreichen, müssen bestimmte Qualitätsstandards vereinbart und durchgesetzt werden. Es geht hier also, mit anderen Worten, vor allem um die *Einführung einer gemeinsamen Qualitätswährung*, die über Länder- und Institutionengrenzen hinweg verbindlich ist und akademische Mobilitätsprozesse auf allen Ebenen erleichtert.

Angesichts der internationalen Vielfalt der akademischen Traditionen ist das ein schwieriges, aber meines Erachtens kein hoffnungsloses Unterfangen. Denn die Orientierung an der wissenschaftlichen Methode verbindet alle Hochschulen. Qualitätssicherungsverfahren, die dieser Methode verpflichtet sind, müssen deshalb von ihnen nicht als Fremdkörper gefürchtet werden. Sie sollen das, was bisher implizit geschah, explizit und durchsichtig machen.

2. Wenn ich das Streben nach internationaler Standardisierung als die eine externe Hauptquelle der Qualitätssicherungsbewegung identifiziert habe, so ist die zweite der *erhöhte Legitimierungsbedarf der Hochschulen gegenüber ihrem staatlichen Geldgeber*. Dabei handelt es sich um eine Begleiterscheinung der beginnenden Autonomisierung und Verwettbewerblichung der Hochschulen. Mit dem Übergang von der kameralistischen Detailsteuerung zu Globalhaushalten, Zielvereinbarungen und Hochschulverträgen wächst auch das Bedürfnis der Ministerien und vor allem der Parlamente, verlässliche Rechenschaft über das von und in den Hochschulen Geleistete zu erhalten. Evaluierungs- und Akkreditierungsverfahren sind – neben reinen Kennziffermethoden – dabei die bevorzugten Messinstrumente. Sie sollen helfen, die Spreu vom Weizen zu trennen und steuerungsrelevante Informationen für Profilbildungen und Prioritätenentscheidungen zu gewinnen.

    In den Hochschulen selbst ist dieser Kontrollaspekt der Qualitätssicherung begreiflicherweise weniger populär. Andererseits verschafft er ihnen aber auch eine Möglichkeit zur Außenlegitimation, zur öffentlichen Darstellung ihrer Stärken und zur Positionierung im Wettbewerb.

3. Freilich kreuzen sich diese beiden Impulse nun mit einem dritten, eher intrinsischen Motiv zur Qualitätssicherung, das den Hochschulen selbst ganz besonders am Herzen liegen muss. Hier geht es um *Qualitätsentwicklung und -förderung im engeren Sinne* – also darum, die von außen angestoßene Qualitätssicherungsbewegung so zu nutzen, dass sie dem ältesten und vornehmsten Ziel

aller Hochschulen dient: der Förderung und Ermutigung von Exzellenz in Forschung und Lehre.

Ging es im ersten Fall also primär um internationale Qualitäts*standardisierung*, im zweiten um externe Qualitäts*kontrolle*, so geht es bei diesem dritten, intrinsischen Impuls um Qualitäts*motivierung*. Die eigentlich spannende Frage der nächsten Zukunft wird es sein, ob und wie es den deutschen Hochschulen in dieser Gemengelage von Motiven und Zwängen gelingen wird, ihr uraltes und ureigenstes Interesse zu wahren und wissenschaftsinterne Qualitätsverbesserung zu ermöglichen.

Ich jedenfalls meine, das Ziel sollte es sein, eine ausgewogene Balance zwischen Standardisierung, Kontrolle und Leistungsverbesserung zu erreichen. Nur wenn das gelingt, wird die Idee der „Qualitätssicherung" eine Chance haben, in den Hochschulen Anhänger zu finden und sich auch in der Praxis zu bewähren.

Angesichts der in diesen wenigen Bemerkungen nur angedeuteten Komplexität der Problemlage und der Vielfalt der betroffenen Interessen wäre es im übrigen sicherlich klug, *nicht allen Zielen gleichzeitig* gerecht werden zu wollen. Die vordringlichste Aufgabe scheint mir im Augenblick die internationale Standardisierung von Studienabschlüssen und Credits im Sinne der Erklärung von Bologna zu sein. Das heißt, es geht *zunächst* darum, eine durch Akkreditierung gehärtete und legitimierte europäische „Bildungswährung" einzuführen, ohne die ein mobilitätsoffener europäischer Hochschulraum nicht entstehen kann. Dabei ist pragmatisches Augenmaß unerlässlich. Man sollte der Versuchung widerstehen, diesen Standardisierungsprozess, der eingespielte Verfahren und Selbstverständlichkeiten außer Kraft setzen muss, gleichzeitig noch mit allzu vielen weiterreichenden Studienreformzielen zu befrachten. Die Gefahr, dass das sensible Hochleistungs-Soziotop „Hochschule" dabei Schaden nehmen und mit Qualitäts*verlusten* reagieren könnte, muss ernst genommen werden.

Das heißt, man sollte die *schonende* Umstellung etablierter Studiengänge auf ein Kreditpunkte- und Bachelor-Master-System nicht von vorne herein als „Etikettenschwindel" abtun. Auch auf diesem Wege kann ein Stück Studien- und Hochschulreform in Gang gebracht werden.

Um mit einem Beispiel abzuschließen: Hätte man die Euro-Umstellung in elf europäischen Ländern gleichzeitig mit einer europaweit abgestimmten Einkommenssteuerreform verbinden wollen, so wäre wohl beides misslungen. Das Ziel sollte es also zunächst einmal sein, die Bologna-Umstellung des deutschen Studiensystems so behutsam in die Wege zu leiten, dass es dabei weder zu Qualitätseinbußen noch zu bürokratischen Blockaden kommt.

Gleichberechtigte Akademikerinnen: Gleiche Rechte, gleiche Leistungen, ungleiche Chancen – warum?[1]

Die Zeiten sind vorbei, in denen man glauben konnte, die unterschiedliche Stellung von Männern und Frauen in der Gesellschaft sei ein Gesetz der Natur. Heute gelten die in Schule, Berufsausbildung oder Hochschule erworbenen Leistungsnachweise als entscheidende Voraussetzungen, die den Lebensweg der Menschen bestimmen sollen, nicht die Herkunft oder das Geschlecht. Das Grundgesetz verbietet deshalb alle Bevorzugungen oder Benachteiligungen aufgrund von Geschlecht, Rasse, Religion usw. Außerdem gibt es zahlreiche gesetzliche Bestimmungen und Fördermaßnahmen zur gesellschaftlichen Gleichstellung von Mann und Frau.

In der Tat kann heute in Deutschland nicht mehr von einer Benachteiligung der Frauen beim Zugang zum Abitur und zum Hochschulabschluss gesprochen werden. Das ist nicht immer so gewesen: Jahrhunderte lang war das Hochschulstudium eine reine Domäne der Männer. Erst im Jahr 1900 wurde zum ersten Mal eine Frau an einer deutschen Universität als reguläre Studentin immatrikuliert. Heute, gut 100 Jahre später, sind die Hälfte der Studierenden in Deutschland Frauen, und sie legen auch etwa die Hälfte der Hochschulexamina ab. (An der halleschen Universität waren im Wintersemester 2002/2003 sogar 61,5 Prozent Frauen unter den Neuimmatrikulierten!). Auch in qualitativer Hinsicht sind beim Vergleich der Schul-, Berufs- oder Studienleistungen von jungen Männern und Frauen in Deutschland keine nennenswerten Unterschiede mehr zu erkennen. Insgesamt gesehen sind die Notendurchschnitte von Frauen sogar geringfügig besser als die der Männer.

Die dünne Luft der oberen Region

Und dennoch, die tatsächlichen beruflichen Erfolgschancen von Männern und Frauen in Deutschland sind auch heute noch deutlich ungleich verteilt – trotz gleicher Rechte und eines gleichwertigen Bildungsniveaus, und auch trotz erheblicher gleichstellungspolitischer Anstrengungen. Wählt man die Hochschulen als Beispiel und betrachtet den Anteil der Frauen an den akademischen Spitzenpositionen, den Professorenstellen, so war in Deutschland im Jahr 2002 ein Anteil von 11,9 Pro-

---

[1] ursprünglich als „Appetithappen" geschrieben, der Studierenden und Universitätsangehörigen die Denk- und Arbeitsweise der Soziologie nahe bringen sollte; leicht überarbeitete und aktualisierte Fassung, zuerst erschienen in: *scientia halensis. Wissenschaftsjournal der Martin-Luther-Universität Halle-Wittenberg* 2/2003, S. 25. f

zent Professorinnen und 88,1 Prozent Professoren gegeben. Es ist zwar nicht zu übersehen, dass der Frauenanteil bei den Professuren – ebenso wie auch bei anderen gesellschaftlichen Spitzenpositionen – in den vergangenen Jahren langsam zugenommen hat. Aber diese Entwicklung hat in keiner Weise mit dem gestiegenen Ausbildungsniveau des weiblichen Bevölkerungsteiles Schritt gehalten.[2]

Deutschland im europäischen Vergleich

Ein vergleichender Blick auf die Verhältnisse an den Hochschulen in der BRD und der DDR lässt übrigens hinsichtlich der geschlechtsspezifischen Besetzung von Spitzenpositionen kaum Unterschiede erkennen: In beiden deutschen Teilstaaten lag der Professorinnenanteil zum Zeitpunkt der deutschen Vereinigung bei etwa 6 Prozent.[3] Andererseits zeigt der Vergleich mit anderen europäischen Ländern, dass die Frauen in den akademischen Spitzenpositionen zwar überall deutlich unterrepräsentiert sind, dass aber an deutschen Hochschulen noch sehr viel weniger Frauen auf Professorenstellen anzutreffen sind als anderswo. Nicht nur in den angelsächsischen Ländern, in Frankreich und in Skandinavien, sondern sogar in mediterranen Ländern wie Italien, Spanien, Portugal, Griechenland und Türkei ist der Frauenanteil an den Hochschulprofessuren deutlich höher als in Deutschland[4].

Ähnliche Verhältnisse wie in Deutschland finden sich in den Anrainerstaaten Österreich, Schweiz, Belgien, Niederlande und Dänemark.

Statistik versus Soziologie (I)

Der statistische Befund ist somit eindeutig: Trotz gleicher Rechte und gleicher Leistungen ist es für eine Frau sehr viel unwahrscheinlicher als für einen Mann, eine akademische Spitzenposition zu besetzen.

Dies ist in allen vergleichbaren westlichen Ländern der Fall, in Deutschland sogar besonders ausgeprägt. Diese Sachlage mag Anlass zur Entrüstung geben; aber das ist nicht die Aufgabe der Soziologie. Ihre Pflicht ist es, in wissenschaftlicher Haltung – also: unvoreingenommen – nach Erklärungen zu suchen und Zusammenhänge verständlich zu machen, selbst dann, wenn sie Unbequemes zu Tage fördert. So lassen sich mit soziologischen Argumenten zwei gängige Fehleinschätzungen entkräften:

---

[2] Angaben des Statistischen Bundesamtes (http://www.destatis.de)
[3] vgl. Buck-Bechler, Gertraude u.a. (Hg.): Hochschulen in den Neuen Ländern der Bundesrepublik Deutschland, Weinheim: Beltz 1997, S. 310ff.
[4] Europäische Union (Hg.): Bericht der ETAN-Expertinnengruppe „Frauen und Wissenschaft", Brüssel 2001, S. 10 (http://www.cordis.lu/rtd2002/science-society/women/htm)

Die erste, *optimistische Fehleinschätzung* läuft auf die These hinaus, dass die Angleichung der akademischen Karrierechancen von Männern und Frauen lediglich eine Frage der Zeit sei. Heute haben beide Geschlechter bereits bis zur Ebene der Studienabschlüsse gleichgezogen. Demnächst werde dies auch auf der Ebene der Promotionen und Habilitationen geschehen. Dann würde, mit der schrittweisen Emeritierung der älteren, noch „männerlastigen" Professorenjahrgänge, der Angleichungsprozess allmählich immer spürbarer werden.

Richtig an dieser Überlegung ist, dass man sich den Lehrkörper einer Hochschule wie einen Baum mit Altersringen vorstellen muss. Will man nicht alle älteren (und damit überwiegend männlichen) Professoren entlassen, dann wird selbst bei einer zwischen Männern und Frauen ausgewogenen Nachbesetzung freiwerdender Stellen der Angleichungsprozess eine ganze Generation dauern.

Falsch ist die optimistische Einschätzung aber deshalb, weil ja bekannt ist, dass schon 1960 der Anteil der weiblichen Studierenden in Westdeutschland bei ca. 25 Prozent lag, 1970 bei ca. 30 Prozent (in der DDR noch etwas höher). Das war die Zeit, in der die älteren der heute noch lehrenden Professorinnen und Professoren selbst studiert haben. Von den Frauen dieser Studienjahrgänge haben es allenfalls 5 Prozent zu einer Professur gebracht. Der „Frauenschwund" auf der akademischen Karriereleiter war also schon damals groß und ist es bis heute geblieben. Das gilt für die von Frauen bevorzugten Fachgebiete (wie Grundschulpädagogik oder Kunstgeschichte) ebenso wie für die traditionellen „Männerstudiengänge" (insbesondere Natur- und Technikwissenschaften). Diese Sachlage gibt keinen Anlass zum Optimismus, sie bedarf der Erklärung.

Statistik versus Soziologie (II)

Die vielleicht populärste Erklärung des „Frauenschwundes" beruht meines Erachtens nun auf einer zweiten, *gleichstellungspolitischen Fehleinschätzung*. Sie läuft darauf hinaus, dass man die geschlechtsspezifische Ungleichheit bei der Besetzung akademischer Spitzenpositionen primär auf innerakademische Wirkungszusammenhänge zurückführen möchte. Man richtet deshalb die Aufmerksamkeit zunächst auf offene sexistischer Übergriffe und Missbräuche, auf Einschüchterungen oder Benachteiligungen von Studentinnen. Außerdem bemüht man sich um die Identifizierung und Bekämpfung von subtileren Formen der geschlechtsspezifischen Diskriminierung und Differenzierung im Wissenschaftsbereich (z.B. „männliche" Denkstile, Umgangs- und Konkurrenzformen, männerdominierte Netzwerke und Berufungskartelle, implizite Techniken des Totschweigens).

Richtig ist, dass derartige Vorgänge offener und verdeckter Diskriminierung – gleichgültig, gegen wen sie sich wenden – erkannt und aufgedeckt werden müssen. Richtig ist meines Erachtens auch, dass ohne eine starke, feministisch inspirierte

Gleichstellungspolitik viele dieser gegen das wissenschaftliche Grundprinzip des Universalismus verstoßenden und damit wissenschaftsfeindlichen Praktiken kaum so wirkungsvoll identifiziert und bekämpft worden wären, wie es in letzter Zeit geschehen ist.

Nicht richtig wäre es aber, wollte man darauf bauen, dass mit der – selbstverständlich nötigen – *inner*akademischen Bekämpfung und Überwindung direkter und indirekter Diskriminierung von Frauen bereits die entscheidende Ursache für den „Schwund" von Frauen auf dem Weg zu den akademischen Spitzenpositionen gefunden sei.

Asymmetrisches „Geschlechter-Arrangement"

Die soziologische Strukturanalyse zwingt dazu, auch Wirkungszusammenhänge ins Auge zu fassen, die *außerhalb* der Hochschule, im außerakademischen Bereich verankert sind. Für alle diejenigen, die *in* ihrer eigenen Universität etwas bewirken wollen, ist das ernüchternd. Aber der entscheidende Umstand, der in die Hochschulen und in die akademischen Karrieren von außen hineinspielt, ist die *asymmetrische Organisation des Geschlechterverhältnisses in der Gesellschaft.*[5] Sie reicht tief in das Privatleben der Menschen hinein und drückt sich in der Arbeitswelt und der Familien- und Sozialpolitik ebenso aus wie in den alltäglichen Umgangsformen, kulturellen Selbstverständlichkeiten und Wertvorstellungen. In der neueren Soziologie wird dafür der Begriff des „gender regime" bzw. des „Geschlechter-Arrangements" gebraucht[6]. Er weist darauf hin, dass geschlechtsspezifische Ungleichheiten stets in vielfältige, von kulturellen und politisch-rechtlichen Rahmenbedingungen geprägte gesellschaftliche Zusammenhänge eingebunden sind. Sie können nicht isoliert verstanden und auch nicht isoliert bekämpft werden.

Das lapidare Fazit dieser Überlegungen lautet deshalb: Auch wenn es einmal gelungen sein wird, den Wissenschafts- und Universitätsbetrieb völlig von offenen und versteckten Diskriminierungen gegen Frauen zu befreien, werden Frauen erst dann die gleichen akademischen Karrierechancen wie Männer haben, wenn es in der Gesellschaft auch zu einer ausgewogenen Neuverteilung der Verantwortung

---

[5] vgl. dazu die ausführliche theoretische Argumentation in Kreckel, R.: Politische Soziologie der sozialen Ungleichheit, 3. Aufl., Frankfurt/M. – New York: Campus 2004, Kap. IV

[6] vgl. Pfau-Effinger, G.: Kultur und Frauenerwerbstätigkeit in Europa, Opladen: Leske 2000

für Partnerschaft, Familie, Haushalt und Kinder gekommen sein wird, an der beide Geschlechter gleichgewichtig partizipieren.[7] Das ist bis jetzt nicht der Fall.[8] Der heute von überproportional vielen Professorinnen geübte Verzicht auf Familie und Kinder[9] ist eine zwar verständliche, aber nicht verallgemeinerungsfähige Antwort auf dieses ungelöste Problem. Eine zweite, ebenfalls nicht wünschenswerte Antwort ist der Verzicht von Frauen auf eine eigene wissenschaftliche Laufbahn. Aufgrund der gegebenen Verhältnisse sehen sich noch viel zu viele fähige junge Wissenschaftlerinnen zu dieser Alternative gezwungen.

Die neuere soziologische Forschung ist sich dieser Dilemmata bewusst. Sie hat deshalb keine einfachen Lösungen anzubieten – sehr wohl aber gute, differenzierte Studien, deren Lektüre sich für jede und jeden lohnt und der interessierten Leserschaft empfohlen sei.[10]

---

[7] kritisch dazu: Burkhardt, A.: Gegen den Strich gebürstet. Gleichstellungspolitische Rück-schlüsse aus der Entwicklung in Skandinavien und Mittel- und Osteuropa, in: Dies. / Schlegel, U. (Hg.): Warten auf Gender Mainstreaming. Gleichstellungspolitik im Hochschulbereich (*die hochschule*, Schwerpunktheft 2/03), Wittenberg: HoF 2003, S. 108-130

[8] davon ist die deutsche Gesellschaft zur Zeit noch weit entfernt. Vgl. dazu etwa die empirischen Befunde in Büchel, F. / Spieß, C.K.: Form der Kinderbetreuung und Arbeitsmarktverhalten von Müttern in West- und Ostdeutschland, Stuttgart: Kohlhammer 2002; BMFSFJ / Statistisches Bundesamt (Hg.): Wo bleibt die Zeit? Die Zeitverwendung der Bevölkerung in Deutschland 2001/2002, Wiesbaden: Statistisches Bundesamt 2003

[9] seit kurzem liegt die erste repräsentative Umfrage unter deutschen Universitätsprofessorinnen und -professoren vor, die diesen Zusammenhang eindeutig bestätigt. Vgl. Krimmer, H. u.a.: Karrierewege von Professorinnen an Hochschulen in Deutschland, Münster 2003 (www.wissenschaftskarriere.de)

[10] hier eine kleine Auswahl neuerer deutschsprachiger Texte zum Thema: Engler, S.: 'In Einsamkeit und Freiheit?' Zur Konstruktion der wissenschaftlichen Persönlichkeit auf dem Weg zur Professur, Konstanz: UVK 2001; Krais, B. (Hg.): Wissenschaftskultur und Geschlechterordnung. Über die verborgenen Mechanismen männlicher Dominanz in der akademischen Welt, Frankfurt/M. - New York: Campus 2000; Leemann, R. J.: Chancenungleichheiten im Wissenschaftssystem. Wie Geschlecht und soziale Herkunft Karrieren beeinflussen, Chur – Zürich: Rüegger 2002; Neusel, A. / Wetterer, A. (Hg.): Vielfältige Verschiedenheiten. Geschlechterverhältnisse in Studium, Hochschule und Beruf, Frankfurt/M. - New York: Campus 1999; von Stebut, N.: Eine Frage der Zeit? Zur Integration von Frauen in die Wissenschaft. Eine empirische Untersuchung der Max-Planck-Gesellschaft, Opladen: Leske & Budrich 2003

Zum „neuen" Verhältnis von Hochschulen und staatlicher Wissenschaftsverwaltung in Deutschland[1]

Die „nachgeordnete Ökonomisierung" deutscher Hochschulen

Der Ruf nach „Stärkung der Hochschulautonomie" gehört heute zum Standardrepertoire der weltweiten hochschulpolitischen Diskussion. Das gilt auch für Deutschland[2] – also für ein Land, dessen Hochschulen von Alters her fast ausnahmslos *staatliche* Einrichtungen sind, und zwar *föderal*staatliche Einrichtungen. Das heißt, Hochschulautonomie kann in Deutschland immer nur *relative* Autonomie sein.

Andererseits verfügen die deutschen Hochschulen aber doch über ein nicht unerhebliches Maß an Eigenständigkeit, vor allem in Gestalt der Hochschulselbstverwaltung sowie aller der Rechte und Usancen, die sich aus dem Wissenschaftsfreiheitprinzip des Grundgesetzartikels 5, Absatz 3 ergeben. Ihre Grenzen fand und findet diese Autonomie in der staatlichen Rechtsaufsicht, der weitreichenden Fachaufsicht der Wissenschaftsministerien und insbesondere in der kameralistischen Detailsteuerung, die sich aus der staatlichen Finanzhoheit ergibt.

Freilich ist „der" Staat als das Gegenüber der Hochschulen selbst keine unwandelbare Größe. Man könnte geradezu sagen, dass er sich in seiner gewohnten bürokratisch-kameralistischen „Haut" zunehmend unwohl zu fühlen beginnt, seitdem er im Zeichen globalisierten Wettbewerbsdruckes, hoher Staatsverschuldung und neo-liberaler Denkzwänge zu immer strengeren Kosten-Nutzen-Kalkülen gezwungen wird: In Gestalt von Verwaltungsreformen im Zuge des „New Public Management" sickern betriebswirtschaftliche Effektivitätskriterien in die staatliche Wissenschaftsadministration ein, und von dort in den akademischen Kern der Hochschulen selbst.

Nun wird aber jeder, der sich heute für die Reform der Hochschulen einsetzt, nachdrücklich versichern, dass eine derartige „Invasion" von ökonomischen Imperativen in die akademische Welt überhaupt nicht beabsichtigt sei. Die neue Kosten-Nutzen-Rationalität, der sich die Hochschulen heute aussetzen müssten, sei keineswegs mit Kommerzialisierung aufgrund betriebswirtschaftlicher Kalküle gleich-

---

[1] überarbeitete Fassung eines Vortrags beim Wissenschaftsforum der Sozialdemokratie, Magdeburg, 14.1.2002; zuerst erschienen in: Das Hochschulwesen 3/2003, S. 90-96

[2] vgl. etwa die wegweisende Studie von Alewell, Karl: Autonomie mit Augenmaß. Vorschläge für eine Stärkung der Eigenverantwortung der Universitäten, Göttingen 1993

zusetzen, bei denen der Nutzen eines Produkts oder einer Leistung letztlich durch den zu erzielenden Preis bestimmt wird. Der „Nutzen" von Forschungs- und Lehrleistungen an staatlich finanzierten Hochschulen könne vielmehr auch weiterhin nur von der scientific community selbst bestimmt werden, allenfalls unter Einbeziehung der betroffenen Studierenden[3].

Schön wäre es, wenn es so wäre. Zwar trifft es zu, dass rein marktwirtschaftliche Gesichtspunkte bei der Bestimmung der Aufgaben der staatlichen Hochschulen in Deutschland bislang keine dominierende Rolle spielen. Aber ein Blick in die in den letzten Jahren novellierten Hochschulgesetze der deutsche Bundesländer zeigt, dass nicht nur bei der Finanzierung, sondern auch bei der Entwicklungsplanung der Hochschulen weiterhin staatliche Steuerungs- und Eingriffsmöglichkeiten bestehen[4]. Im Zuge der zunehmenden Ökonomisierung des politischen Raumes kann das dazu führen, dass die Ziele und Schwerpunkte von Forschung und Lehre an den Hochschulen sich immer mehr an dem ausrichten, was Regierungen, Ministerialverwaltungen und Parlamente jeweils für „kostengerecht" und „nützlich" halten und zu finanzieren bereit sind. Das bedeutet, dass die Hochschulen zunehmend in die Rolle geraten, die Nützlichkeit ihres Tuns öffentlich und offensiv rechtfertigen zu müssen. Zur Zeit neigen sie dabei oft dazu, Argumente zu verwenden, die wenig mit Wissenschaft, aber viel mit politischer Opportunität zu tun haben. Politisch opportun aber sind vor allem solche Argumente, die auf die Reduzierung von Kosten abzielen. Die neue Ökonomisierung des Staates führt auf diese Weise zu einer „nachgeordneten Ökonomisierung" der Hochschulen: Ging es diesen bisher primär um den Wettbewerb der besten Ideen, so wird daraus jetzt immer mehr ein Wettbewerb um knappe Mittel.

In den Hochschulen wird diese Entwicklung in erster Linie als eine Intensivierung fremdbestimmter Zwänge – also: als Autonomieverlust – erlebt. In scheinbarem Widerspruch dazu steht nun die Forderung, dass die staatliche Seite sich deutlich zurücknehmen und den Hochschulen mehr Autonomie einräumen solle. Quer durch das politische Parteienspektrum hindurch wird die Auffassung vertreten, dass die bisher üblichen weitgehenden Eingriffsmöglichkeiten der staatlichen Wissenschaftsadministration kontraproduktiv seien, weil sie den Wettbewerb der Hochschulen behinderten und sie bürokratisch einschnürten: Der Staat solle sich künftig mit einer allgemeinen Globalsteuerung begnügen, die Details seien den Hochschulen selbst zur autonomen Entscheidung zu überlassen.

---

[3] so etwa: Müller-Böling, D.: Die entfesselte Hochschule, Gütersloh 2000

[4] vgl. dazu, mit stark normativer Ausrichtung: Stifterverband der Deutschen Wirtschaft (Hg.): Qualität durch Wettbewerb und Autonomie. Landeshochschulgesetze im Vergleich. Essen 2002 (www.stifterverband.de)

Vertrag und Vertrauen

Als wichtigste Steuerungsinstrumente für die Ausgestaltung dieses neuen Wechselverhältnisses zwischen Staat und Hochschulen werden *Zielvereinbarungen* und *Hochschulverträge* genannt[5]. Außerdem werden vielerorts *Hochschulräte* eingerichtet, die als unabhängige Vermittlungsinstanzen zwischen Staat und Hochschulen fungieren sollen[6]. In jüngster Zeit – etwa im neuen Niedersächsischen Hochschulgesetz – gewinnt auch der Gedanke an Boden, Hochschulen in *Stiftungen öffentlichen Rechts* umzuwandeln[7].

Es ist unverkennbar, dass sich damit ein deutlicher hochschulpolitischer Kurswechsel vollzieht. Er steht in einem engen Zusammenhang mit der allgemeinen Sparpolitik von Bund und Ländern, die diese veranlasst, Aufgaben abzugeben, um Kosten zu reduzieren. Mit den Rahmenbedingungen und Motiven, die zu diesem Kurswechsel geführt haben, werde ich mich im folgenden nicht befassen[8]. Ich begnüge mich damit, als Faktum zu konstatieren, dass die Wissenschaftsadministrationen der Länder und die Hochschulen sich zur Zeit überall in Deutschland anschicken, an die Stelle der bisher üblichen *hierarchischen Kontrollbeziehung*, die ihre Grenzen im Privileg der Wissenschaftsfreiheit fand, eine *vertragliche Beziehung* zu setzen – aus welchen Gründen auch immer.

Von allen Beteiligten wird anerkannt, dass dieses neue kontraktuelle Verhältnis zwischen Staat und Hochschulen von den *Hochschulen* ein hohes Maß von Umstrukturierungen und Veränderungen verlangt, vor allem auch in ihrem Entscheidungsverhalten. Weniger verbreitet ist hingegen die Vorstellung, dass *auch auf staatlicher Seite* Veränderungen anstehen, wenn sie von einer direkten Aufsichts- und Steuerungsinstanz zu einem echten Vertragspartner der Hochschulen werden soll. Deshalb möchte ich mich mit meinen folgenden Bemerkungen auf diesen Aspekt konzentrieren und hauptsächlich die staatliche Seite in den Blick nehmen.

Vorweg ist allerdings vor folgendem Missverständnis zu warnen: Wenn das Verhältnis von Staat und Hochschule heute dahingehend „modernisiert" wird, dass an die Stelle einer hierarchischen Kontrollbeziehung eine „horizontale" Beziehung zwischen Vertragspartnern tritt, so muss das durchaus *nicht* bedeuten, dass es sich dabei um eine egalitäre Beziehung handelt. Selbstverständlich kann es auch Vertragsbeziehungen zwischen höchst ungleichen Partnern geben. Regelmäßig ist das beispielsweise dann der Fall, wenn einseitige finanzielle Abhängigkeiten vorliegen.

---

[5] vgl. die Übersicht bei König u.a. 2003
[6] vgl. Mayntz 2002
[7] vgl. Palandt 2002
[8] vgl. dazu oben, Die Universität im Zeitalter ihrer ökonomischen Rationalisierung

Damit nun aber asymmetrische Vertragsbeziehungen zwischen ungleichgewichtigen Partnern nicht zu willkürlichen Pressionsverhältnissen ausarten, kennt unsere Rechtskultur das *Vertragsrecht*. Es sorgt dafür, dass Verträge eingehalten werden und gegen Vertragsverletzungen gerichtliche Hilfe in Anspruch genommen werden kann. Allerdings, im Falle von Hochschulverträgen und Zielvereinbarungen zwischen Staat und Hochschulen ist die Rechtsverbindlichkeit grundsätzlich problematisch: Da Übereinkünfte zwischen Regierungsvertretern und staatlichen Hochschulen im innerstaatlichen Binnenverhältnis stattfinden, ist der Rechtsweg für die Hochschulen weitgehend ausgeschlossen; oder er ist zumindest ungewiss und wenig opportun[9].

Mit anderen Worten – und hier verhält es sich mit Hochschulverträgen nicht anders als mit sonstigen Verträgen: Die faktische Akzeptanz und Haltbarkeit eines Vertrages ist in der Praxis nicht so sehr eine Frage der Justiziabilität, sondern eine Sache gegenseitigen *Vertrauens*. Muss der Klageweg zur Konfliktlösung in Erwägung gezogen werden, ist das Vertragsverhältnis bereits gestört.

Das wichtigste Merkmal einer von Vertrauen getragenen Vertragsbeziehung ist es aber, dass die Vertragspartner sich auf sie verlassen können, dass sie also mit hoher Zuverlässigkeit damit rechnen können, dass Leistung *und* Gegenleistung erbracht werden – und zwar, ohne dass dafür ständige (und aufwändige) Kontrollen oder aufreibende Auseinandersetzungen erforderlich sind. Dadurch unterscheiden sich auf Vertrauen gegründete vertragliche Beziehungen von hierarchischen Kontrollbeziehungen und von offenen Konfliktsituationen[10].

Es ist freilich ein offenes Geheimnis, dass Verhandlungen über Zielvereinbarungen zwischen Hochschulen und staatlichen Instanzen häufig von gegenseitigem Misstrauen geprägt sind. Die staatliche Seite neigt dazu, den Hochschulen Reformunwilligkeit zu unterstellen, die Hochschulseite geht davon aus, dass Haushaltskürzungen das alles überlagernde Motiv seien. Und im Hintergrund steht die langjährige Gewöhnung an eine ministerielle Erlasskultur.

„Ideale" Hochschulleitung und „ideale" Ministrialbürokratie – zwei Konstrukte

Nach dieser eher allgemeinen Zwischenbetrachtung wende ich mich jetzt den spezifischen Voraussetzungen zu, die von staatlicher Seite gewährleistet werden müssen, um die viel berufene „vertrauensvolle Zusammenarbeit" zwischen Staat und Hochschulen zu ermöglichen. Ich konzentriere mich deshalb auf die *staatliche* Seite, weil sie in der in der gegenwärtigen Hochschulreformdiskussion noch einen ziem-

---

[9] vgl. Trute 2000

[10] vgl. dazu Hartmann/Offe 2001; Mayer 2002

---

lich blinden Flecken darstellt, wohingegen die Reformerfordernisse für die Hochschulseite doch schon sehr viel deutlicher ausgeleuchtet sind: Von ihnen – den
Hochschulen – erwarten Hochschulpolitiker und Kommentatoren, dass sie zu ent-
scheidungs- und planungsfähigen kollektiven Akteuren werden. D.h., der in der
Vergangenheit höchst produktive, aber wenig übersichtliche Zustand der Hochschulen als „loosely coupled organizations" oder als „organized anarchy" soll beendet werden[11]. Auf der Hochschulseite wird die Unvermeidlichkeit des auf die
Hochschulen wirkenden Reformdruckes mittlerweile weitgehend akzeptiert –
gleichgültig, ob mit Freude oder mit Bedauern. Insofern hat Detlef Müller-Böling
(2000) mit dem programmatischen Buchtitel „Die entfesselten Hochschule" diesen
Zeitgeist sicherlich genauer getroffen als Robert Birnbaum (2000) mit seinem re-
formskeptischen Buch „Management Fads in Higher Education".

Mit anderen Worten: „Das Problem sind die Hochschulen" – so lautet der
weithin akzeptierte Hintergrundkonsensus. Auf sie richten sich zur Zeit alle Augen; mit ihren Reformbemühungen und Beharrungstendenzen befassen sich
Kommentatoren und Hochschulpolitiker. Auch die sozialwissenschaftliche Hoch-
schul- und Wissenschaftsforschung hat sich dieses Themas intensiv angenommen
und stellt ihre Ergebnisse kontinuierlich zur Verfügung, so dass wir über die
Hochschulseite der Beziehung Staat – Hochschulen relativ gut Bescheid wissen[12].
Dagegen ist methodisch kontrolliertes Wissen über den anderen hochschulpolitischen Akteur, also über die staatliche Seite, kaum vorhanden. Auch über den tatsächlichen Verlauf und die Qualität der Beziehungen zwischen Staat und Hochschulen ist wenig Verlässliches bekannt. Für Soziologen und Politologen ist das
nicht allzu überraschend: Nach ihren Erfahrungen ist es für die Sozialforschung
immer schwierig, direkten Forschungszugang zur staatlichen Exekutive und zu den
delikaten Interaktionen im Einzugsbereich der staatlichen Hoheitssphäre zu gewinnen. Selbstverständlich gibt es bei HochschullehrerInnen und Hochschulleitungen vielerlei persönliche Erfahrungen und Primärurteile über den Umgang mit
„der" staatlichen Wissenschaftsadministration, aber wenig empirisch kontrolliertes
Wissen.

Wegen dieses weitgehenden Fehlens einer erfahrungswissenschaftlichen In-
formationsgrundlage gehe ich bei meinen folgenden Ausführungen – zum Zwecke
der Vereinfachung und aus methodischen Gründen – von drei idealisierenden (und

---

[11] vgl. Weick 1976, Pellert 1999, Kern 2000

[12] vgl. das Informations- und Dokumentationssystem Hochschule (ids), ein umfassendes Online-
Informationssystem zur Hochschulforschung im deutschsprachigen Raum, das z. Zt. mit Unterstützung der VolkswagenStiftung am HoF – Institut für Hochschulforschung Wittenberg aufgebaut
wird. Es kann im Internet abgerufen werden unter: http://hsdbs.hof.uni_halle.de:8080/; vgl. auch
Teichler 2000

mehr oder weniger kontrafaktischen) Annahmen aus: In einer Art von Gedankenexperiment eliminiere ich dabei zunächst einmal einige potentielle „Störfaktoren", die dem Entstehen einer vertrauensvollen vertraglichen Beziehung zwischen Hochschulen und staatlicher Seite entgegenstehen könnten. Wenn es sich erweist, dass selbst in dieser konstruierten „besten aller möglichen Welten" noch Widersprüche oder Ungereimtheiten enthalten sind, die das Verhältnis zwischen Staat und Hochschulen belasten, so lassen sich daraus zum einen theoretische Einsichten über die Realisierungsbedingungen und -chancen der beabsichtigten „Entfesselung" der Hochschulen mit Hilfe von Zielvereinbarungen gewinnen, zum anderen können empirische Forschungsfragen generiert werden.

Annahme I:

Der erste potentielle Störfaktor bei der beabsichtigten kontraktuellen Neugestaltung der Beziehungen zwischen Staat und Hochschulen sind selbstverständlich die Hochschulen selbst. Die Vielzahl ihrer Fakultäten, die Aufsplitterung der in ihnen vertretenen Gruppen- und Partikularinteressen, die Komplexität der akademischen Selbstverwaltung, die geringe Professionalität ihres Leitungspersonals, die mangelnde Strategiefähigkeit u. ä. werden regelmäßig als Hemmnisse angeführt, die die Hochschulen daran hindern, „mit einer Zunge" zu sprechen und als verlässliche Verhandlungs- und Vertragspartner handeln zu können. Ich mache deshalb jetzt die Annahme, dass alle dieses Hindernisse überwindbar seien. Folgt man dieser Annahme, so muss man sich *die deutschen Hochschulen der Zukunft, die dem Staat als echter Verhandlungspartner gegenüber stehen, als professionell geführte und verwaltete, voll entscheidungsfähige Akteure vorstellen, die zu rationaler Planung, effektivem Mitteleinsatz und sachgerechter Schwerpunktbildung in der Lage sind.*

Welche Voraussetzungen muss nun die staatliche Seite erfüllen, um zu erfolgreichen Vertragsbeziehungen mit derartigen Reformhochschulen kommen zu können? Hier beginnen bereits die Komplikationen. Denn, wer genau ist für die Hochschulen „der" staatliche Kontrahent, also der Vertragspartner in Sachen Zielvereinbarungen und Hochschulverträgen: Ist es die *Ministerialverwaltung,* die *Landesregierung* oder das *Parlament?* Sie alle sind ja „auf staatlicher Seite" im Spiel. Hinzu kommt, als vierter (und keineswegs stiller) Akteur, der *Bund,* vor allem in seiner Eigenschaft als Forschungs- und Hochschulbaufinanzier und als Rahmengesetzgeber.

Jetzt also zugespitzt gefragt: Man stelle sich eine professionell geführte Reformhochschule im Sinne unserer ersten Annahme vor, die einen fünf bis zehn Jahre gültigen Hochschulvertrag mit ihrem Land schließen will (oder muss), wie das etwa in Baden-Württemberg, Nordrhein-Westfalen oder Niedersachsen geschehen ist. Der Vertrag sichert der Hochschule Planungssicherheit zu – in der Praxis also vor allem: einen längerfristig feststehenden und übertragbaren Globalhaushalt; im Gegenzug verpflichtet diese sich zu mehr oder weniger einschneidenden Umstrukturierungs-, Reform- und Sparmaßnahmen. *Wer* soll dabei nun der

Vertragspartner sein, dem die Hochschule das für ein gedeihliches Vertragsverhältnis erforderliche Vertrauen entgegenbringen kann?

Annahme II:

Die erste Ansprechadresse der Hochschulen ist in aller Regel die *Wissenschaftsverwaltung* des zuständigen Landesministeriums. In diesem Zusammenhang möchte ich nun eine zweite idealisierende Unterstellung machen: *Ich setze nämlich auch als gegeben voraus, dass dieses Ministerium eine rational und nach modernsten Verwaltungsgesichtspunkten strukturierte Einheit mit hoher Strategiefähigkeit ist, die überdies über ein hervorragend qualifiziertes und entscheidungsfreudiges Personal verfügt.*

Annahme III:

Wenn – wie hier unterstellt wird – mit der Ausweitung der Hochschulautonomie wirklich ernst gemacht werden soll, muss die Übergabe von vormals staatlichen Aufgaben in die Autonomie der Hochschulen ein Kernbestandteil jeder Zielvereinbarung zwischen Bundesland und Hochschulen sein. Es bedarf allerdings keiner großen Phantasie, um vorauszusehen, dass auch ein „ideales" Ministerium, dass die zuvor genannten Rationalitätsannahmen voll erfüllt, zur Zögerlichkeit und Widerständigkeit neigen dürfte, wenn es inhaltlich und personell „verschlankt" werden soll. Andererseits, seien wir noch ein drittes Mal optimistisch und unterstellen wir auch noch, *dass der seit Max Webers Zeiten bekannte ministerialbeamtliche Reflex zur Erhaltung einmal erworbener Kompetenzen wirklich gebändigt werden kann und dass die Bürokratie wirklich zum ehrlichen Vorkämpfer ihrer eigenen Reduktion wird.*

Erst jetzt, wenn alles dies konzediert und gewissermaßen „die beste aller möglichen Ministerialverwaltungen" vorausgesetzt ist – erst jetzt wird deutlich, dass auch damit noch nicht alles gewonnen ist. Denn die Ministerialverwaltung ist zwar beim Thema Zielvereinbarung der erste Ansprechpartner für die Hochschulen, sie kann aber *nicht* ihr maßgeblicher Vertragspartner sein.

Das heißt, auf staatlicher Seite ist die Wissenschaftsadministration in der Regel der stabilste Anlaufpunkt für die Hochschulen: Regierungen und Parlamente kommen und gehen, Beamte bleiben. Insofern können häufig auch verlässliche und vertrauensvolle persönliche Beziehungen zwischen Hochschul- und MinisterialvertreterInnen entstehen. Längerfristig belastbare Haushaltsabsprachen aber, wie sie in Zielvereinbarungen und Hochschulverträgen erforderlich sind, können mit ihnen grundsätzlich nicht getroffen werden: Sie unterliegen dem *Haushaltsvorbehalt des Parlaments.*

Die Wahlverwandtschaft von parlamentarischem Budgetrecht und kameralistischer Haushaltsführung

Nun ist das gewiss keine neue Einsicht. Bereits seit Alters her ist das vornehmste und am heftigsten verteidigte Souveränitätsrecht aller Parlamente das *Budgetrecht*, also: die – in der Regel jährliche – Verabschiedung des Haushaltes. Ebenfalls seit Jahrhunderten gibt es ein bewährtes Instrument des Kräfteausgleiches zwischen Parlament und Ministerialverwaltung, nämlich: die *kameralistische Haushaltsführung*. Ihr Regelwerk, geradezu ihre Bibel, ist die Landeshaushaltsordnung[13].

Der unbestrittene Vorzug jeder kameralistischen Haushaltsführung ist es nun, dass sie dem Parlament – zumindest im Prinzip – die Möglichkeit eröffnet, bei der Bewilligung des Haushaltes jeden Haushaltstitel im voraus bis ins kleinste Detail hinein auf seine Notwendigkeit und politische Opportunität hin zu prüfen. Im Nachhinein prüft dann der Landesrechnungshof die korrekte Umsetzung der Haushaltsvorgaben. Eine inhaltliche Qaulitätsprüfung (im Sinne einer Ex-post-Evaluierung) ist hingegen nicht vorgesehen.

Im bisher üblichen Verfahren fanden und finden Haushaltskontrollen faktisch nur fallweise statt. Die Haushaltsprioritäten selbst werden auf politischer Ebene ausgehandelt, der konkrete Haushaltsplan wird von der Ministerialverwaltung entworfen, die Hochschulen machen einen Haushaltsvorentwurf mit unklarer Verbindlichkeit. Der Rest ist eine Sache des Verhandlungsgeschicks und des tatsächlichen Haushaltsvollzuges.

Aus all dem ergibt sich, dass die Hochschulen bisher nur geringe – und eher inoffizielle – Möglichkeiten hatten, den alljährlichen „Orakelspruch" des Haushaltsgesetzgebers und den Alltag von Haushaltssperren, globalen Minderausgaben, ministeriellen Erlassen und dergleichen zu beeinflussen. Solange die Hochschulhaushalte von Jahr zu Jahr einfach „überrollt" wurden und relativ konstant blieben, konnten die Hochschulen sich mit dieser Sachlage einigermaßen abfinden. Bei den gegenwärtig üblichen Haushaltsturbulenzen ist das nicht mehr möglich. Daher rührt das – oftmals verzweifelte – Interesse der Hochschulen an längerfristigen vertraglichen Bindungen. Aber das Eis, das sie dabei betreten, ist noch äußerst brüchig. Wer sich beispielsweise die Auseinandersetzungen der jüngsten Zeit um die Einhaltung der Berliner Hochschulverträge oder um die Unterzeichnung der Zielvereinbarungen im Freistaat Sachsen vor Augen führt, versteht, wovon ich spreche.

Für die Ministerialverwaltung andererseits war im alten kameralistischen System die Rollenverteilung klar: Mit Hilfe ihrer klassischen Instrumente, der kameralistisch unterstützten Rechts-, Fach- und Finanzaufsicht, agierte sie als „Mittlerin" zwischen Gesetzgeber und Hochschulen. Was geschieht nun aber, wenn dieses

---

[13] vgl. Schuster 1996, Behrens 2001

eingespielte Kontrollsystem als ganzes in Frage gestellt wird, weil die Unbeweglichkeit des Kameralismus selbst zum öffentlich diskutierten Problem und zur Zielscheibe allgemeiner Bürokratiekritik geworden ist? Was geschieht, wenn mehrjährige, in sich voll deckungsfähige Globalhaushalte an die Stelle des kameralistischen Jährlichkeitsprinzips treten sollen?

Man erkennt, wir haben es dabei mit einer in sich *höchst widersprüchlichen Situation* zu tun:

- Einerseits müssen die Hochschulen, im Zeichen ihrer neuen Eigenverantwortung und in Sorge um ihre Wettbewerbschancen – von den Landtagen fordern, den Hochschulhaushalt (trotz schwierigster Finanzlage) längerfristig festzuschreiben. Das bedeutet für die Landtage, auf einen Teil der parlamentarischen Budgethoheit verzichten zu müssen. Darauf wird sich ein Parlament nur einlassen, wenn ihm im Gegenzug verbesserte Möglichkeiten der Ausgabenkontrolle eingeräumt werden.

- Aber, andererseits, gerade das soll ja nicht geschehen, weil das bisher bewährte kameralistische Kontrollinstrumentarium außer Kraft gesetzt werden muss, wenn die ganze Reformanstrengung einen Sinn haben soll.

Die Hochschulen kommen angesichts dieser Sachlage in die Gefahr, zwischen Parlament und Wissenschaftsverwaltung in eine Art „Hase-und-Igel-Situation" zu geraten: Fordern die Hochschulen längerfristige Planungssicherheit und mehr Handlungsautonomie, um bei knapper werdenden Mitteln dennoch leistungs- und reformfähig bleiben zu können, so werden sie de facto eher mit zusätzlichen Kontrollauflagen konfrontiert, die ihre Handlungsautonomie noch weiter einengen: Weil das Parlament nicht bereit ist, den Hochschulen einen mehrjährigen „Blankoscheck" auszustellen, wird das Ministerium (trotz besserer Einsicht) *entweder* wieder auf den vertrauten Kameralismus als einzig verfügbares Kontrollinstrument zurückgreifen – und sich dabei bedauernd auf den Willen des Gesetzgebers berufen. Dieser wiederum wird den damit verbundenen Bürokratismus beklagen, aber vom Kontrollprinzip nicht abgehen. *Oder* es werden neue Kontrollverfahren eingeführt, die die „Legitimationslücke" füllen sollen, die durch die Abschaffung des Kameralismus entsteht – Evaluation, Akkreditierung, Leistungsindikatoren und formelgebundene Mittelzuweisung, Ausstattungsvergleich u.ä.

Wenn das, was ich hier skizziert habe, nur halbwegs zutrifft, so ist auf jeden Fall klar, dass es eine einfache und eindeutige Lösung für das „neue Verhältnis zwischen Hochschule und Wissenschaftsverwaltung" nicht geben kann: Es besteht ein *Kontrolldilemma*, dem selbst unter den oben unterstellten idealen Voraussetzungen nicht ohne weiteres zu entkommen ist.

Die empirische Realität der Hochschulen und der Ministerialverwaltungen ist aber bekanntlich vom Idealzustand ein gutes Stück entfernt. Damit verstärkt sich das Risiko, dass an Stelle der angestrebten Deregulierung im Hochschulbereich am Ende eher das Gegenteil, nämlich eine vervielfachte Reglementierung herauskommt. Der schlimmste, aber nicht völlig unrealistische Fall wäre es, wenn (1.) das kameralistische System fortbesteht, (2.) im Zuge der neu eingeführten Kosten-Nutzen-Rechnung eine marktwirtschaftliche Wirtschaftsprüfung hinzukommt und außerdem (3.) auch noch ein aufwändiges System von externen Evaluierungen und Akkreditierungen o.ä. zur Objektivierung der Leistungskontrolle eingeführt wird. Für reformbewusste Hochschulleitungen – und vielleicht noch mehr für Hochschullehrerinnen und Hochschullehrer, denen ihre Forschung und Lehre am Herzen liegt – wäre das ein Alptraum.

Abschließende Überlegungen

Was ist zu tun, um derartiges zu verhindern? Rezepte gibt es da nicht. Immerhin will ich zwei Hinweise geben, die möglicherweise mit zur Lösung beitragen können:

- Der eine ist der Hinweis des Sozialwissenschaftlers, der daran erinnert, dass Forschung nötig ist, und zwar vor allem *Forschung über das tatsächliche Entscheidungsverhalten in den Ministerien* sowie über den *tatsächlichen Verlauf von Aushandlungsprozessen zwischen der staatlichen Seite und den Hochschulen*. Denn die von mir hier aus Gründen der methodischen Vereinfachung konstruierten „idealen" Ministerien gibt es ja nicht, genauso wenig wie die „idealen" Hochschulen. Aber mit den Hochschulen befasst sich immerhin die sozialwissenschaftliche Hochschulforschung. Über die Realität der Wissenschaftsverwaltungen und die Interaktionen zwischen ihnen und den Hochschulen haben wir dagegen kaum verlässliches Wissen. Hier herrschen die Pauschalurteile der sog. Eingeweihten und der Außenstehenden. Dem kann durch Forschung abgeholfen werden.

- Der zweite Hinweis kommt eher vom Hochschulpraktiker. Er besagt, dass die Hochschulen dann, wenn sie längerfristige Planungssicherheit anstreben, tatsächlich anerkennen müssen, dass sie unter einem neuen Rechtfertigungszwang gegenüber dem Haushaltsgesetzgeber stehen. Wenn sie sich dabei gleichzeitig der kameralistischen Fesseln entledigen wollen, müssen sie auch dazu bereit sein, ihre Leistungsfähigkeit und ihren gesellschaftlichen Wert auf eine andere, nicht-kameralistische Weise unter Beweis zu stellen. Das heißt, *die Hochschulen selbst müssen sich aktiv darum kümmern, dass an die Stelle bürokratischer Kontrollinstrumentarien sachgerechtere Qualitätssicherungsverfahren treten*, mit denen sie gleichzeitig ihre eigene Arbeit voranbringen *und* ihre Ansprüche gegenüber der Legislative legitimieren können. Sie müssen wirklich überzeugend zeigen, warum eine Hochschule etwas anderes sein muss als ein Bildungssupermarkt. Es genügt auch nicht, die manchmal übereilten Reformaktivitäten der Politik kritisch zurückzuweisen. *Denn wenn nicht aus den Hochschulen selbst erfolgversprechende Reforminitiativen kommen, die im politischen Raum auch Anerkennung finden, wird weiterhin das Misstrauen überwiegen, und die kameralistische Detailkontrolle wird immer wieder durch die Hintertüre zurückkehren.*

So bleibt mir zum Schluss im Grunde nur die aus langer Tätigkeit in Hochschulpolitik und Hochschulforschung erwachsene Lebensweisheit übrig, dass es im Verhältnis zwischen Ministerien und Hochschulen sicherlich nie ohne eine gute Prise Skepsis und Vorsicht abgehen wird. Nur wenn die Hochschulen ihr Haus so gut bestellt haben, dass sie sich ihrer eigenen Sache wirklich sicher sein können, weil sie tatsächlich die exzellenten Leistungen in Forschung und Lehre erbringen, die von ihnen zu erwarten sind – nur dann sind sie auch ein ernst zu nehmender Partner und Kontrahent für die Ministerien und die Parlamente.

Anders gesagt: Wenn die Hochschulen durch ihr eigenes Verhalten deutlich machen können, dass der Großteil der Vorwürfe, die ständig gegen sie vorgebracht werden, unhaltbar ist, dann werden sie auch in ihren Auseinandersetzungen mit der staatlichen Seite gut dastehen.

Und, ich muss es wohl kaum noch besonders betonen, dieses kleine Plädoyer gegen die vertrauenszerstörende Selbstgerechtigkeit betrifft nicht nur die Hochschulseite, sondern ebenso auch die sie begleitende Ministerialverwaltung, die – bei Lichte besehen – unter einem ähnlich hohen Rechtfertigungs- und Transparenzzwang steht wie die Hochschulen auch.

Literatur

Alewell, K.: Autonomie mit Augenmaß. Vorschläge für eine Stärkung der Eigenverantwortung der Universitäten, Göttingen: Vandenhoeck & Ruprecht 1993

Behrens, K. (2001): Von der Kameralistik zum Globalhaushalt. Prinzipien der Haushaltsführung. In: Pasternack, P. (Hrsg.): Flexibilisierung der Hochschulhaushalte, Marburg: Schüren 2001, S. 25-24

Birnbaum, R.: Management Fads in Higher Education: Where They Come From, What They Do, Why They Fail. San Francisco: Josey-Bass / Wiley 2000

Hartmann, R / Offe, C. (Hg.): Vertrauen. Die Grundlage des sozialen Zusammenhalts. Frankfurt/M.-New York : Campus 2001

Kern, H.: Rückgekoppelte Autonomie. Steuerungselemente in lose gekoppelten Systemen. In: Hanft, A. (Hg.): Hochschulen managen? Neuwied: Luchterhand 2000, S. 25-38

König, K./Schmidt, S./Kley, T.: Zielvereinbarungen und Verträge zur externen Hochschulsteuerung: http://www.hof.uni-halle.de/steuerung/zv/uebersicht.htm

Kreckel, R.: Die Universität im Zeitalter ihrer ökonomischen Rationalisierung. In: hochschule ost 3-4/2000, S. 262-270

Mayer, K. U.: Schwindendes Vertrauen? Überlegungen zum Verhältnis von Hochschule und Gesellschaft. In: Beiträge zur Hochschulforschung 4/2002, S. 6-17

Mayntz, R.: University Councils: An Institutional Innovation in German Universities. In: European Journal of Education, vol. 37, 2002, No. 1, pp. 21-28

Müller-Böling, K.: Die entfesselte Hochschule. Gütersloh: Bertelsmann 2000

Palandt, K.: Zielvereinbarungen zwischen Hochschulen und Landesregierung. In: Das Hochschulwesen, 5/2002, S. 162-167

Pellert, A.: Die Universität als Organisation. Die Kunst, Experten zu managen. Wien-Köln-Graz: Böhlau 1999

Schuster, H. J.: Finanzen, Haushalt und Rechnungskontrolle. In: Handbuch des Wissenschaftsrechts, 2. Aufl., Berlin/Heidelberg/New York: Springer 1996, S. 1060-1088

Stifterverband für die Deutsche Wissenschaft (Hg.): Qualität durch Wettbewerb und Autonomie. Landeshochschulgesetze im Vergleich. Essen 2002 (www.stifterverband.de)

Teichler, U. (2002): Hochschulforschung. Sachstand und institutionelle Basis. In: Beiträge zur Hochschulforschung, 1-2/2000, S. 7-19

Trute, H. H.: Die Rechtsqualität von Zielvereinbarungen und Leistungsverträgen im Hochschulbereich. In: Wissenschaftsrecht, 2/2000, S. 134-160

Weick, K.: Educational Organizations as Loosely Coupled Systems. In: Administrative Science Quarterly, vol. 21, March 1976, pp. 1-19

Handlungsoptionen deutscher Universitäten.
Im Kräftefeld von staatlicher Steuerung, Marktorientierung und akademischer Autonomie[1]

Nach meiner Einschätzung ist die gegenwärtige hochschulpolitischen Diskussion in Deutschland von einem Hintergrundkonsens gekennzeichnet. Bei der Mehrzahl der Beteiligten haben sich – jenseits aller Streitpunkte und Detailkontroversen – bestimmte Krisendiagnosen und Reformüberzeugungen als kaum noch hinterfragte Selbstverständlichkeiten durchgesetzt. Von einigen dieser „Selbstverständlichkeiten" wird im Folgenden die Rede sein, allerdings in der Absicht, ihnen etwas von ihrem Selbstverständlichkeitscharakter zu nehmen, indem ich sie in einen hochschulwissenschaftlichen und international vergleichenden Kontext stelle. Das bisher Selbstverständliche wird dadurch in seiner Bedingtheit erkennbar und kann auch unter dem Gesichtspunkt seiner Veränderbarkeit und Beeinflussbarkeit diskutiert werden.

Die Themenformulierung – „Handlungsoptionen deutscher Universitäten" – ist so gewählt, dass zunächst einige Präzisierungen erforderlich werden, und zwar (1.) darüber, was ich unter „*Handlungs*optionen" verstehe, (2.) warum ich die Aufmerksamkeit primär auf die „*Universitäten*" (im Unterschied vor allem zu den Fachhochschulen) lenke, und (3.) warum ich mich in erster Linie auf „*deutsche*" Universitäten (im Kontrast zu Hochschulen in anderen Ländern) beziehe.

Diese drei Punkte will ich nun zunächst kurz erläutern. Anschließend werde ich versuchen, eine Ortsbestimmung der deutschen Universitäten innerhalb des im Untertitel genannten Kräftedreiecks von Staat, Markt und Universität vorzunehmen. Daraus ergeben sich dann, für den abschließenden offenen Diskussionsteil dieses Vortrages, einige Überlegungen über mögliche Optionen hochschulpolitischen Handelns in der nächsten Zukunft.

I.

Wenn ich von „*Handlungs*optionen" der Universitäten spreche, impliziere ich damit bereits ganz selbstverständlich, dass von ihnen auch tatsächlich „gehandelt" wird – „gehandelt" in dem Sinne, dass nicht alles nur einfach seinen gewohnten Gang nimmt. Das ist, gerade für Universitäten, durchaus nicht von vorne herein selbst-

---

[1] dieser Text geht auf einen Vortrag zurück, der auf der von der Haniel-Stiftung geförderten Tagung „Vom Intellektuellen zum „Wissensproduzenten"? Reformansätze für die Hochschulen im Zeitalter der Globalisierung" am 23. Mai 2003 in Wittenberg gehalten wurde

verständlich. Selbstverständlich war es vielmehr bisher, dass *in*, nicht *von* Universitäten gehandelt wird. *In* ihnen wird geforscht, gelehrt, studiert, geprüft. Das geschieht in den Fakultäten und Instituten, die Akteure sind einzelne Hochschullehrer, ihre Mitarbeiterinnen und Mitarbeiter und ihre Studierenden. Aber dass *von* einer Universität als Ganzer, als „kollektivem Akteur", gehandelt und womöglich eine Strukturreform in Angriff genommen wird, das war, zumal in Deutschland, bisher nicht vorgesehen. Hochschulreformen und strategische Strukturentscheidungen gingen herkömmlicherweise von staatlicher Seite, von den zuständigen Ministerien und Parlamenten aus, in der Regel nicht von den Universitäten selbst.

Und doch wird genau das heute – unter dem Stichwort der „Hochschulautonomie" – von den Universitäten erwartet. Die Autonomieforderung gehört in der Tat zu den zuvor angesprochenen Selbstverständlichkeiten, über die in der derzeitigen öffentlichen Hochschuldiskussion große Einhelligkeit besteht. Einigkeit herrscht auch darüber, dass es für die deutschen Hochschulen einen *dringenden „Reformbedarf"* gebe. Fast ebenso verbreitet ist allerdings in der öffentlichen und veröffentlichten Meinung auch die Auffassung, dass die Hochschulen *nicht selbst in der Lage* seien, die erforderlichen Reformen aus eigener Kraft – also: als entscheidungsfähige kollektive Akteure – auf den Weg zu bringen. Und schließlich herrscht auch weitgehende Übereinstimmung darüber, dass eine Reform der Hochschulen so sehr *im öffentlichen Interesse* liege, dass sie notfalls auch gegen deren Widerstand durchgeführt werden müsse.

Anders gesagt, man ist sich – zumindest außerhalb der Hochschulen – weitgehend einig, *dass* die Hochschulen einer tiefgreifenden Reform unterzogen werden müssen und dass es dazu eines Anstoßes von außen bedarf. *Was* aber zu reformieren sei und *wie* man dabei vorzugehen habe, darüber gehen die Auffassungen sehr weit auseinander. Manchmal ist sogar Bewegung selbst schon das Ziel. Andererseits ist nicht zu verkennen, dass die zur Zeit breit diskutierte Reform der öffentlichen Verwaltungen eine gewisse Vorbildfunktion übernommen hat. Insbesondere Ansätze aus dem Umkreis der Theorien des „New Public Management" haben in der heutigen Hochschulreformdiskussion fast eine Meinungsführerschaft erlangt. Gelegentlich wird auf dieser Grundlage sogar ein radikaler „Systemwechsel" in der Hochschulpolitik propagiert. Hier erinnere ich nur an Detlef Müller-Bölings fulminante Schrift „Die entfesselte Hochschule" und an die Tätigkeit des von ihm inspirierten Centrums für Hochschulentwicklung (CHE)[2].

Überblickt man aber die derzeitige hochschulpolitische Diskussion in ihrer ganzen Breite, so ist der vorherrschende Eindruck doch der einer *unübersichtlichen Vielfalt* von Krisendiagnosen, von punktuellen Reformvorstößen und divergierenden Zielsetzungen. Außerdem fällt auf, dass Personen und Organisationen mit

---

[2] Müller-Böling, D.: Die entfesselte Hochschule, Gütersloh: Bertelsmann 2000

höchst unterschiedlicher Sachkompetenz und Interessenlage in die Debatte eingreifen — und Gehör finden. Und schließlich fällt auch eine gewisse Hektik und Ungeduld bei manchen Diskussionsteilnehmern und hochpolitischen Aktionen auf. Vieles soll gleichzeitig verändert werden, und möglichst sofort. Unverkennbar ist dabei, dass Reizworte, sprachliche Neuschöpfungen und Anglizismen bei der Zielbestimmung eine große Rolle spielen: Man denke nur an Ausdrücke wie Akkreditierung, Benchmarking oder Budgetierung, Credit-Points, Dienstrechtsreform, Evaluierung, Flexibilisierung, Globalhaushalt, Haushaltskonsolidierung, Hochschulmarketing, Juniorprofessur, Modularisierung, Qualitätsmanagement, Wettbewerbsorientierung oder Zielvereinbarung, die inzwischen die hochschulpolitische Tagesordnung prägen.

Angesichts eines solchen Schwalls von Modeworten könnte man als altgedienter Hochschullehrer versucht sein, mit den Achseln zu zucken und die diversen Aufrufe zur Hochschulreform als bloßen Aktionismus oder als schlichte Lippenbekenntnisse abzutun – den schwer zu bewegenden Tanker „Universität" immer fest im Auge.

Nach meiner Erfahrung ist dieses bequeme, etwas verächtliche und selbstzufriedene sich Zurücklehnen und Abwarten gar nicht so selten, gerade unter Universitätsprofessoren; aber es ist unangemessen. Man sollte deshalb den Wortreichtum und die unverkennbare Unausgegorenheit vieler Reformversuche nicht einfach abtun, sondern als Symptome einer *Verunsicherung* verstehen, die auf ernst zu nehmenden sachlichen Ursachen beruht. In der Tat gibt es eine Reihe von grundlegenden Tatsachen, die einen spürbaren *Handlungsdruck* auf die deutschen Hochschulen ausüben, ob es ihnen angenehm ist oder nicht. Nur die folgenden drei, meines Erachtens völlig unstrittigen Gegebenheiten möchte ich ansprechen.[3]

a) die Vervielfachung der Studierendenzahlen und die Umwandlung der Hochschulen in Stätten der Massenausbildung;

b) die andauernde Unterfinanzierung der Hochschulen und die dramatische Finanzschwäche der Landeshaushalte;

c) die fortschreitende Internationalisierung des Hochschulsystems im Zuge des Bologna-Prozesses und des neuen Globalisierungsdrucks.

Selbstverständlich gibt es neben den drei angesprochenen grundlegenden Tendenzen noch weitere wichtige Rahmenbedingungen für die deutschen Hochschulen,

---

[3] vgl. dazu den Beitrag "Universitätsreform – warum und zu welchem Ende?" oben, S. 133-142

auf die sie reagieren *müssen*; davon später mehr. Aber schon der Hinweis auf nur diese drei genügt, um deutlich zu machen, dass agiert werden muss.[1]

Wenn ich sage, die Hochschulen *müssen* „agieren" (bzw. „reagieren"), so meine ich damit, dass in einer sich rasch verändernden Umwelt auch das scheinbare „Nicht-Handeln" oder das Beharren auf gewohnten Routinen einem Handeln gleichkommt. Kurzum, was immer sie auch tun oder unterlassen, die deutschen Hochschulen *sind* Akteure in einer sich wandelnden Welt, ob sie nun wollen oder nicht. Als Konkurrenten auf internationalem Parkett fällt ihnen die Akteurseigenschaft zu – unabhängig davon, wie es um ihre tatsächliche Handlungs- und Entscheidungsfähigkeit steht,

Nun spreche ich aber heute bewusst nicht nur von den „Hochschulen" im allgemeinen, sondern blicke vor allem auf die *Universitäten*. Das tue ich nun nicht, um etwa den anderen wichtigen Hochschultypus in Deutschland, die *Fachhochschulen*, auszugrenzen oder abzuwerten. Ich sehe es vielmehr so, dass die Universitäten – und hier wiederum die relativ kleine Zahl der klassischen Volluniversitäten – in Deutschland für *alle* wissenschaftlichen Hochschulen immer noch eine *Leitbildfunktion* ausüben. Das ist der Fall, obwohl die klassische Universität schon lange nicht mehr die Regelhochschule ist. Denn in der Tat machen die klassischen Vielfakutäten-Universitäten wie Heidelberg, Freiburg und Göttingen oder auch Halle, Jena und Leipzig innerhalb der gesamten deutschen Hochschullandschaft heute nur noch etwa 10 – 12 Prozent der Hochschulen aus. Obwohl sie also mittlerweile klar in der Minderzahl sind, verkörpern diese klassischen Universitäten immer noch am ehesten, und zwar unter einem Dach, die beiden traditionellen Leitideen, an denen sich das gesamte deutsche Hochschulsystem nach wie vor orientiert: die Verbindung von Forschung und Lehre und die breite Interdisziplinarität. Weil diesen Leitideen, so meine ich, auch heute noch hohe Verbindlichkeit zukommt, geht es bei der deutschen Hochschulreform eben doch vor allem um *Universitäts*reform.

Außerdem ist ja nicht zu übersehen, dass dem alteuropäischen Wort „Universität" (universitas, university, université) trotz aller Kritik und Skepsis noch immer eine solche Aura der Respektabilität anhaftet, dass beispielsweise die britischen Polytechnics dazu bereit waren, sich in „New Universities" umzuwandeln. Auch der Umstand, dass die deutschen Fachhochschulen in der offiziellen englischen Übersetzung mittlerweile die Bezeichnung „University of Applied Sciences" tragen, ist wohl in diesem Zusammenhang zu sehen.

---

[1] an dieser Stelle möchte ich nur auf eine dramatische Entwicklung aufmerksam machen, die sich soeben vollzogen hat: In nur 10 Jahren, von 1993 bis 2003, hat sich nach den Angaben des Statistischen Bundesamtes der Anteil der Studienanfänger in Deutschland von 25,5% auf 39,6% des Altersjahrgangs erhöht, also: um mehr als die Hälfte - ein Quantensprung, der in der Öffentlichkeit fast unbemerkt geblieben ist (www.destatis.de, Pressemitteilung 4.12.2003)

Im Spannungsfeld von Hochschulpolitik und Hochschulforschung

Wenn ich mir nun des weiteren besonders die *deutschen* Universitäten vornehme, so mit einem dezidiert internationalen und vergleichenden Blick. Denn nur wer die spezifische Situation der deutschen Hochschulen im *internationalen* Kontext sieht, kann sinnvoll – und unprovinziell – über ihre nächste Zukunft nachdenken.

II.

Der Untertitel dieses Textes, „Staatliche Steuerung, Marktorientierung und akademische Autonomie", deutet bereits an, in welchem theoretischen Kontext ich die Diskussion führen möchte: Der Bezugsrahmen, mit dessen Hilfe ich die Lage der deutschen Hochschulen im internationalen Kontext verorten will, lehnt sich an Burton Clarks klassische Studie zur international vergleichenden Hochschulforschung „The Higher Education System" an.

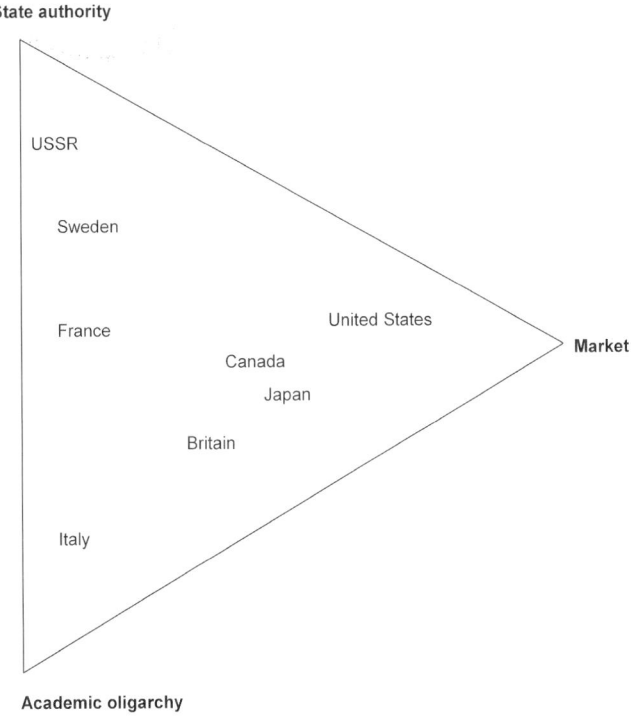

Aus: Burton R. Clark, The Higher Education System.
Academic Organization in Cross-National Perspective,
Berkeley – Los Angeles – London 1983, S. 143.

Tafel 1: Das hochschulpolitische „Triangle of Coordination" nach B. R. Clark

Tafel 1 gibt Clarks mittlerweile klassisch gewordenes „triangle of coordination" wieder, mit dessen Hilfe verschiedene nationale Hochschulsysteme gemäß ihrer jeweiligen Lage in einem Kräftefeld von Staat, Markt und akademischer Oligarchie eingeordnet und miteinander verglichen werden können. Demnach gehören die US-amerikanischen Hochschulen eher dem marktgesteuerten, die ehemaligen sowjetischen Hochschulen dem etatistischen Typus an, die italienischen sind stark oligarchisch geprägt.

Unverkennbar ist aus heutiger Sicht die starke historische Gebundenheit des Clark´schen Dreiecks. Zum einen ist es von dem inzwischen überwundenen Systemgegensatz von Planwirtschaft und Marktwirtschaft aus der Zeit des kalten Krieges geprägt, zum anderen von den Nachwehen der antiautoritären Studentenrevolten der 60er und 70er Jahre, für die die Professoren-Oligarchie und der „Muff unter den Talaren" eine besondere Zielscheibe war. Diese Historizität soll mit Hilfe der Tafeln II und III aufgenommen und relativiert werden.

Als erste Korrektur gegenüber dem Clark´schen Modell tritt in Tafel 2 an die Stelle des Begriffs der „akademischen Oligarchie" das abstraktere, weniger zeitgebundene Konzept der „akademischen *Autonomie*". Es lenkt das Augenmerk auf die zuvor schon angeschnittene Frage, in welchem Maße in bzw. von den Hochschulen selbst als entscheidungsfähigen Akteuren über die Hochschulentwicklung entschieden werden kann. Die Frage, ob dies im Rahmen einer „oligarchischen" Kollegialverfassung geschieht oder beispielsweise innerhalb einer „Gruppenuniversität" oder auf der Grundlage eines starken Präsidialmodells, bleibt demgegenüber in dem hier zur Diskussion stehenden Zusammenhang sekundär. Es geht, mit anderen Worten, bei der vergleichenden Betrachtung nationaler Hochschulsysteme zunächst einmal um die Frage nach dem jeweiligen Mischungsverhältnis von drei

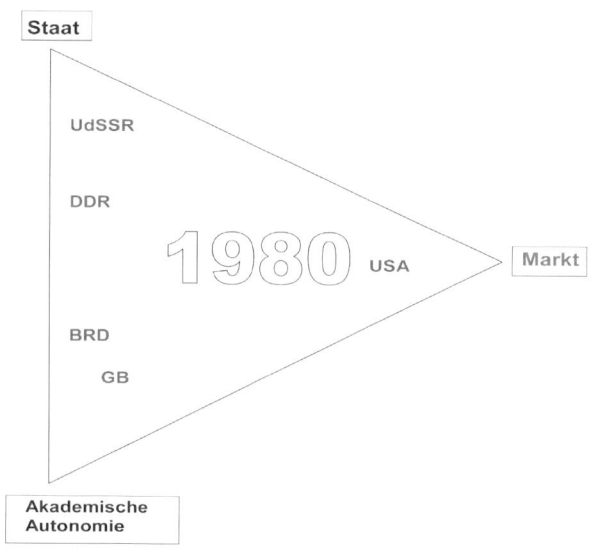

Tafel 2: Verschiebungen im Clark'schen Dreieck:
Momentaufnahme 1980

unterschiedlichen Steuerungsprinzipien (oder -logiken): etatistisch-bürokratische Steuerung, Marktsteuerung und akademische Selbststeuerung. Tafel 2 – die ideal-typisch den Stand um 1980 abbilden soll – weist nochmals auf das damals prägende bipolare weltpolitische Referenzsystem USA vs. UdSSR hin, das auch im Hochschulbereich seine Entsprechung hatte. Als weitere Ergänzung wur-den die beiden deutschen Hochschulsysteme der 80er Jahre – DDR und BRD – dem Clark'schen Kräftedreieck zugeordnet. Aufgrund des in Westdeutschland geltenden Grundrechts der Freiheit von Forschung und Lehre und der ausgeprägten akademischen Selbstverwaltung steht das – im übrigen ja staatliche – Hochschulsystem der BRD dem Fixpunkt der „akademischen Autonomie" deutlich näher als das

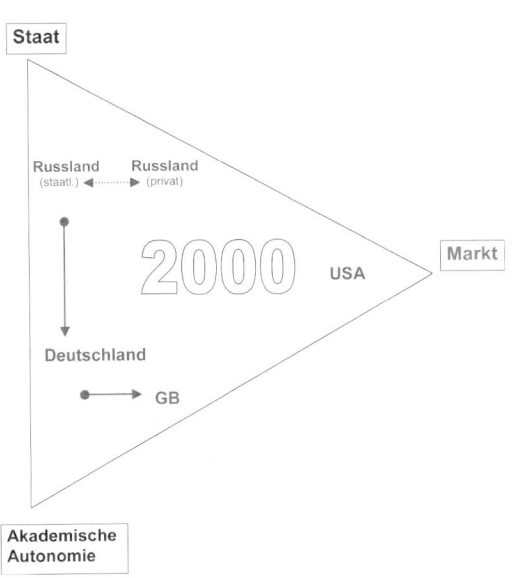

Tafel 3: Verschiebungen im Clark'schen Dreieck: Momentaufnahme 2000

der DDR, das von einem starken und zentralistischen Etatismus sowjetischer Prägung gekennzeichnet war, der im Widerstreit zu deutschen Traditionen der Wissenschaftsautonomie stand.

Daran anknüpfend benennt dann Tafel 3 in holzschnittartiger Vereinfachung die wichtigen Veränderungen des vergangenen Jahrzehnts: Einzig die Lage der *US-Hochschulen* im Kräftedreieck ist unverändert geblieben. In *Russland* – wie auch sonst in den meisten ehemaligen Ostblockstaaten – zeichnet sich eine starke Aufspaltung zwischen neuen, privatwirtschaftlich agierenden Hochschulen einerseits und (meist stark unterfinanzierten) staatlichen Einrichtungen andererseits ab. In der alten westlichen Welt ist zum einen die Entwicklung in *Großbritannien* von besonderem Interesse: Mit einer Mischung von staatlicher Finanzierung und Steuerung und starken akademischen Autonomieelementen sowie mit der Zweigliederung in Polytechnics und Universities war das britische Hochschulsystem um 1980 dem westdeutschen Modell noch relativ nahe. Im Zuge der Thatcher'schen Reformen ist die Zweigliedrigkeit des britischen Hochschulsystems dann aber zugunsten eines Konkurrenzmodells aufgegeben worden. Die britischen (alten und neuen) Universitäten haben sich deutlich in Richtung Marktsteuerung verschoben. Im Hinblick auf die Entwicklung in Deutschland ist zu vermerken, das an die Stelle des stark etatistischen Hochschulsystems der DDR das nach Osten „transplantierte" bundesdeutsche System getreten ist. Dieses selbst hat sich im Prozess der deutschen Vereinigung nicht nennenswert verändert und ist weiterhin durch ein Mischungsverhältnis von staatlicher Steuerung und akademischer Autonomie gekennzeichnet.

Die Pfeilrichtungen in Tafel 3 sollen die wichtigsten Veränderungen (und Nicht-Veränderungen) der letzten Jahre veranschaulichen. Die relative Konstanz des USA-Modells ist zugleich ein Hinweis darauf, dass die internationale Hochschulwelt heute nur noch *ein* hegemoniales Referenzsystem zu kennen scheint, an das man sich entweder annähern oder von dem man sich distanzieren kann – das sehr stark markt- und wettbewerbsorientierte US-amerikanische Hochschulsystem.

Markt- und wettbewerbsorientierte Systeme überlassen die Aufgabe der Qualitäts- und Leistungsdifferenzierung von Hochschuleinrichtungen dem Spiel von Angebot und Nachfrage; und sie bedienen sich dabei offener Wettbewerbs- und Rankingsysteme. Während etatistische Systeme – wie das frühere Großbritannien mit seinen Universities und Polytechnics oder das heutige Deutschland mit seiner Unterscheidung zwischen Universitäten und Fachhochschulen – dazu neigen, das Problem wachsender Studierendenzahlen („mass higher education") durch die vertikale Differenzierung zwischen einem eher ausbildungsorientierten und einem eher forschungsorientierten Hochschultypus anzugehen, werden solche „ständischen" Lösungen von markt- und wettbewerbsorientierten Systemen als leistungshemmend zurückgewiesen. Am britischen Beispiel, wo die Hochschulen sich in den letzten Jahrzehnten deutlich in Richtung auf ein gemischtes Public-Private-System hin bewegt haben, ist dies bereits zu erkennen. Dort stehen alle Hochschulen – also: die alten Universitäten und die zu „New Universities" gewordenen ehemaligen Polytechnics – in unmittelbarer Konkurrenz zueinander.

Die gegenwärtige hochschulpolitische Reformdiskussion in Deutschland drängt in die gleiche Richtung: An die Stelle der bisher praktizierten Gleichheitsfiktion, der zufolge alle Studienabschlüsse an gleichartigen Hochschultypen als gleichwertig zu gelten haben, wird nun – unter den Stichworten „Elite-" und „Schwerpunkt-" bildung – der offene Wettbewerb zwischen allen Hochschulen und die daraus entstehende Zunahme an Ungleichheit zwischen ihnen propagiert.

Mit diesen Überlegungen bewege ich mich freilich immer noch im Rahmen des Clark´schen Kräftedreiecks, das allerdings – wie oben schon angedeutet – nicht losgelöst von seinem historischen Entstehungskontext in der Welt der 80er Jahre verstanden werden darf. Nach der Clark´schen Denkweise sind es in der modernen säkularisierten Welt vor allem zwei miteinander konkurrierende Logiken, die der

Autonomie der Universitäten entgegenstehen — entweder der Staat oder der Markt, entweder Etatisierung oder Kommodifizierung.

Selbstverständlich sind für Clark auch Mischformen von „public-private control" im Hochschulbereich möglich.[2] Aber er dachte sein Modell des internationalen Hochschulsystems der 80er Jahre in direkter Analogie zum damaligen bipolaren Weltmächtesystem. Die analytische Unterscheidung zwischen staatlicher Planung einerseits, Marktsteuerung andererseits hatte für ihn auch reale Bedeutung. Es handelte sich dabei aus seiner Sicht um zwei unterschiedliche Logiken, die zwar miteinander verkoppelt, aber grundsätzlich nicht vermischt werden können. Das heißt, staatliche Steuerung einerseits, Marktsteuerung andererseits haben nach diesem Verständnis – um mit Niklas Luhmann zu sprechen – „autopoietische" Eigenschaften. Deshalb lag es Clark damals fern, die Möglichkeit in Erwägung zu ziehen, dass es zu einer *Ökonomisierung oder Kommodifizierung der staatlichen Handlungslogik selbst* kommen könnte.

Genau dies ist nun meine These, die in Tafel 4 illustriert wird: Folgt man ihr, so bedeutet das für die Hochschulen, dass ihnen der Staat in veränderter, ökonomisierter Gestalt gegenüber tritt. Ohne selbst in direkten Kontakt mit dem marktwirtschaftlichen Geschehen kommen zu müssen, werden die – nach wie vor staatlichen – Hochschu-

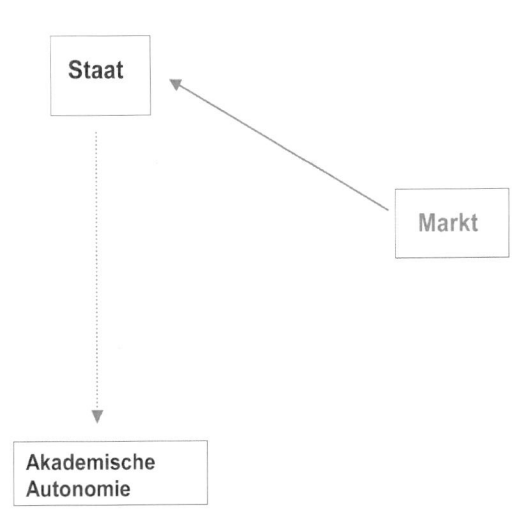

Tafel 4: Schema der indirekten Ökonomisierung staatlicher Hochschulen

len in diesem Falle *auf indirektem Wege* der marktwirtschaftlichen Logik von Kosten-Nutzen-Kalkülen unterzogen, auf dem Umweg über die Ökonomisierung des Staatshandelns. Vermittelt wird diese neue Ökonomisierung der Hochschulen freilich von Ministerialbeamten, nicht von Geschäftsleuten – ein nicht unwesentlicher Unterschied.

---

[2] vgl. dazu auch die einflussreiche neuere Schrift von Burton R. Clark: Creating Entrepreneurial Universities: Organizational Pathways of Transformation, Paris – Oxford: Pergamon 1998

Zur näheren Erläuterung dieser Überlegung wähle ich nun das *Beispiel der deutschen Universitäten.*[3] Sie sind bekanntlich seit Alters her staatliche – und vor allem: staatlich finanzierte – Einrichtungen, weshalb sie ihren Ort auf dem „etatistischen" Flügel des Clark´schen Dreiecks haben. Andererseits verfügen sie aber auch über ein nicht unerhebliches Maß an Eigenständigkeit, vor allem in Gestalt der traditionellen Hochschulselbstverwaltung sowie aller der Rechte und Usancen, die sich aus dem Wissenschaftsfreiheitsprinzip des Grundgesetzartikels 5, Absatz 3 ergeben. Ihre Grenzen fand und findet diese Autonomie aber eben in dem Umstand, dass es sich es sich bei den deutschen Hochschulen um staatliche – und staatlich finanzierte – Hochschulen handelt.

Freilich ist „der" Staat als das Gegenüber der Hochschulen selbst keine unwandelbare Größe. Seitdem er im Zeichen globalisierten Wettbewerbsdruckes, hoher Staatsverschuldung, reduzierter Steuereinnahmen und neo-liberaler Denkzwänge zu immer strengeren Kosten-Nutzen-Erwägungen gezwungen wird, kommt er mit seiner herkömmlichen bürokratisch-kameralistischen Handlungslogik zunehmend in Bedrängnis: In Gestalt von Verwaltungsreformen nach dem Vorbild des „New Public Management" und in Form von neuen Finanzierungs- und Rechenschaftslegungsverfahren wird versucht, betriebs- und finanzwirtschaftliche Effektivitätskriterien in die staatlichen Wissenschaftsadministrationen einzuführen. Diese werden dann – mehr oder weniger stark gefiltert – von den zuständigen Ministerialbürokratien an die Hochschulen weitergegeben. Das alles führt mich zu der These, dass wir es heute weltweit in allen den Hochschulsystemen, die sich im Clark´schen Dreieck in der Nähe des etatistischen Fixpunktes befinden, mit einem *Prozess der „indirekten Ökonomisierung" des staatlichen Hochschulsektors* und einer qualitativen Veränderung im Verhältnis zwischen Staat und Hochschulen zu tun haben.

Von Kritikern der derzeitigen Hochschulreformaktivitäten in Deutschland wird häufig die Gefahr der zunehmenden „Ökonomisierung" der deutschen Hochschulen angesprochen. Damit wird aber meines Erachtens der entscheidende Punkt verfehlt. Denn in der Tat ist ja nicht zu übersehen, dass rein marktwirtschaftliche Gesichtspunkte bei der Bestimmung der Aufgaben der staatlichen Hochschulen in Deutschland bislang keine dominierende Rolle spielen, obwohl es selbstverständlich gewisse direkte Wechselbeziehungen gibt. So spricht man zunehmend von „Wissenstransfer" zwischen Hochschulen und Wirtschaft, vom „Hochschulmarketing" und ähnlichem. Aber wenn man sich den Hochschulalltag einigermaßen unbefangen betrachtet, so vollzieht er sich nach wie vor weitgehend marktfern: Im Lehrangebot der Hochschulen und bei den Studien- und Prüfungsordnungen überwiegen akademische – und gelegentlich bürokratische – Gesichts-

---

[3] vgl. dazu auch den einleitenden Text in diesem Band, „Die Universität im Zeitalter ihrer ökonomischen Rationalisierung"

punkte. Auch der Großteil der Forschungsaktivitäten ist von wissenschaftsimmanenten Relevanz- und Qualitätskriterien geleitet; eindeutig marktbezogene Auftragsforschung ist – aufs ganze gesehen – eher die Ausnahme, vor allem in der Grundlagenforschung und im gesamten Bereich der Kultur- und Geisteswissenschaften. Auch eine enge Anbindung des Studienangebotes an – tatsächliche oder vermeintliche – Bedürfnisse des Arbeitsmarktes findet sich an deutschen Hochschulen, besonders an deutschen Universitäten, kaum.

Mit anderen Worten: *Nach wie vor sind die deutschen Hochschulen staatliche Hochschulen, keine Marktakteure.* Sie stellen ihre Leistungen – mit Ausnahme des medizinischen Bereiches – weitgehend kostenlos zur Verfügung Im Augenblick spricht wenig dafür, dass sich das grundlegend ändern könnte. Wenn wir es also dennoch mit einem Prozess der „Ökonomisierung" der deutschen Hochschulen zu tun haben, so kann es sich nur um eine indirekte, staatlich vermittelte Ökonomisierung handeln.

Dagegen könnte man nun freilich einwenden, dass es doch gerade im Zug der neuen Hochschulreformkampagnen liege, den staatlichen Hochschulen *mehr* Autonomie zu übertragen und damit die staatlichen Einflussmöglichkeiten zurückzufahren – gleichgültig, ob diese nun „ökonomisiert" sind oder nicht. Aber ein Blick in die in den letzten Jahren novellierten Hochschulgesetze und die hochschulpolitische Praxis der deutschen Bundesländer zeigt, dass das weitgehende staatliche Finanzierungsmonopol nach wie vor besteht, und dass auch bei der Entwicklungsplanung der Hochschulen weiterhin erhebliche staatliche Steuerungs- und Eingriffsmöglichkeiten gegeben sind und auch wahrgenommen werden. Im Zuge der fortschreitenden Ökonomisierung des von Staatsverschuldung und stagnierenden Steuereinkünften bei fortbestehenden Staatsaufgaben gekennzeichneten politischen Raumes ist allerdings die Tendenz zu beobachten, dass die Ziele und Schwerpunkte von Forschung und Lehre an den Hochschulen sich immer mehr an dem ausrichten, was Regierungen, Ministerialverwaltungen und Parlamente jeweils für „kostengerecht" und „nützlich" halten und zu finanzieren bereit sind. Das bedeutet, dass die Hochschulen immer mehr in die Rolle geraten, die wirtschaftliche Nützlichkeit ihres Tuns öffentlich und offensiv rechtfertigen zu müssen. Zur Zeit neigen sie dabei oft dazu, Argumente zu verwenden, die wenig mit Wissenschaft, jedoch viel mit politischer Opportunität zu tun haben. Politisch opportun aber sind vor allem solche Argumente, die auf Kostenreduzierung, wachstumsrelevante Forschung und beruflich verwertbare Lehre abzielen. Die neue Ökonomisierung des Staates führt auf diese Weise zu einer *„nachgeordneten Ökonomisierung"* der Hochschulen: Ging es diesen bisher primär um den Wettbewerb der besten Ideen, so wird daraus jetzt immer mehr ein Wettbewerb um knappe Mittel und um „Wirtschaftsnähe".

Daneben wird übrigens eine zweite, aus der Sicht von Marktwirtschaftlern wahrscheinlich überraschende Form von Wettbewerb sichtbar – nämlich der *föderalistische Wettbewerb* zwischen 16 deutschen Bundesstaaten mit eigener Wissenschaftshoheit. Sie alle ergreifen Reformaktivitäten, lassen Landeshochschulstrukturpläne erarbeiten, verabschieden Sparkonzepte oder schließen „Hochschulpakte", novellieren ihre Hochschulgesetze usw. Dabei versuchen sie alle, ihre Hochschulen mit den neuen staatlichen Ökonomisierungserfordernissen in Einklang zu bringen. Insofern kann man das föderalstaatlich verfasste Deutschland geradezu als ein *wettbewerblich strukturiertes Experimentierfeld staatlicher Hochschulreform* verstehen: Sechzehn Wissenschaftsministerien (und das BMBF als siebzehnter im Bunde) schicken sich an, im Wettbewerb miteinander die deutschen Hochschulen zu verändern. Das war wohl von niemandem so gewollt, könnte sich aber als eine überraschende Stärke des deutschen Föderalismus erweisen.

III.

Mit meiner Leitthese von der indirekten Ökonomisierung der deutschen Hochschulen bin ich bereits an die Grenzen der Leistungsfähigkeit des Clark´schen hochschulpolitischen Dreiecks gestoßen. Eine weitere Grenze seines Modells liegt darin, dass es zwar international vergleichend angelegt ist, aber über kein eigenes Wahrnehmungsorgan für inter- oder transnationale Zusammenhänge verfügt: Die Analyseeinheiten im Clark´schen Modell sind nationale Hochschulsysteme, die als separate Einheiten miteinander verglichen werden. Die Vorstellung von einem internationalen (oder „globalen") Hochschulsystem und den Wechselbeziehungen zwischen nationaler und internationaler Ebene hat darin keinen Raum. Ich will diese Überlegungen im Folgenden anhand einer modellhaften Fortschreibung des Clark'schen Dreiecks zu einem mehrdimensionalen internationalen Kräftefeld etwas plastischer illustrieren, um dann die Frage nach dem „Was tun?" anschließen zu können.

Ich will dabei die abstrakte Vorstellung eines „Kräftefeldes" schrittweise realitätsnäher gestalten und zeigen, wie sich aus dem von Clark inspirierten theoretischen Grundgedanken eine zwar immer noch stark abstrahierende, aber doch sehr viel empirienähere Akteurskonstellation herausdestillieren lässt. Sie soll als heuristischer Rahmen für die Analyse der derzeitigen hochschulpolitischen Situation in Deutschland dienen.

Zunächst möchte ich auf einen früheren, am Institut für Hochschulforschung Wittenberg (HoF) entstandenen Versuch zur Ergänzung des Clark´schen Modells von *Peer Pasternack* und *Barbara Kehm* hinweisen, in dem vor allem die internationale Dimension ausdrücklich mitberücksichtigt wird:

Im Spannungsfeld von Hochschulpolitik und Hochschulforschung

Das in Tafel 5 abgebildete Sechseck lenkt die Aufmerksamkeit auf vernachlässigte Fragen, zunächst auf die zunehmende Internationalität der Ökonomie – gerade auch der Bildungs- und Wissenschaftsökonomie – und auf die Supranationalität politischer Entscheidungsprozesse; dann weist es auch darauf hin, dass mit der allmählichen Professionalisierung der Hochschul*steuerung* eine weitere, das Hochschulgeschehen bestimmende Größe auf den Plan tritt.

Verdeutlicht wird mit dem hochschulpolitischen Sechseck vor allem, dass es auch in einem so stark etatistisch geprägten Hochschulsystem wie dem deutschen nicht mehr genügt, auf den Einzelstaat als hauptsächlichen hochschulpolitischen Akteur abzuheben. Ich möchte die in dem Schema von Kehm und Pasternack angedeutete Argumentationsrichtung jetzt weiterführen und gezielt auf die Situation in Deutschland beziehen.

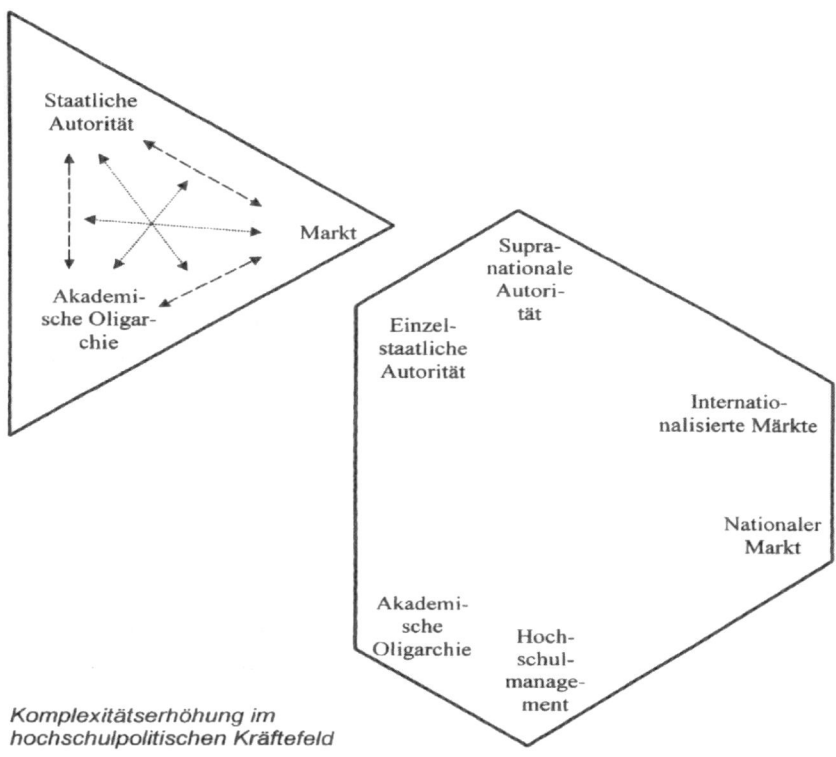

Tafel 5: Von Clarks „Dreieck" zum postclark'schen Sechseck (Kehm/Pasternack)

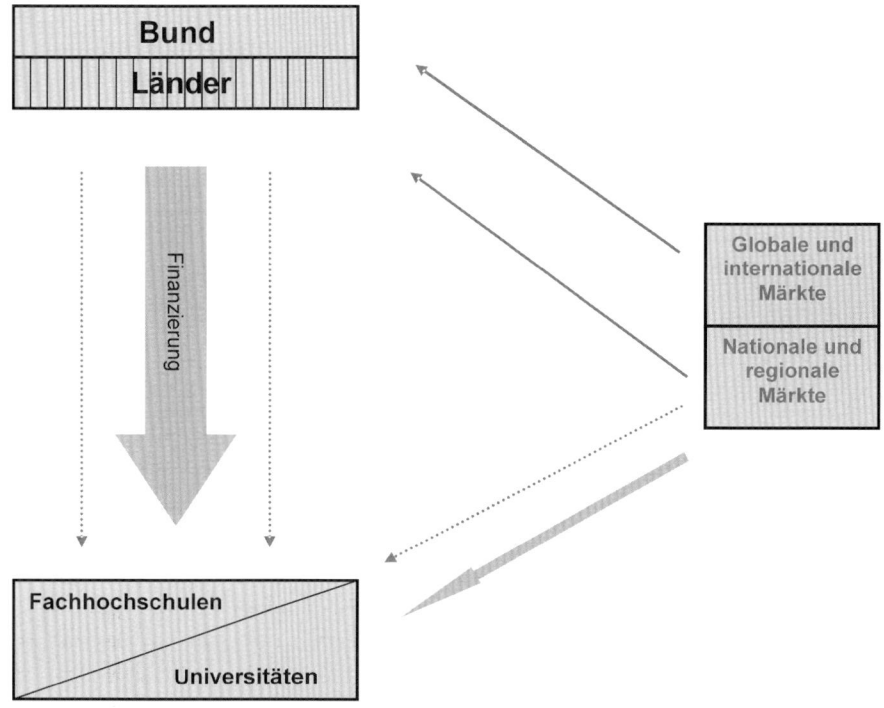

Bund

Länder

Finanzierung

Globale und internationale Märkte

Nationale und regionale Märkte

Fachhochschulen

Universitäten

Tafel 6: Ökonomische Einflüsse im hochschulpolitischen Kräftefeld Deutschlands (I)

Zunächst werden in Tafel 6 – in Anlehnung an das Clark' sche Dreieck – die wichtigsten ökonomischen Außeneinflüsse skizziert, denen die deutschen Hochschulen ausgesetzt sind. Wichtig ist dabei vor allem der schon bei Kehm und Pasternack zu findende Hinweis, dass die ökonomischen Zwänge, denen sich die Hochschulen gegenübersehen, nicht nur von nationalen und lokalen Marktgegebenheiten, sondern zunehmend von europäischen und weltweiten Entwicklungen ausgehen. Des weiteren wird – mit dem Hinweis auf den Bund mit seiner hochschulpolitischen Rahmenkompetenz und die 16 Bundesländer mit ihrer jeweils eigenen Hochschulpolitik – die komplexe, teilweise wettbewerbsgeleitete Struktur der staatlichen Hochschulpolitik(en) in Deutschland angesprochen. Schließlich wird mit der ausdrücklichen Unterscheidung zwischen Universitäten und Fachhochschulen noch einmal hervorgehoben, dass es so etwas wie „die" Hochschule in Deutschland im Grund nicht gibt, wenngleich den klassischen Volluniversitäten weiterhin eine Leitbildfunktion zukommt, wie oben bereits dargelegt wurde.

Die durchgezogenen Pfeile in Tafel 6 sollen den Prozess der Ökonomisierung des staatlichen Handelns symbolisieren. Die gepunkteten Pfeile illustrieren meine These, dass direkten Markteinflüssen im deutschen Hochschulsystem nur eine recht untergeordnete Bedeutung zukommt, während im Vergleich dazu die Prozesse der indirekten Ökonomisierung gewichtiger sind. Die grauen Pfeile zeigen die hauptsächlichen Finanzierungsströme an: Sie verdeutlichen, dass die deutschen Hochschulen ganz überwiegend staatlich finanziert sind; über eine Marktfinanzierung oder sonstige eigene Einnahmen verfügen sie kaum. Besonders auffällig ist dabei das *Fehlen von Studiengebühren* als Finanzquelle der Hochschulen in Deutschland. Käme es zur Zulassung von Studiengebühren in nennenswertem Umfang, würde das voraussichtlich zu einer Intensivierung der direkten Marktbindung der deutschen Hochschulen führen. Ob und in welchem Ausmaß die – vermutlich in absehbarer Zeit anstehende – Einführung von Studiengebühren zu einem größeren „Kommodifizierungsschub" in den deutschen Hochschulen führen wird, dürfte in starkem Maße von dem zu wählenden Studienfinanzierungs- und Gebührenmodell abhängen, vor allem auch davon, inwieweit das deutsche Hochschulsystem sich dann auch für ausländische Bildungsunternehmer und Investoren als rentabel erweisen wird.

Selbstverständlich ist das in Tafel 6 wiedergegebene Schema immer noch äußerst einfach. Deshalb wird in Tafel 7 versucht, ein heuristisches Modell zu entwickeln, das den komplexen Einflusslinien und Kontextbedingungen, die auf die deutsche Hochschulen einwirken und die bei Reformversuchen berücksichtigt werden müssen, zumindest etwas näher kommt. Dabei wird bewusst in Kauf genommen, dass auch dieses schon recht kompliziert und verwirrend wirkende Kräfte-Labyrinth immer noch ziemlich unterkomplex ist, wenn man es an den realen Verhältnissen misst, die gemeistert werden müssen. Aber es beansprucht zumindest, einige Hauptaspekte zu benennen und im Zusammenhang zu sehen, auf die es in der Hochschulpolitik in Deutschland in der nächsten Zeit ankommen dürfte. Die wichtigsten Elemente, die dem modifizierten und auf die heutige deutsche Situation zugeschnittenen Clark´schen Modell in Tafel 7 hinzugefügt worden sind, werden im Folgenden kurz vorgestellt:

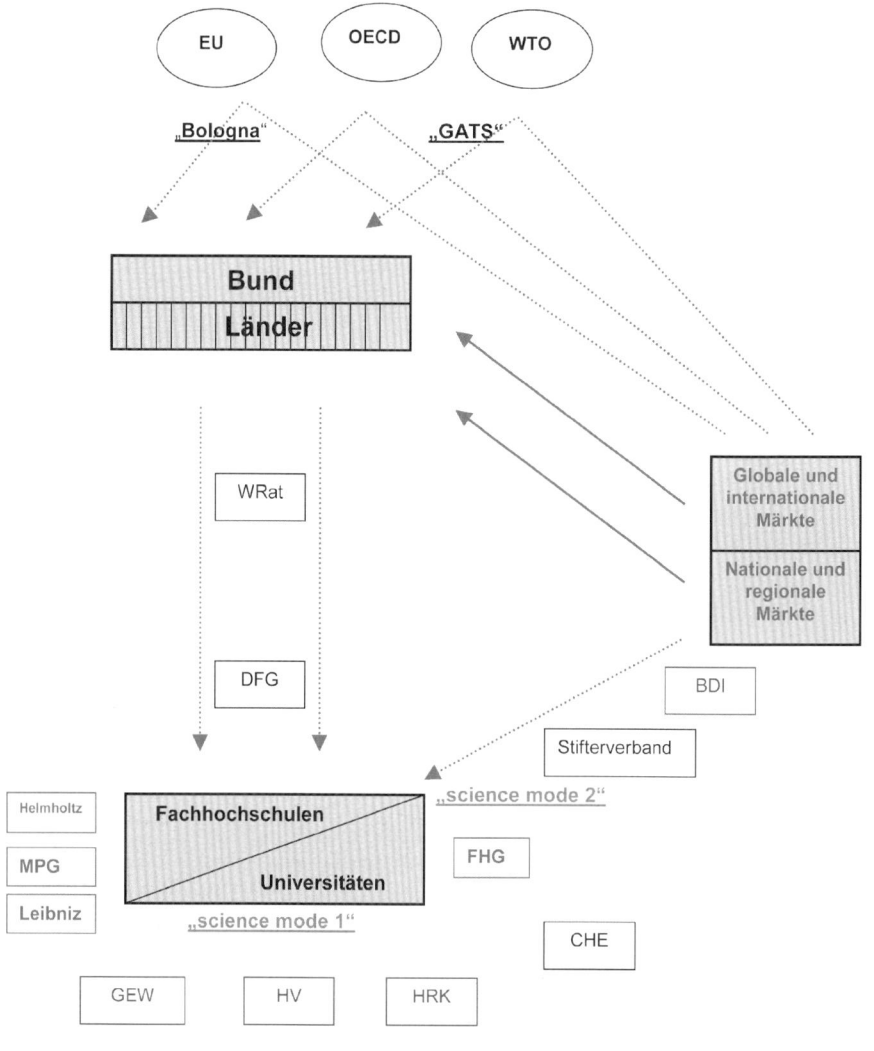

Tafel 7: Ökonomische Einflüsse im hochschulpolitischen Kräftefeld Deutschlands (II)

- Zunächst werden mit der exemplarischen Erwähnung der *World Trade Organisation (WTO)*, der *Organization of Economic Cooperation and Development (OECD)* und der *Europäischen Gemeinschaft (EU)* drei prominente überstaatliche Instanzen angesprochen, die – neben einer Reihe hier nicht genannter weiterer Akteure – dafür sorgen, dass der globale Prozess der Wirtschaftsliberalisierung für nationale und regionale Regierungen und Parlamente selbst zu einem Politikum wird.

- Die unmittelbare Rückwirkung der überstaatlichen Politik auf die nationale Hochschulsituation in Deutschland wird zum einen durch den Hinweis auf den *„Bologna-Prozess"* verdeutlicht – also: die Initiative von mittlerweile 40 europäischen Staaten, ihre Hochschulsysteme zu standardisieren und einen gemeinsamen „europäischen Hochschulraum" zu schaffen, der sich im weltweiten Wettbewerb als durchsetzungsfähig erweisen soll. Zum anderen werden die politisch induzierten internationalen Ökonomisierungszwänge durch die Erwähnung des *„General Agreement on Trade in Services" (GATS)* symbolisiert. Vom Ergebnis der Verhandlungen über das GATS wird es unter anderem abhängen, in welchem Umfange Hochschulbildung auch in Deutschland als normales Handelsgut freigegeben und für internationale Konkurrenz geöffnet wird.

- Wendet man sich den deutschen Binnenverhältnissen zu, so trifft man im Hinblick auf die Wissenschafts- und Hochschulpolitik zunächst auf ein kompliziertes Kompetenzengeflecht zwischen *Bund* und *Ländern*, insbesondere auf die BLK und die KMK, vom Bundesverfassungsgericht ganz zu schweigen, die gar nicht in Tafel 7 aufgenommen wurden. Zwischen Bund, Ländern und Hochschulen steht als wichtige Mediatisierungs- und Steuerungsinstanz der nach einem komplizierten Proporzsystem zusammengesetzte *Wissenschaftsrat (WRat)*, dem eine wichtige teilautonome Rolle bei der Wissenschafts- und Hochschulplanung, Begutachtung und Mittelvergabe zukommt.

- Für die Vergabe der staatlichen Forschungsmittel ist – neben den ministeriellen Fachressorts – vor allem die *Deutsche Forschungsgemeinschaft (DFG)* zuständig, die hier exemplarisch genannt ist. Die DFG ist grundsätzlich den Prinzipien akademischer Autonomie verpflichtet. Als eingetragener Verein ist die DFG von ihren Geldgebern rechtlich unabhängig; ihre Fachgutachter sind gewählte Repräsentanten der Wissenschaft. Über Förderschwerpunkte können dennoch auch externe Prioritätensetzungen ihren Weg in die Forschungsförderung und damit in die Hochschulen nehmen.

- Der Vollständigkeit halber muss des weiteren daran erinnert werden, dass öffentliche Forschungsmittel ja nicht nur in die Hochschulen fließen, sondern auch in die Einrichtungen der außeruniversitären Forschung, von denen hier die Institute der *Max-Planck-Gesellschaft,* der *Helmholtz-* und der *Leibniz-Gemeinschaft* sowie (als wirtschaftsnächster Forschungsverbund) die Einrichtungen *Frauenhofer-Gesellschaft* genannt werden. Komplexe Bund-Länder-Kofinanzierungsmodelle sorgen zur Zeit noch dafür, dass eine einseitige Abhängigkeit der wichtigsten außer-universitären Forschungseinrichtungen von einem einzigen Geldgeber nicht besteht. Diese Sachlage könnte sich ändern, falls die gegenwärtig diskutierte Entflechtung der staatlichen Forschungsförderung verwirklicht werden sollte. – Ein Reihe von Stiftungen, die sich der Forschungs- und Graduiertenförderung mit teils staatlichen, teils privaten Mitteln widmen, wären der Abrundung halber hier noch hinzuzufügen.

- Hochschulpolitische Akteure mit deutlich größerer Wirtschaftsnähe sind der *Bundesverband der Deutschen Industrie (BDI)* und der *Stifterverband der deutschen Wissenschaft,* die wegen ihrer deutlichen wissenschafts- und hochschulpolitischen Aktivitäten hier exemplarisch aufgeführt werden.

- Eine gewisse Wirtschaftnähe ist insbesondere auch dem *Centrum für Hochschulforschung Gütersloh (CHE)* der Bertelsmann-Stiftung zuzuschreiben, das sich – im Auftrag der Hochschulrektorenkonferenz und in gutem Kontakt mit vielen staatlichen Stellen – als Promotor und Berater einer Hochschulreform mit neo-liberalen Zügen profiliert.

- Mit *Hochschulrektorenkonferenz (HRK), Hochschulverband (HV)* und *Gewerkschaft Wissenschaft und Erziehung (GEW)* sind schließlich auch noch die wichtigsten Interessenverbände genannt, die sich in Deutschland in der hochschulpolitischen Szene bewegen.

Man sieht an diesem kursorischen Übersichtstableau, welche enormen Vereinfachungen gemacht werden müssen, wenn man versuchen möchte, einen auch nur halbwegs realitätsgerechten Überblick über die Interessen und Akteure zu gewinnen, die – *allesamt von außerhalb der Hochschulen* – direkten oder indirekten Einfluss auf deren Entwicklung haben. Über die hochdifferenzierten hochschul*internen* Verhältnisse – die Studierenden, die Fächerkulturen, die HochschullehrerInnen und MitarbeiterInnen u.v.a.m. – ist dabei noch überhaupt nichts gesagt.

Deshalb kann ich diesen Teil meines Textes nur mit einem Appell beschließen – einen Appell zur Differenzierung und zum genauen Hinsehen. Lässt man das komplexe hochschulpolitische Kräftefeld auf sich wirken, das ich hier nur in Andeutungen skizzieren konnte, so wird deutlich, dass es einfache Rezepte für die Hochschulen nicht geben kann, um den Handlungsdruck sinnvoll zu bewältigen, von dem eingangs die Rede war: Hohe Studierendenzahlen, chronische Unterfinanzierung und unumgängliche Internationalisierung sind Aufgaben, die nur mit großem Augenmaß gelöst werden können. Vor allem aber darf dabei die Ausgangslage nicht vergessen werden, die traditionelle Platzierung der deutschen Hochschulen innerhalb des von mir fortgeschriebenen Clark'schen Dreiecks, die lange als eine besondere Stärke galt und heute zunehmend in die Kritik gerät.

IV.

Die Frage „Was tun?" – also: die Frage nach den möglichen Handlungs*optionen* für die unter Handlungsdruck stehenden deutschen Hochschulen – ist in dieser Situation eine bange Frage.

1. Eine erste Option könnte die Flucht nach vorne sein, also: der Versuch des Ausbruches aus den Schranken staatlicher Finanzierung und Kontrolle, hinein in die Welt des Marktes und des Wettbewerbs, mit dem Fernziel, dass die Hochschulen zu Unternehmen werden, die ihr Einkommen selbst generieren. Diese *kommerzialistische Option* steht bei allen von Gedanken des Neo-Liberalismus und des New Public Management geprägten Hochschulreforminitiativen Pate. Für sie gilt das Motto: So wenig Staat und so viel Marktsteuerung wie möglich. In idealtypischer Reinheit müssten bei dieser Option kostendeckende Studiengebühren angestrebt werden.
    Innerhalb der deutschen Hochschulen selbst stößt diese Option bekanntlich auf verbreitete Skepsis.

2. Genau in die entgegengesetzte Richtung zielt eine zweite, *etatistische Option*. Sie wird zur Zeit – ebenfalls unter dem Vorzeichen des ‚New Public Management' – in Japan als Hochschulreform „von oben" vorexerziert. Aufgrund der 2003 verabschiedeten neuen japanischen Hochschulgesetzgebung werden die staatlichen Hochschulen in eine verstärkte staatliche Kontrolle genommen und zu sog. ‚unabhängigen Verwaltungseinheiten' (dokoritsu gyosei hojin-ka) erklärt. Staatliche Plan- und Zielvorgaben für die Hochschulen, kontinuierliche Evaluation und leistungsbezogene Mittelvergabe, Schwächung der akademischen Selbstverwaltung, staatlich bestellte starke Präsidenten, Aufhebung des Beamtenstatus der Professoren, Erhöhung der Studiengebühren und schrittweise Reduktion der staatlichen Hochschulfinanzierung – das sind Kennzeichen einer Hochschulreform, die sich ebenfalls internationale Wettbewerbsfähigkeit und

Effektivitätssteigerung aufs Panier schreibt.[4] Ihr Ausgangspunkt ist ein starker Zentralstaat, der die weltweiten Ökonomisierungs- und Rationalisierungszwänge in sich aufgenommen hat und nun an die Universitäten weitergibt.

In den deutschen Hochschulen mit ihrer starken Selbstverwaltungstradition dürfte diese Variante nur auf geringe Gegenliebe stoßen. In manchen Wissenschaftsministerien könnte sie Anhänger finden.

3.   Vor allem für die alten deutschen Traditionsuniversitäten sind kommerzielle und autoritäre Lösungen gleichermaßen Schreckensvisionen. Ihnen liegt deshalb zunächst eine eher *konservativ-pragmatische Option* näher: Hochschulpolitische Neuerungen, wie z. B. gestufte Studiengänge, Zielvereinbarungen, Evaluierungen, leistungsbezogene Mittelvergabe u. ä. werden als unsachgemäße Zumutungen verstanden und möglichst umgangen. Es wird daran erinnert, dass man in der Vergangenheit schon mit vielen Widrigkeiten fertig geworden sei, und so werde es auch künftig sein, zum Wohle der Freiheit von Forschung und Lehre und der akademischen Selbstverwaltung. Reformbereitschaft wird zwar nach Außen signalisiert, aber dennoch so weit wie möglich am Bewährten festgehalten und auf „bessere Zeiten" gewartet.

Wenn allerdings das, was ich bisher ausgeführt habe, nicht völlig verfehlt ist und die von mir genannten Handlungszwänge tatsächlich eine qualitativ neue Herausforderung für die deutschen Hochschulen darstellen, dann sind die von alters her eingeübten Ausweich- und Stillhaltemanöver nicht mehr erfolgversprechend.

4.   Ähnliches gilt für eine vierte Option, die trotzige Protesthaltung, die man vielleicht als *syndikalistische Option* charakterisieren könnte. Sie beharrt konfliktbereit auf angestammten oder erkämpften Rechten und weist strukturelle Veränderungen zurück. Typischerweise reagiert sie auf den in die Hochschulen hineinwirkenden Veränderungsdruck vor allem mit der Forderung nach Erhöhung der staatlichen Mittel. Sie weist insbesondere die Erhebung von Studiengebühren energisch zurück und setzt sich für die Stärkung der Mitbestimmung ein.

Auch für diese Haltung gilt allerdings, ebenso wie für die zuvor genannte: Reine Defensivstrategien sind für deutsche Hochschulen – angesichts andauernder Unterfinanzierung, steigenden Studierendenzahlen und unumgänglicher In-

---

[4] vgl. Oberländer, C.: Intellektuelle und Universitäten in der Globalisierung. Das Schicksal der akademischen Freiheit am Fallbeispiel Japan, in: Vorgänge, Bd. 156, 4/2001,S. 50-61; Teichler, U., Neuere Entwicklungen des Hochschulwesens; Teichler, U.: Neuere Entwicklungen des Hochschulwesens in Japan (Vortragsmanuskript, 17.5.2003), Düsseldorf 2003 (www.phil-fak.uniduesseldorf/oasien/oasien/japan/index.htm); MEXT, Legislation of "The National University Corporation", Pressemeldung des japanischen Bildungsministeriums vom 16.7.2003 (www.mext.go.jp/english); A New Image of National University Corporations (Bericht der Expertenkommission vom 26.3..2002), ebda.

ternationalisierung – nicht erfolgversprechend. Sie würden fast zwangsläufig zu einer allgemeinen Verarmung der öffentlichen Hochschulen führen. Andererseits sind angesichts der gewachsenen Hochschulstrukturen und akademischen Werthaltungen in Deutschland auch die kommerzialistische und die etatistische Option nicht tragfähig.

5.   Will man das angestammte öffentliche Hochschulsystem in Deutschland dennoch, trotz qualitativ neuer Rahmenbedingungen und Handlungszwänge, in seinem Kern erhalten, weil es Werte in sich birgt, die man nicht missen möchte, so kann es also logischerweise nicht ohne deutliche Veränderungen abgehen. Das wäre dann die eigentliche *Reformoption:* Nur wer sich bewegt, kann in bewegten Zeiten das erhalten, was ihm wertvoll ist. Dabei gibt es nach dem bisher Dargelegten vor allem zwei mögliche Bewegungsrichtungen:

▪   Die eine Bewegungsrichtung ist die Suche nach zusätzlichen, die staatliche Finanzierung ergänzenden Einkommensquellen für die öffentlichen Hochschulen. Das ist die Bewegung in Richtung auf eine stärkere Marktorientierung, also: ein *„public-private"-Mischsystem*, wie es an den staatlichen und kommunalen Hochschulen der USA schon seit langem praktiziert wird. Auch die britischen Hochschulen haben sich seit den achziger Jahren in diese Richtung bewegt. Sie haben die Differenzierung zwischen Universitäten und Fachhochschulen (Polytechnics) völlig aufgegeben, zugunsten eines Wettbewerbsmodells, das einerseits staatliche Mittel aufgrund von Leistungsindikatoren verteilt, andererseits zusätzliche private Finanzierungsquellen zu erschließen sucht.
Ein zentraler Baustein bei jeder „public-private" Mischfinanzierung der Hochschulen sind unweigerlich die Studiengebühren: Hier geht es insbesondere darum, ob sich bei der Festsetzung der Gebührenhöhe eher sozialstaatliche, eher haushaltspolitische oder eher marktwirtschaftliche Kriterien durchsetzen und wie das Problem des Ausgleiches von sozialen Benachteiligungen gehandhabt wird, z.B. mit Hilfe von Stipendien, Steuervergünstigen, Darlehen o.ä. Das heißt, in Mischsystemen tritt der Kostendeckungsgesichtspunkt bei der Gebührenfestsetzung in den Hintergrund. An seine Stelle treten verteilungs- und ordnungspolitische Erwägungen.
Jede öffentlich-private Mischfinanzierung bedeutet selbstverständlich auch eine Aufteilung der Loyalitäten und Rechenschaftspflichten gegenüber öffentlichen und privaten Geldgebern. Dass auch hier Balanceakte möglich sind, die der akademischen Autonomie noch Spielraum lassen, zeigen die besten amerikanischen oder britischen Universitäten. Allerdings sollte man dabei auch die Kehrseite dieser Systeme, die große Zahl

von qualitativ schwachen Hochschulen, nicht vergessen; ebenso wenig den enormen Finanzbedarf der wenigen Spitzenuniversitäten, der mit kurzfristigen Förderprogrammen nicht zu bewältigen ist.

■ In Deutschland hat man sich bisher gegen die Eröffnung nennenswerter neuer Finanzquellen für die Hochschulen, vor allem auch gegen Studiengebühren entschieden. Solange das weiterhin so bleibt und der Ort der deutschen Hochschulen innerhalb des Clark'schen Kräftedreiecks sich nicht signifikant verschiebt, besteht m. E. hier nur die Möglichkeit, die bereits vorhandene *innere Differenzierung* des deutschen Hochschulsystems in Universitäten und Fachhochschulen konsequent zu nutzen und voranzutreiben. Wer sich für diese Reformrichtung entscheidet, muss vor allem erkennen, dass die hohe Qualität von öffentlich finanzierten Universitäten nur dann gesichert werden kann, wenn sie bereit sind, die Aufgabe der berufsqualifizierenden und der allgemeinbildenden Massenausbildung an die Fachhochschulen abzugeben und deren Fächerspektrum zu erweitern. Wollten die Universitäten weiterhin alles und für alle anbieten, müssten sie alle verarmen und an Qualität verlieren. Wenn umgekehrt die deutschen Fachhochschulen – im Zuge des sog. „academic drift" – auch zu Universitäten werden sollten, müsste entweder die allgemeine Verarmung noch eklatanter werden, oder der Wettbewerb um knappe Mittel und die damit verbundenen Qualitäts- und Ausstattungsungleichheiten würde noch größer werden.

Der Vorzug dieser Reformstrategie ist, dass sie innerhalb des bestehenden staatlichen und hochschulrechtlichen Rahmens ohne allzu große strukturelle Eingriffe realisierbar sein dürfte – wobei immer zu berücksichtigen ist, dass dieser staatliche Rahmen ja selbst der Ökonomisierung unterliegt. Die Hauptwiderstände sind hier wohl aus den Universitäten zu erwarten, in denen das Motiv des Statuserhalts nicht zu unterschätzen ist.

Man sieht also, und das soll jetzt meine abschließende Überlegung sein: Wer davon ausgeht, dass Hochschulbildung und -forschung ein öffentliches Gut sein soll, das auch öffentlich zu finanzieren ist, wie es in Deutschland seit langem der Brauch war, der muss eine *klare interne Funktionsdifferenzierung zwischen „research universities" auf der einen Seite und primär Lehraufgaben erfüllenden Fachhochschulen auf der anderen* Seite anstreben, die bisher noch auf halbem Wege stehen geblieben ist.[5] Und er muss bereit sein, in den unvermeidlichen Prozess der Europäisierung von Forschung und Lehre die spezifischen Stärken des deutschen Hochschulsystems einzubringen.

---

[5] vgl. dazu oben, "Universitätsreform – warum und zu welchem Ende?"

Eine dieser spezifischen Stärken der deutschen Hochschulen ist es aber, dass marktgläubige Wettbewerbsphantasien nie ihr einziges Richtmaß waren. Dem Traum vom fortwährenden Wettlauf um „Spitzenplätze" und „Leistungseliten", der die große Zahl derer vergisst, für die kein Raum an der „Spitze" vorhanden ist, stellt die deutsche Hochschultradition nämlich die Vorstellung an die Seite, dass eine möglichst große Zahl von Menschen durch ein anspruchsvolles Studium auf eine möglichst *hohe Qualitätsplattform* geführt wird – eine Plattform, die überall erreicht werden kann, wo akademische Studienabschlüsse vergeben werden – ob in Passau oder Ostfriesland, ob an einer Fachhochschule oder Universität. Genau diesem Ziel soll ja auch die künftig verbindliche Akkreditierung aller Studiengänge dienen. Angesichts der enormen Steigerung der Studienanfängerzahlen ist es erforderlich, so viel Phantasie, Tatkraft und finanzielle Mittel wie irgend möglich zu mobilisieren, um die notwendige Qualität für die wachsende Zahl der Studierenden zu sichern.

Selbstverständlich muss dann, von dieser gesicherten Qualitätsplattform aus, auch ein *Weg bis in Spitzenhöhen der Forschung* weiterführen – nicht überall, sondern dort, wo entsprechende Forschungspotentiale vorhanden sind und gebündelt werden können, also: an Universitäten mit entsprechenden Leistungsschwerpunkten. Notwendig und sinnvoll ist es, leistungsfähige Schwerpunkte besonders zu fördern – und auch zu schützen, wenn eng definierte politische oder wirtschaftliche Interessen ihnen feindlich (oder gleichgültig) gesinnt sind.

Die Sicherung dieses Zieles im europäischen Kontext muss meines Erachtens die erste Aufgabe der Hochschulreform in Deutschland sein. Sie wird unserer internationalen Konkurrenzfähigkeit gewiss nicht abträglich sein.

Bisher von HoF – Institut für Hochschulforschung erschienen:

Altmiks, Peter (Hg.)
Gleichstellung im Spannungsfeld der Hochschulfinanzierung. Weinheim : Deutscher Studien Verl., 2000. 107 S.

Jahn, Heidrun/Olbertz, Jan-Hendrik (Hg.)
Neue Stufen - alte Hürden? Flexible Hochschulabschlüsse in der Studienreformdebatte. Weinheim : Deutscher Studien Verl., 1998. 120 S.

Kehm, Barbara M./Pasternack, Peer:
Hochschulentwicklung als Komplexitätsproblem. Fallstudien des Wandels. Weinheim : Deutscher Studien Verl., 2001. 254 S.

Lischka, Irene/Wolter, Andrä (Hg.)
Hochschulzugang im Wandel? Entwicklungen, Reformperspektiven und Alternativen. Weinheim, Basel : Beltz Verl., 2001. 302 S.

Olbertz, Jan-Hendrik/Pasternack, Peer (Hg.)
Profilbildung – Standards – Selbststeuerung. Ein Dialog zwischen Hochschulforschung und Reformpraxis, hrsg. unter Mitarb. v. Gertraude Buck-Bechler und Heidrun Jahn. Weinheim : Deutscher Studien Verl., 1999. 291 S.

Olbertz, Jan-Hendrik/Pasternack, Peer/Kreckel, Reinhard (Hg.)
Qualität – Schlüsselfrage der Hochschulreform. Weinheim, Basel : Beltz Verl., 2001. 341 S.

Pasternack, Peer (Hg.)
DDR-bezogene Hochschulforschung. Eine thematische Eröffnungsbilanz aus dem HoF Wittenberg. Weinheim : Deutscher Studien Verl., 2001. 315 S.

Pasternack, Peer:
Hochschule & Wissenschaft in SBZ/DDR/Ostdeutschland 1945 - 1995. Annotierte Bibliographie für den Erscheinungszeitraum 1990 - 1998. Weinheim : Deutscher Studien Verl., 1999. 567 S.

Pasternack, Peer:
Demokratische Erneuerung. Eine universitätsgeschichtliche Untersuchung des ostdeutschen Hochschulumbaus 1989-1995. Mit zwei Fallstudien: Universität Leipzig und Humboldt-Universität zu Berlin. Weinheim : Deutscher Studien Verl., 1999. 427 S.